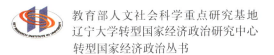

教育部人文社会科学重点研究基地
辽宁大学转型国家经济政治研究中心
转型国家经济政治丛书

俄罗斯
对外战略
研究

（2000~2016）

RESEARCH ON
RUSSIAN FOREIGN STRATEGY
（2000-2016）

谢晓光　著

社会科学文献出版社
SOCIAL SCIENCES ACADEMIC PRESS (CHINA)

摘　要

2000 年普京执政后，俄罗斯努力实现国家复兴，国内政治经历了一系列变化，也面临诸多挑战。为了顺应民众呼声及提高统一俄罗斯党的支持率，普京政府自上而下对权威体系和官僚体系进行了一系列改革，以满足俄罗斯公民对自由和民主的更高要求。2012 年普京第三次赢得总统大选，俄罗斯进入"普京时代"的标志时期。

普京意识到，民族主义思潮独特的爱国主义与民族精神的内涵，极大地弥合了俄罗斯人内心的失落感，对团结民众、整合社会具有十分重要的意义，于是将其融入治国思想中，并逐渐上升为国家意志。

东正教是俄罗斯转型复兴的重要精神力量，政治作用日渐显现，影响力也得到了空前的发展。但在多元化的社会大趋势下，其不可能重新成为国教。1000 多年来，东正教在俄罗斯强国道路上扮演着重要的角色，在新的国际背景下，它将一如既往地发挥自身特有的影响和作用。

普京建立欧亚联盟的核心目的是希望打造一个统一的政治、经济、军事、海关和人文空间。欧亚联盟在发展中所处的外部环境比较复杂，其中阻碍其发展的主要外部因素便是来自西方国家的阻力。在较长的一段时间内，欧亚联盟的发展仍将处于经济一体化阶段。

乌克兰危机爆发以来，俄罗斯面临严重的经济困境和外交孤立的局面。俄罗斯要想实现国家的复兴，获得与硬实力相匹配的软实力是其现在和今后必须重视的一个问题。

乌克兰危机严重冲击了本就脆弱的俄美关系。俄美之间的博弈从未停止过，美国希望在具体问题上展开更加有力、有意义的对话与合作，而俄罗斯则希望在对等的基础上进行双边合作，希望美国承认俄罗斯的势力范围和大国地位。因此，俄美关系在短期内不会得到根本性的好转。

普京重视发展与欧洲国家的关系，希冀能与欧盟建立战略伙伴关系。乌克兰危机爆发后俄欧关系受到严重冲击。但在广泛的共同利益的驱使下，俄欧关系不会长久地恶化下去。不过，受众多根本分歧与竞争态势加剧的影响，俄欧关系也很难取得突破性进展。

乌克兰危机对国际政治格局产生了深刻的影响。俄罗斯基于国家安全和利益的考虑，在乌克兰问题上态度强硬。俄罗斯"向东看"战略取得的成果，在很大程度上缓解了西方国家带给俄罗斯的内政外交压力。但俄罗斯的强硬做法给独联体小国带来了极大的恐惧和不安，它们担心俄罗斯会侵犯它们的主权，因此，它们可能更倾向于加入西方阵营以维护自身安全，这会使俄罗斯西部与南部的周边环境更加恶化。

Abstract

After Putin came into power, Russia endeavors to achieve national recovery, Russian domestic politics go through series of changes and a lot of challenges. For the sake of conformed to popular will and improved support rate of United Russia, Putin's government made a series of top-down reform for authority system and bureaucratic system so that meet Russian citizens' requirement of their country improve freedom and democracy. After Putin's third presidency in 2012, Russian political ecology became a signal of "Putin Era".

Putin realizes that patriotism and ethos inside nationalist trend remedy Russians' sense of loss vastly and have very important meaning for national unity and social integration, hence, Putin made them into ruling thoughts and gradual became national will.

Orthodox, an important spiritual strength for Russian transition and renaissance, shows political function gradually and its influence gets unprecedented develop. However, in the trade of diverse society, it is impossible to back the situation of caesaropapism or orthodox becomes state religion. For over a thousand years, orthodox play an important role in the way to make Russia powerful and it also plays its special influence and function.

The core objective of Putin establishes "Eurasian Union" is to make uniform politics, economic, military, customs and humanity space. The development of Eurasian Economic Union in a complex external situation; the main external factor which hinders develop is the obstruction of Western countries. For a long period of time, the development of Eurasian Union will stay in the stage of economic integration.

Since Ukraine crisis outbreak, Russia face the situation of economic woes and diplomatically isolated. If Russia wants to achieve country's renaissance, an issue which Russia must focus on is that obtain soft power match with hard power.

Ukraine crisis struck frail Russia-US relationship severely. Games between Russia and America never stop; besides, divergences also exist in understanding and expect for improving their relation. America hopes to start stronger and significant communication and cooperation in specific problems with Russia. Russia hopes to start bilateral cooperation with US on an equal footing and US admits Russian sphere of influence and great-power status. Hence, Russia-US relationship will not have a fundamental improvement in a short time.

Putin is value in developing relationship with Europe countries and hopes to establish strategic partnership with EU. Ukraine crisis struck Russia-EU relationship severely, but with broad common interest, Russia-EU relationship won't continue to deteriorate. However, Russia-EU relationship is very hard to achieve breakthrough because influence of fundamental divergences and aggravations of competition.

Ukraine crisis causes impressive effect to international political pattern. Russian consideration based on national security and interests, therefore Russia took tough stance on Ukraine. Russian "looking east" strategy made achievement which deals with Russian domestic political and diplomacy stress from Western countries. Russian strong approach brings huge fear and uneasy to small countries of Commonwealth of Independent States; they fear that Russia will erode their sovereignty, therefore they inclined to join Western for their security which deteriorate Russian west and south surroundings.

目　录

Contents

第一章

普京执政后俄罗斯的政治社会状况

普京执政后，俄罗斯联邦的国内政治日益民主，政治力量朝多元化方向发展，人民获得了更多政治权利，中央政府仍然保有权威，对地方的控制外松内紧。更多党派的出现预示着国家杜马的斗争将更加激烈，而反腐败的逐渐深化及一批高官的落马则在很大程度上树立了政府的公信力。尽管如此，俄罗斯的政治改革依然面临诸多障碍，国内"去普京化"运动日益活跃，外国对俄罗斯反对派的支持依然存在，国内的反腐败运动也任重道远，这些都使得俄罗斯国内政治的发展充满了不确定性。

第一节　普京执政后的俄罗斯政治思潮

2000 年普京执政后，正在崛起的俄罗斯中产阶级要求政治改革、系统反腐，强化个人的自由和社会的公平正义，他们已经成为俄罗斯民主化进程的支持者、鞭策者和监督者。俄罗斯的政治思潮在"普京主义"与"去普京主义"、权威主义与自由主义的对峙中，继续维持保守主义、权威主义、民族主义、共产主义和自由主义几大思潮主导的格局，但是显然出现了一些框架内的新变动，一种吸收了自由主义和社会主义合理内核，以保守主义、权威主义和民族主义为主体的中派主义思潮大行其道。

一　与时俱进的保守主义

顾名思义，"保"就是保持现状与稳定，"守"就是守住传统和秩序。

进一步说，保守主义认为信仰高于理性，传统高于科学，等级高于平等，集体价值高于个人主义，神的法则或自然法高于世俗法。保守主义反对变革尤其是激烈的变革，当然最反对革命。① 当代俄罗斯保守主义政策和意识形态的基本轮廓表现在以下几个方面：精神和道德的复兴；强大的国家；多种经济结构中强大的国有成分；强有力的国家领导人；社会关系领域的建构必须从以集体主义为特征的历史传统出发；必须制定和着手实施使国家摆脱人口危机的计划；从自身的内部结构来看俄罗斯应该是一个统一的国家；俄国人民是俄罗斯族人民和文化主导下的各民族和各民族文化相结合的有机整体；坚决地与犯罪现象和腐败做斗争；理性对待移民问题；将俄罗斯作为抵抗全球自由主义的中心之一。②

作为自由主义的对立物，早在法国大革命将自由主义传入之时，保守主义就开始在俄罗斯出现，沙皇政府一直在自由主义和保守主义之间进行着选择。从俄国历史发展的进程来看，出现了几个政府保守主义时期：从1812年保守主义思想家希什科夫在政府接替自由主义改革家斯佩兰斯基起到克里木战争结束、从1881年到1894年的亚历山大三世统治时期以及从1906年7月到1911年9月的斯托雷平时期。③ 20世纪90年代，叶利钦上台以后力推的"休克疗法"将俄罗斯拖入了黑暗的深渊，以盖达尔为代表的激进自由派遭到民众的质疑。在这种背景下，以官僚保守派人物切尔诺梅尔金出任政府总理为标志，激进自由主义开始淡出视野，俄罗斯开始了强人普京保守主义指导下的以社会稳定为基础的渐进改革。经过普京2000～2008年期间的保守主义改革，俄罗斯迎来了久违的经济复兴和政治稳定。普京本人也因为引领俄罗斯由贫弱重新变得富强、从动荡回归有序而被俄罗斯人民奉为民族英雄，他领导的统一俄罗斯党在2007年的国家杜马选举中也获得了64%的选票。保守主义通过普京及其领导的统一俄罗斯党被官方意识形态化。

2012年，俄罗斯保守主义依然具有庞大的民众基础。2012年俄罗斯

---

① 张睿壮：《保守主义及其在美国的演变》，《现代国际关系》2002年第11期。
② 弗·多博林科夫：《全球化形势下的俄罗斯意识形态》，徐海燕译，《国外理论动态》2007年第2期。
③ 张树华、刘显忠：《当代俄罗斯政治思潮》，新华出版社，2003，第241页。

政治生活中最重大的事件莫过于总统大选，候选人中不乏久加诺夫这样的老牌政客，也不乏打着变革旗号、声称是穷人的候选人的日里诺夫斯基，喊着民主和反腐口号的米罗诺夫，同时破天荒地出现了中产阶级的代言人——普罗霍罗夫，与在政界摸爬滚打多年的保守政客不同，商人的角色赋予了他一种与众不同的气质——更加灵活变通、更加懂得跟上世界的步伐，他对俄罗斯公民社会觉醒的清醒认识以及坚定的反普京立场无疑为俄罗斯的政治生态带来了一股新鲜空气。尽管对手们手中各自都握着一张分量不轻的牌，但普京还是毫无悬念地赢得了选举。俄罗斯的人民和历史再一次选择了普京，选择了"普京主义"。"普京主义"是由普京及其侧近政治精英倡导并开创的俄罗斯所特有的"克里斯玛"型政权组织形态的变种，其特征包括但不限于高度集权的总统制及领袖崇拜、政府主导的市场经济和主权民主意识形态的交织与融合。"普京主义"不同于经典意义上的全能主义和权威主义，它是俄罗斯转型时期的产物。普京通过不同于西方自由主义民主的制度安排，摆脱了叶利钦时期俄罗斯转型的"制度陷阱"，化解了国家治理危机，满足了俄罗斯民众对秩序、稳定和发展的期许，从而在俄罗斯形成了特殊的"普京多数"现象，构成了"普京主义"的社会基础。[①] 在 2012 年 10 月 14 日举行的俄罗斯地方各级议会和行政机构领导人选举中，将俄罗斯保守主义奉为党的意识形态的统一俄罗斯党以绝对优势轻松取胜，一方面反映了俄罗斯民众对普京工作的认可，另一方面也说明总体保守的"普京主义"经过民众确认，仍然继续影响着这个国家。

然而，自 2011 年开始，俄罗斯就接二连三地爆发反对普京的游行示威，这既是对普京多年来加强中央集权种种举措的不满、对普梅政治轮替的疲劳，也是对统一俄罗斯党长期一党执政所带来的腐败以及其他社会问题的情绪爆发。面对新形势下汹涌的"去普京化"运动及其反映出的公民诉求，普京及其团队做出了正面的回复，普京一上任就举起了反腐大旗，并将反腐作为 2012 年国情咨文的主题。同时签署了一系列法律，在

---

① 杨成：《"普京主义"的社会基础与 2012 年总统选举之后的俄罗斯政治生态发展趋势》，《俄罗斯研究》2012 年第 2 期。

保证公民政治权利的同时，把好社会稳定这一关。在保障民生方面，普京再次入主克里姆林宫后，立即签署了几项关于提高居民收入和增加福利的命令，包括提高中学和大学教师的工资、增加退休金、增加住房建设、鼓励生育和增加对生育第三个婴儿以上的家庭的补助等。

由此可见，保守主义面对新形势进行了自我改良，吸收了自由主义和社会主义的合理和现实成分，在仍然强调秩序的前提下，更加重视对个人自由和民主权利的保障以及社会普遍公平正义的实现，呈现出更加理性、务实的特点。俄罗斯保守主义的发展前景，取决于普京以及统一俄罗斯党的自我完善和发展，以及保守主义相应的自我调整。

二 备受挑战的权威主义

权威主义指的是各种非民主的和非集权的政治体系，它缺乏一套作为政治体系主导性理想的意识形态，而存在不同性质的心态；这种政治体系除了在特定的发展时期之外，一般没有广泛而深入的政治动员；政治体系的统治权由领袖一人，间或也为少数统治集团所行使；尽管行使权力的方式没有明确的界限，但实际上具有很大的可预测性。[①] 权威主义深深地根植于俄罗斯的民族性，在封建专制历史和带有强烈东方色彩的拜占庭文化洗礼下，这个民族已经适应了中央权威带来的稳定有序，服从和对领袖的绝对信任构成了俄罗斯人的政治习惯。

权威主义在俄罗斯有着悠久的发展历史。自16世纪左右开始，俄罗斯就出现了一种特殊的社会管理制度——村社制度，这一制度强调多数决定原则高于个人原则，形成了一种倡导集体崇拜的村社民主，这一制度为历届沙皇政府所竭力提倡，成为当今俄罗斯民主与西方民主迥异的历史渊源。另外，纵观俄罗斯历史上的改革，不管是彼得大帝时期、亚历山大二世时期，还是苏联时期，都是自上而下地由官方推行，而非民众政治意识的爆发。在自由空间被国家机器挤压的同时，民众也一次次地在内心对服从进行了强化，进而形成了政治天性中不可分割的一部

---

① 胡安·J. 林茨：《权威主义政权》，载 E. 阿拉德、Y. 利托南主编《裂变、意识形态和政治制度》，纽约自由出版社，1964，第 255 页。

分。更重要的是，在俄罗斯民众眼中，政府的权威和集中统治为社会带来了普遍的安定有序，尤其是二战以后苏联国际地位的提升更是赋予了俄罗斯民众一种前所未有的民族自信心，这一切都使得他们更加坚信国家权威的力量。

在文化方面，俄罗斯深受拜占庭文化的影响。俄罗斯信奉的东正教起源于东西方文化交融的拜占庭，因此与西方不同，俄罗斯的文化中有着强烈的东方集权主义气质。在俄罗斯的历史发展轨迹中，一直不乏西方因素的引入，但始终未能进行政治制度方面的改革，反而是沙皇政府借助西方技术的引进进行"政治炒作"，以增强民众对中央政府的合法性认同。因此，由于官方的推动和强化，长期在俄罗斯的政治生活中沉淀下来的不是西方式的民主，而是东方政治思想中对封建统治权威和民众服从的无上推崇，沙皇不仅是世俗封建王朝的统治者，同时也是俄罗斯东正教的精神领袖。

具体来说，俄罗斯权威主义的主要观点包括以下几个方面。

第一，在政治民主化方面，强调权威主义是通向俄罗斯民主的必由之路。权威主义者从不否认民主是俄罗斯政治发展的最终目标，但是在具体的进程和路径上，他们认为在相关的经济、政治和思想文化条件尚未完全具备的条件下，急切地对西方民主进行硬性移植对俄罗斯社会无疑是一枚无法承受的炸弹。相反，将权威主义制度作为过渡方式，社会各个阶层在法律允许的范围内进行相互的斗争和妥协，正是在为民主化创造有利的条件。

第二，在经济自由化方面，认为权威主义是实现非市场经济向市场经济转变的合理途径。在权威主义者看来，没有一种制度是一蹴而就的，不管是政治制度还是经济制度。他们指出，在推行市场经济的初始阶段，一切经济活动都要在国家宏观调控下进行，以免民众的非理性遭遇市场经济的固有缺陷导致市场失灵和经济混乱。苏联解体之前，俄罗斯实行的是全面消灭市场的国有化经济政策，取缔了一切民间的经济活动。在民众暂时丧失商业习惯并且认为公有制比私有制优越的时候，进行激进的经济变革，势必导致国家经济生活乃至社会生活失控，20世纪末俄罗斯进行的"休克疗法"带给俄罗斯的灾难就是血的教训。

第三，在国家秩序维持方面，把权威主义视为遏制国家分裂的必要手段。叶利钦执政后期，整个国家陷入一片无序和混乱，国家权力在横向和纵向上遭到从未有过的弱化。一方面，某些寡头集团依靠它们全面掌控的信息、原料等资源疯狂地攫取政治权力，将私人或者集团的意志上升为国家意志，进而谋求更多的经济利益，干涉政治运行；另一方面，中央政府的垂直权力弱化，地方的权限无限制地扩大，离心力越来越强，国家面临分崩离析、联邦主体各自为政的危险局面。在这种国家日益走向分裂的情况下，普京上任以后痛施铁拳打击寡头集团，同时果断进行政治改革，加强中央权威，发展政党制度和议会民主，打击民族分裂行径，健全法律制度，维护社会稳定。在权威主义原则指导下执政，普京带给俄罗斯的，除了社会的整体稳定和有序，还有"国家主义"和"可控民主原则"下的政治民主化进程。

第四，在领袖作用方面，认为政治发展应该依靠领袖的权威。权威主义者认为，民众的政治行为总是为非理性的政治激情所支配，在经济转型和政治改革时期，政治领袖的权威才是有效集中全国人力、物力和财力，对内加快转型、对外维护国家利益的可靠保证。另外，领袖崇拜在俄罗斯数代人的心中早已打下了深深的烙印，久而久之形成了一种历史传统。在叶利钦执政后期，即使他强力推行的自由化改革使俄罗斯陷入空前的国家危机，俄罗斯民众也未曾放弃过对另一个英雄领袖人物的期盼。

21世纪初进入普京时代以来，权威主义一直被奉为官方意识形态而被大力推崇，俄罗斯也在其指导下进行着以加强中央权威为核心的政治改革。在2012年这个特殊的年份，政治生态的一些新变化直接导致了权威主义在俄罗斯的地位受到了前所未有的挑战。

2012年不断爆发反对普京的抗议活动，参与者大多是接受过良好教育的中产阶级，统计数据显示，这一群体已经占到俄罗斯人口的20%～30%。俄罗斯人民已经不只是求稳求富了，他们开始要求个人自由，民众的自主性和民主意识大为增强，政治参与热情高涨。勒瓦达中心（Levada Centre）2011年主持的一项民意测验显示，由于不满俄罗斯的民主现状，俄罗斯成年人口中有22%有意永远离开自己的祖国，其中大多数是企业家或学生，这一数字比2007年前的7%高出15个百分点。民众对国家的不满以及对自由民主的诉求已经不容忽视，考虑到公民社会的发展以及维稳的需要，权威主义及其官方代表与时俱进，对权威政治体系进行了一系列改革：2012 年 4 月 4 日新的《政党法》生效，放宽了政党登记的条件（必备党员人数从 4 万名减少到 500 名）；恢复州长直选和多党制，甚至在统一俄罗斯党内部也开始实施民主化。同时普京签署了包括关于严惩违反集会规定的、关于非营利性组织的、关于互联网黑名单以及诽谤罪等的法律，努力将国内持续不断的示威游行纳入法治化管理轨道。

随着信息技术的发展和俄罗斯现代化进程的进一步推进，面对社会结构的深刻变革，不作为就必然为民众和现实所抛弃，俄罗斯权威主义越来越没办法无动于衷，在官方层面自上而下地进行了一系列政策化思潮的推动，包括加快政党政治的建设和社会问题的解决。适时改革才能历久弥新，顺应民意方可愈陈愈香。

三　经久不衰的民族主义

民族主义是近代以来民族在其生存与发展过程中产生的，基于对本民族历史和文化的强烈认同，旨在维护本民族权益、实现本民族和国家的发展要求的思想观念或意识形态，而这种思想观念和意识形态往往会演化为民族主义运动。[①] 在俄罗斯，民族主义有着深厚的历史渊源。一方面，由于地理因素的影响，俄罗斯总是面临外族的武力入侵，俄罗斯各部族渐渐有了团结一致、抵抗外辱的要求。另一方面，俄罗斯广袤的土地长期裸露在西方文明的狂风暴雨之中，为了守住本土文化，俄罗斯的有志知识分子纷纷举起民族主义的大旗，从自身的历史、文化和宗教传统中找寻民族认同感和民族自尊心。自彼得大帝改革以来，民族主义就始终贯穿在俄罗斯的政治和社会发展过程中。19 世纪后半期，出于统治阶层对内遏制边疆民族运动、加强各地域联系和对外扩张的需要，民族主义作为一种意识形态开始被政策化，直到 20 世纪初苏维埃成立，才在形式上切断了这一传统。20 世纪末，俄罗斯国内经济改革的失败、政治上的混乱以及外交上

---

① 胡涤非：《民族主义的概念及起源》，《山西师范大学学报》（社会科学版），2005 年第 1 期。

对西方的依赖和妥协，使得民族主义重新在失望的民众心中激起千层浪，成为俄罗斯的主流意识形态。

当代的俄罗斯民族主义主要呈现出以下几个特点：第一，回归传统，强调自身独特的发展道路；第二，缅怀帝国，重建国家权威主义信念；第三，渴望强大，重塑民族复兴理念。① 总体来说有三种表现形式：第一种是在俄罗斯社会占主流的温和民族主义，它广泛吸收了俄罗斯国家主义、强国思想等理念的养分，在政治上以普京为代表，采取中派主义价值观，以俄罗斯国家利益为出发点，倡导通过立足传统、理性爱国、务实发展实现民族复兴和国家富强；第二种是以帝国思想为主要内容的激进民族主义，它以"强国主义"为主要口号，贪恋并试图恢复俄罗斯帝国的昔日荣光，因此常常表现出非理性的爱国情感，也为俄罗斯政坛的一些激进的政党（如俄罗斯共产党和俄罗斯自由民主党）所利用，故而呈现出左翼或右翼的特点；第三种是以种族优越感、种族纯洁性为主要内容的极端民族主义，极端民族主义者因为盲目的单一民族情结而不承认其他民族的生存权利，一般表现为对他族的仇视甚至血腥的暴力行为。这种畸形的民族主义可以说是俄罗斯民众对 20 世纪末激烈变动的经济、政治和社会形势的一种应激反应，整个社会普遍缺乏安全感，民众积攒了太多情绪和负担得不到正当的政治排解，因此以自我保护为出发点的极端行为和思潮的出现也就不足为奇了，但是极端民族主义从来都不是也永远不会成为俄罗斯社会的主流民族主义取向。

俄罗斯虽有这样那样反对现政权的声浪，也存在着许许多多亟待解决的问题，但是普京 2012 年上任后的政策仍然采取了渐进改革的基调，遵循了总体保守的立场和维稳的心态，由此我们可以窥见：俄罗斯政坛总体上的中派主义立场没有变，俄罗斯的爱国主义传统没有变，大多数民众是理性的这一事实没有变，俄罗斯的大国复兴梦想也没有变。以国家民族主义为代表的温和民族主义依然是俄罗斯的主流社会思潮。

---

① 陈黎阳：《苏联解体后的俄罗斯民族主义》，重庆出版社，2006，第 187～197 页。

四　不可小觑的自由主义

自由主义是政治思潮中最古老的流派之一，其渊源可以追溯到古希腊时期。一般来说，自由主义主要包括以下观点：第一，强调在不触犯法律的前提下，最大限度地赋予个人自由和权利；第二，主张程序平等、形式平等，反对结果平等、实质平等；第三，国家是一种必要的恶，但是为了不使其伤害到个人的自由和市场的运转，应该以分权的方式对它的权力进行横向和纵向的约束。

自由主义在俄罗斯的兴起与西方自由主义思潮的流行密切相关，从18世纪下半期叶卡捷琳娜二世开始在俄国国内推行的"开明专制"到亚历山大一世时期的政府自由主义改革，经历了长期的官方推动，自由主义在俄国蔓延滋生，成为俄国社会的一种先进时髦的政治思潮。经历了苏联时期的停滞，直到戈尔巴乔夫改革，自由主义才又重新在俄罗斯发展和流行起来。20世纪80年代末期，俄罗斯自由主义的泛滥和"休克疗法"的推行更是西方的新自由主义和叶利钦自身西化思想相结合的产物。

当代的俄罗斯自由主义主要分为两大类。一是以盖达尔的"俄罗斯选择"为代表的极端自由主义思潮。在经济上，将私有制列为"普遍价值"，主张激进的改革方针，反对国家过多地干预经济；在政治上，忽视俄罗斯的传统价值，无视俄罗斯国内的现实，完全抛弃苏联的社会发展模式和经验，照搬西方的民主经验，采取革命式的做法；在对外政策上，视西方国家为潜在盟友，在国际事务上对西方妥协。以此为基础进行的激进主义改革实验失败以后，俄罗斯极端自由主义的高层代表人物被甩出政坛，这也意味着极端自由主义在俄罗斯走向衰落。二是以亚夫林斯基的亚博卢民主党为代表的民主自由主义。在经济上，反对激进的改革，主张国家在市场经济的完善过程中发挥积极的宏观作用，支持和依靠中产阶级；在政治上，民主自由主义提出"自由""平等""公正""法律至上"等口号，强调维护社会秩序和社会道德的重要性，主张国家权力的制衡。这一流派的主张更加接近西方的自由主义，得到广大学生和知识分子的支持。

回顾2012年3月的俄罗斯总统大选，自由派的俄罗斯自由民主党主席日里诺夫斯基的得票率只有 6.22%。在第六届俄罗斯国家杜马选举中，民主自由主义的"官方代言人"亚博卢民主党的得票率只有 3.43%，虽然已经是得票率最高的主要反对派，但其成员仍然未有一人入阁。可见自由派政党仍然缺乏竞争力，但是随后俄罗斯爆发的反对活动不能不引起重视。作为自由派政党选民基础的中产阶级已然在俄罗斯粗具规模，并且已经拥有了相当高的政治参与热情。另外，随着互联网的普及，俄罗斯的年轻人已经可以通过互联网了解世界并对比本国的政治经济状况，基于此对当政者提出要求。比起俄罗斯的历史和传统，未曾背负包袱的新一代俄罗斯年轻人，越来越关心个人的发展和自由。

随着年轻学生和知识分子政治意识的觉醒，俄罗斯政治思潮的风向标也在悄悄发生着新的变化——关注平等、自由的民主自由主义正在俄罗斯的新生代中逐渐崛起。

五　日趋式微的社会主义

"社会主义"一词源自拉丁文，是一种经济社会学思想，主张或提倡整个社会作为整体，由社会拥有和控制产品、资本、土地、资产等，其管理和分配基于公众利益。社会主义是俄罗斯独特而难忘的历史记忆中不可分割的一部分，记载着苏联往日与美国齐头并进、称霸世界的辉煌。1991年苏联解体埋葬了苏联的共产主义运动，但是社会主义思潮由于路径依赖和历史惯性而长期存留下来。据统计，在俄罗斯众多政治派别中，主张社会主义或以共产党命名的党派约有 26 个。[①] 其中，最具代表性的便是以久加诺夫为首的俄罗斯共产党。1993 年重建的俄罗斯共产党，继承了苏联共产党和俄罗斯共产党的事业，以城市贫困阶层、农村人口为主要社会基础，以集体主义、爱国主义、社会公正和实质平等为主要价值取向，坚持社会主义方向，反对土地私有，但支持实行市场经济和多党政治。普京上台后，采取了一系列恢复经济、挽救民生的举措，与俄罗斯共产党的主张不谋而合，导致作为其选民基础的城市贫民和农村选民倒向以普京为首的统一俄罗斯党。

---

① 刘淑春：《俄罗斯社会主义流派评析》，《今日东欧中亚》2000 年第 4 期。

在 2012 年的总统大选中，俄罗斯共产党主席久加诺夫获得 17.18%的选票，成为普京以外支持率最高的总统候选人。在 2011 年 12 月的国家杜马选举中，俄罗斯共产党也获得了 19.2%的选票，成为议会第二大党。然而，由于一些弊端，如党内派别林立、后继乏人、理论主张缺乏生命力等，俄罗斯共产党将无力承担第二大党这一角色。

面对国内政治民主化、经济现代化和社会风险加剧以及国际事务上来自西方的压力，普京在坚守维稳底线的前提下，优先解决民众关心的反腐和教育、住房、社会保障等社会问题，给予中产阶级对个人自由和民主权利的需求以足够的重视。一位俄罗斯卖画人说："反对派不成气候，但我相信，只要有反对派的存在，就会令普京更加努力。"[①] 的确，反对派的存在和民众政治热情的提高，让普京和俄罗斯政治生态都衍生出了一种兵来将挡、水来土掩的实用主义。相应地，不管是自上而下还是自下而上，俄罗斯的政治思潮都日益呈现出一种主流学派吸收借鉴其他学派以赢取民心的趋势。俄罗斯经过适时改良的中派主义继续盛行。

第二节 普京执政后的俄罗斯政治生态

普京执政后，俄罗斯努力实现国家复兴，国内政治经历了一系列变化，也面临诸多挑战。例如，俄罗斯国家面临政治危机，民众对立情绪开始增长，反对派日益活跃，腐败问题依然亟待解决等。面对这些问题，普京政府自上而下对权威体系和官僚体系进行了一系列改革，以满足俄罗斯公民对自由和民主的更高要求。俄罗斯的国内政治虽然面临众多挑战，但总体上保持了平稳发展的势头，政治改革不断推进，人民的政治权益也进一步扩大。2012 年普京再次当选总统后，俄罗斯进入"普京时代"的标志时期。

一 "普京时代"逐步确立

对于 2012 年俄罗斯国内政治来说，最大的事件莫过于 3 月 4 日的总

---

① 《大选前探访莫斯科的"沉默选民"》，中国新闻网，http://www.chinanews.com/gj/2012/03-04/3716147.shtml。

统大选。在时隔 4 年后，普京再次以高票当选俄罗斯总统，重返政治巅峰，再一次重启"普京时代"。对于这次总统大选，在梅德韦杰夫担任总统的 4 年里，国内外学者对其进行了不同的猜测。有些学者认为梅德韦杰夫只是普京的影子，其担任总统只是为了在不违背宪法的情况下为普京再次当选总统守住阵地和铺路搭桥，俄罗斯实际的掌权者依然是普京。另外一部分学者则根据梅德韦杰夫执政中后期梅普组合出现的矛盾重重和渐行渐远的现象认为，梅德韦杰夫并非普京手中的棋子，他掌权后将淡化普京在俄罗斯政治中的影响力，梅德韦杰夫将成为新的领袖，至少可以与普京并驾齐驱，成为两大权力中心之一，构成现代版的"双重沙皇"机制。[①]结果是，梅德韦杰夫公开宣布放弃参加 2012 年的总统大选，转而全力支持普京竞选总统，同时普京也宣布，一旦自己再次当选总统，将任命梅德韦杰夫出任政府总理。梅普组合以其高度的默契完成了和平过渡，再一次将选票集中到一起，同时也是将权力集中到一起。2012 年 3 月 4 日，普京以 63.6% 的得票率当选为俄罗斯新一任总统，王者再次归来，西方国家一直期待的"2012 梅普对决"最终没有发生，俄罗斯政坛平稳地完成了权力交接。

普京 2012 年再次竞选总统，国内外的政治家和学者乃至普通百姓都为他捏了一把汗。因为在总统大选前的 2011 年 8 月，普京的支持率曾一度下滑至历史最低点 37%，然而到 2011 年年底，普京的支持率重新上升到 50% 以上，民众的再度支持最终确保了普京顺利当选总统，其主要原因在于以下 5 个方面。

第一，普京在他当总统和总理的 12 年执政时期内做出了突出的成就。当 2000 年普京接替叶利钦成为俄罗斯总统时，其接手的是一个烂摊子。在之前的叶利钦统治时期，俄罗斯政治动荡，经济凋敝，国内面临民族分裂势力，国外西方国家对其施加政治、经济压力，并在地缘政治上不断蚕

---

① Eberhard Schneider, "Split in the Russian Political Tandem Putin-Medvedev", *Caucasian Review of International Affairs*, 2009, Vol.3 (2), pp.219 – 226; Stephen Blank, "Presidential Succession: The Achilles Heel of Russian Politics", *Perspective*, 2010, Vol.20, No.3, p.8.

食和挤压俄罗斯的传统势力范围。[①] 普京临危受命，自他接任以来，大力发展经济、改革政治、提高中央权威、打击寡头势力、惩治官员腐败、抑制民族分裂，在普京的治理下，俄罗斯政治逐渐恢复稳定，经济开始发展，人民生活水平提高，国内就业形势日益改善，国际地位也显著提升。2011 年俄罗斯国内生产总值同比增长 4.5%，通货膨胀率降为 6%，是 12 年以来最低。普京带领着俄罗斯开始走向复兴之路，因此他在俄罗斯国内有着广泛的政治基础和民众支持，大多数俄罗斯人将普京视为走向复兴的领航者，是国家和民族未来的希望，因此对普京给予了长期且大力的支持。

第二，除了国内的支持外，普京还得到了在异国打拼的俄罗斯籍公民的支持。在这次竞选中，有将近 180 万名在国外的俄罗斯籍公民参加了投票，而这些人大部分把票投给了普京。因为普京在执政时期不仅使俄罗斯国内的经济获得了恢复与发展，在国际上还实行强国战略，努力重塑俄罗斯的大国地位，对西方国家的打压采取强硬态度，这在很大程度上提高了俄罗斯的国家地位，使生活在国外的俄罗斯公民再一次感受到祖国是自己的坚强后盾，感受到作为一名俄罗斯人的骄傲和自豪，因此这些漂泊在外的俄罗斯人将票投给了能为他们提供信心与支持的普京，并认为只有普京才能带领俄罗斯这个饱受磨难的国家逐渐走向强大。而这些身在海外的俄罗斯公民通常具有一定的经济实力，在俄罗斯国内也具有一定的影响力，他们投票支持普京，也为普京在国内赢得了不少选票。

第三，普京进行了巧妙灵活的竞选活动。2011 年 12 月 4 日俄罗斯国家杜马选举，统一俄罗斯党在议会中的席位由 2007 年的 315 席下降至 238 席。为了应对国家杜马选举的失利，进一步争取选票，仅过了 4 天，普京即宣布将在全俄人民阵线而不是统一俄罗斯党的基础上建立竞选总部，以参加 2012 年 3 月举行的总统选举。对于国内的反对派和有着政治诉求的抗议民众，普京也做出了妥善处理，允许他们举行集会和游行，并采纳了他们的一些合理建议，如降低了政党进入国家杜马的门槛、对新成立党派

---

① Yang Cheng, "The Power of Diplomatic Traditions： Understanding the Logic of Russia's Foreign Policy in the Post-Soviet Era", *Eurasian Review*，2011，Vol. 4，p. 34.

放宽限制、直接选举地方行政长官、建立独立的社会电视台以扩大新闻自由等。除此之外，普京还因未按照其指示完成任务而对 3 名内阁部长进行了纪律处分，并加大了对政府官员腐败行为的打击力度，这在俄罗斯人民心中树立了"强硬领导人"的形象，对其支持率的提升和重新当选总统起着重要作用。普京为竞选而进行的活动和准备使其收获了众多选民的支持：2012 年 2 月 4 日，莫斯科 14 万人参加集会支持普京；2 月 17 日，在普京的家乡圣彼得堡又有 6 万人集会"挺普"。

第四，以美国为首的西方国家对俄罗斯的指责和打压加大了俄罗斯民众对普京的支持力度。自冷战结束以来，以美国为首的西方国家不仅拒接接纳俄罗斯，而且在政治、经济和地缘战略上进一步打压俄罗斯，挤压其生存空间，使其国际地位不断下降。对于普京再次竞选总统，美国等西方国家持质疑和反对态度，他们不希望强人普京重返克里姆林宫，因此不仅唱衰普京，指责俄罗斯在政治体制、民主和人权、叙利亚、伊朗、"反导"等问题上的立场，还资助普京的反对派，企图阻挠普京当选。外国施加的压力反而在一定程度上使俄罗斯民众团结一致站到普京一侧，西方国家越是反对普京，普京在国内的支持率反而越高。著名电影导演米哈尔科夫称，"任何投票反对普京的人，都是在为分裂俄罗斯和橙色革命投票"。①

第五，普京的政治对手尚不具备挑战普京的实力。通过俄罗斯总统大选的计票结果我们可以发现，除了普京（统一俄罗斯党）以 63.6% 的得票率遥遥领先之外，其他几位竞选人的得票率分别是：久加诺夫（俄罗斯联邦共产党）17.18%，普罗霍罗夫（俄罗斯亿万富翁）7.98%，日里诺夫斯基（俄罗斯自由民主党）6.22%，以及米罗诺夫（公正俄罗斯党）3.85%。这一结果显示了普京的政治对手实力很弱小，他们只代表了少数社会阶层或集团的利益，无一人具备与普京一争高下的能力和威望。而且这些竞争者缺乏执政经验，没有切实可行的施政纲领，因此无法得到广大俄罗斯人民的认可和支持，其最终在竞选中败给普京实属必然。

---

① 王宪举：《西方越反对，普京支持率越高》，新华网，http://news.xinhuanet.com/world/2012-02/23/c_122744907.htm。

普京虽然当选总统，但在组建政府时依然面临很大困难，内阁组成结构和人员安排的细节在总统大选后很长时间都未公布。普京甚至因此无法出席 2012 年 5 月 18 日在美国召开的 G8 峰会，理由是组阁的内政任务更为重要。俄罗斯总理梅德韦杰夫代替普京出席峰会，在临行前的 5 月 15 日，梅德韦杰夫向普京提交了《联邦政府宪法（草案）》和新政府各职位候选人名单，但政府人员组成名单最终宣布是在 5 月 22 日。内阁 3/4 的成员均为新人，设 7 名副总理，第一副总理只有 1 名。这表明普京的这届政府是在经历了难产后艰难诞生的。

二　"去普京化"运动时强时弱

与俄罗斯总统大选相伴而来的是国内反对派的日益活跃，普京虽然最终当选总统，但他的支持率与上一任期相比已经大幅度下降，不少俄罗斯民众走上街头游行抗议，发起了"去普京化"运动。说到"去普京化"运动，首先不得不提到自 2000 年普京执政以来在俄罗斯盛行的"普京主义"。"普京主义"是美国《纽约时报》在 2000 年 1 月普京被叶利钦任命为代总统时，在一篇名为《普京主义浮出水面》的分析文章中首先提出的，从那以后，随着普京在俄罗斯地位的逐渐巩固，"普京主义"逐渐成为概括俄罗斯政治状态的重要说法。对于"普京主义"，俄罗斯和中国学者多认为这是一种融合斯大林式的领袖崇拜、共产主义、克格勃精神和市场经济及民主政治的意识形态变体。而西方学者则更多持批评立场，强调"普京主义"在很大程度上是斯大林主义在 21 世纪的重演，认为公民社会的缺失和自上而下的权力运行模式导致俄罗斯政治系统存在极大的危险。①

由于普京在执政期内为俄罗斯做出了突出贡献，使俄罗斯在国际上的地位显著提升，国内政治稳定，经济复苏，一大批人重新获得工作岗位，人民生活水平显著提高，因此俄罗斯大多数民众对"普京主义"持认可和支持的态度，认为只有"普京主义"才是真正能够带领俄罗斯走向复

---

① 杨成：《"普京主义"的社会基础与 2012 年总统选举之后的俄罗斯政治生态发展趋势》，《俄罗斯研究》2012 年第 2 期。

兴和强大的路线。普京认为需要做的事情，人们便支持；普京认为错误的事情，人们便反对。俄罗斯国内对普京的支持率一直在70%左右，并一度接近80%。这种对普京的近乎全面的支持一直持续到2008年，由于金融危机的突然爆发，刚刚从冷战后衰退阴影中走出的俄罗斯再次遭遇打击，人民的生活水平受到很大影响，这使得一部分民众对"普京主义"及普京本人产生了质疑，外加俄罗斯国内迟迟难以解决的官员腐败和其他诸多政治问题，普京的支持率有所下降。俄罗斯国内的反对派因此借机掀起了"去普京化"运动，将矛头直接指向现政府和普京本人。

俄罗斯国内的"去普京化"运动最早始于2011年12月4日，因不满当天公布的国家杜马选举结果，反对派纷纷走上莫斯科街头抗议。第二天，抗议的人数达到数万人，人们打出"选举太肮脏""普京滚出克里姆林宫"等口号，到12月10日，从俄罗斯最西端的加里宁格勒到最东端的符拉迪沃斯托克，俄罗斯许多重要城市都掀起了针对国家杜马选举结果的抗议游行。而进入2012年后，抗议活动依然接二连三地爆发，如2012年2月要求公平选举的"白环"行动，以与警方发生冲突而告终的5月6日博洛特纳亚广场集会，以及6月12日普京就任总统以来首次反政府游行。除此之外，为了捍卫《俄罗斯宪法》第三十一条的内容，即给予民众自由集会的权力，莫斯科和圣彼得堡等地的反对派在每月的31日举行示威游行，并多次与警方发生冲突。

由此可见，俄罗斯国内的抗议活动已经逐渐常态化，并具有了越来越大的规模。之所以会出现这样的情况，主要有以下几个原因。

第一，俄罗斯民众的需求已进一步提高，不再像普京刚执政时只满足于经济水平的提高和生活的改善，随着俄罗斯经济的逐渐发展，民众的自主性和民主意识大大增强，人们开始要求更自由、更受尊重、更多的政治权利和社会地位。例如，在2012年6月12日莫斯科的游行示威中，人们除了打出反对当今政府的标语以外，还打出了关于社会问题的标语，包括"要求免费医疗和教育"、"反对摧毁教育和科学"、"支持高校民主化"、"支持高校自主"以及"封建主义和科学势不两立"等。这体现出在"去普京化"运动中，很多人并不是在帮着反对派政党或个人而奋斗，而是在为自己的合法权利而斗争。

第二，金融危机的爆发使俄罗斯遭受巨大打击，这为反对派阵容的扩大提供了土壤。普京前两个任期内使俄罗斯经济从衰落的低谷开始走向复苏，正当人们对国家的未来重新树立了信心时，金融危机突然爆发并很快波及经济脆弱的俄罗斯，一些在普京执政期间找到工作的人再一次失业，经济上的挫折使这些人开始质疑政府的能力，并逐渐在一些反对派领袖的带领下汇集起一股强大的"去普京化"浪潮。

第三，西方国家对反对派的支持和资助是反对派能够掀起一轮又一轮"反普"浪潮的重要原因。在 2012 年反对派的抗议游行活动中，经常出现与警方发生冲突的情况，如 2012 年 5 月 6 日普京正式就任俄罗斯总统的前一天，反对派在博洛特纳亚广场集会抗议普京就职。在集会期间，反对派企图越过警戒线冲击克里姆林宫，并与维持秩序的警察发生激烈冲突，导致约 40 名警察受伤，多人住院治疗，为此警方当场逮捕了约 400 名聚众滋事者。事后，反对派领袖之一的列别杰夫承认，在进行示威活动前，反对派内部进行过沟通串联，所有冲突都是有组织有预谋的。对于反对派的行为，有评论认为，从 2011 年俄罗斯总统大选前到总统大选结束为止，反对派的行动都与西方国家有密切的关联。2011～2012 年俄罗斯总统大选期间，反对派举行大规模集会所花费的资金，有相当大一部分来自西方财团的资助。有人甚至透露，在反对派集会期间，所有参加集会的人都能按照每小时 500 卢布（约合 100 元人民币）的标准获得劳务费。①

第四，互联网在俄罗斯的逐渐普及提高了反对派的动员能力。1997 年，俄罗斯的互联网用户只有 100 万人，而到 2012 年，俄罗斯的互联网用户已经达到 6000 万人，位居欧洲第一。由于互联网在俄罗斯的迅速普及，很多反对派的网站相继建立。俄罗斯政府对媒体的审查较为严格，但只是集中在电视和报刊这样的传统媒体，对于互联网这样的新媒体很少干预，这为反对派通过网络传播思想、组织活动提供了巨大便利。随着网络的普及，反对派建立了起很多相关的网站进行宣传。2014 年，俄罗斯的

① 《俄罗斯反对派领导人承认在总统大选期间故意制造混乱》，中国新闻网，http：//www.chinanews.com/gj/2013/04－07/4706836.shtml。

互联网用户量达到 8000 万人，这意味着在反对派进行的各种活动中，互联网的作用将日益重要。

三　俄罗斯政治改革与杜马斗争

面对国内反对派的"去普京化"运动，俄罗斯政府和普京本人都意识到政府不能故步自封，必须对民众的诉求有所回应，加强国家政权与社会和民众的沟通交流。因此，普京既向俄罗斯人民做了妥协和让步，同时也采取了一些管制和规范措施，在 2012 年新一轮总统任期开展了一系列政治方面的改革。

第一，针对俄罗斯民众对统一俄罗斯党在国内一党独大的不满，普京及国家杜马大幅放宽了对国家政党登记的限制。2012 年 4 月 4 日，俄罗斯新的《政党法》生效，成立新政党的必备条件由原来的党员人数不少于 4 万名减少到 500 名，这一调整使得俄罗斯国内政党数量大幅增加，仅从新《政党法》生效到 10 月这 6 个月中，在司法部注册的政党数量便由原来的 7 个猛增到 40 个，平均每个月就有 5～6 个政党诞生。由于在 2011 年 10 月 7 日俄罗斯国家杜马（议会下院）通过了时任总统梅德韦杰夫的议案，俄罗斯政党进入议会的门槛进一步降低，只要得票率在 5% 以上，即可在国家杜马获得席位。因此，未来将有更多的党派进入议会乃至政府，俄罗斯政坛将朝着日益多元化的方向发展。

第二，普京在普遍放松对国内政党限制的同时，加大了对接受外国资助的政党的打击力度。2012 年 7 月 21 日，普京签署《非政府组织法》，将接受海外资助并从事政治活动的非政府组织认定为"外国代理人"。对于这一法案，克里姆林宫认为它是为了保护俄罗斯不受外国势力的影响。大约 2/3 的俄罗斯民众对这一法案持支持态度，认为俄罗斯已经经历过动荡时期，绝不允许外国随意干涉俄罗斯内政，这一法案可以有效防止西方国家对俄罗斯发动"颜色革命"。然而，还有一些人对这一法案持反对态度，一些小党派无法从俄罗斯政府得到资金支持，也得不到俄罗斯企业的赞助，因此只能依靠外国的资助。而且，这一法案还会威胁到不少在俄罗斯工作的合法跨国非政府组织，如"大赦国际"和反贪腐的"透明国际"等。

　　第三，以普京为首的统一俄罗斯党推动国家杜马通过法案，对国内的集会、游行、示威等活动进行管理和规范。面对国内越来越频繁的游行示威活动，普京一方面满足中小党派登上政治舞台的迫切愿望，另一方面通过法律形式对国内的示威游行活动进行了管理和约束，其中最突出的就是通过了《关于聚会、集会、游行、示威及围坐法》。2012 年 4 月 16 日，统一俄罗斯党的安·西贾金等 4 名议员向国家杜马提出了《关于聚会、集会、游行、示威及围坐法（草案）》，其目的在于调整政府部门与反对派之间的关系。5 月 6 日，俄罗斯发生了席卷全国的抗议浪潮，导致了大规模的骚乱，之后俄罗斯的反对派又宣称将在 6 月 12 日，即俄罗斯独立日再次举行大规模示威活动，这加速了《关于聚会、集会、游行、示威及围坐法》的出台。6 月 5 日，在经历了 11 个小时针锋相对的激烈讨论后，这部对游行示威活动进行规范和约束的法律终于获得通过。根据《关于聚会、集会、游行、示威及围坐法》的相关规定，在游行示威中不遵守已与当局协调并获得许可的集会场所、游行路线，以及向警方抛掷石块和酒瓶等将会被处以重罚。对于普通违反法律的示威者最高罚款为 30 万卢布（约 1 万美元），而对于违反法律的活动负责人的罚款，则最高可达 60 万卢布（约 2 万美元）。《关于聚会、集会、游行、示威及围坐法》的出台大幅提高了街头政治宣泄的成本，从事后 6 月 12 日游行示威以文明平稳的方式结束可以看出，这部法律确实起到了"减震器"的效果，尽管遭到反对党派和国外舆论的指责，但对于维护俄罗斯的社会稳定和确保公民安全起到了重要作用。

　　第四，俄罗斯恢复地方行政长官直选制度。2004～2012 年，俄罗斯实行的是地方行政长官由总统直接任命的制度。由于俄罗斯政坛日趋多元化，众多新的党派出现，自由民主思潮逐渐被更多的民众所接受，为了适应时代的发展和民众的需求，俄罗斯重新恢复了地方行政长官直选制度。2012 年 5 月初，即将卸任的总统梅德韦杰夫签订法律，从 2012 年 6 月 1 日起恢复俄罗斯的地方行政长官直选制度。法律自 2012 年 6 月 1 日起生效。根据这一法律，俄罗斯各联邦主体行政长官（州级行政长官）的候选人今后将由各政党推选产生，再由该联邦主体居民通过直接投票的方式选举出来，各政党既可以推选本党成员，也可以推举无党派人士。行政长官的任期5年，只能连任1次，候选人的得票数超过当地参加投票选民的半数即视为当选。首批地方行政长官于2012年10月14日同时在阿穆尔州、布良斯科州、梁赞州、别尔哥罗德州、诺夫哥罗德州进行举行。与过去的自由选举不同，新的地方行政长官直选制度只是"有限直选"，选民只能在总统提名的几位候选人中进行选择，中央对地方的控制力和影响力依然十分强大。

2012年，在俄罗斯进行诸多政治改革的同时，国家杜马的斗争也表现得十分激烈。由于降低了中小党派进入国家杜马的门槛，国家杜马内的各种声音日益增多，其间的斗争也更加激烈。例如，在2012年6月5日俄罗斯国家杜马审议由统一俄罗斯党提出的《关于聚会、集会、游行、示威及围坐法》时，反对派中的公正俄罗斯党就采取了故意拖延战术，针对该法案提出了400多条修正意见，如果对每条意见进行3～10分钟的审议，那么这一过程将旷日持久。为此，统一俄罗斯党不得不调整策略，不断缩短审议时间最终在午夜时法案艰难通过。

除此之外，俄罗斯国家杜马内的斗争还体现在剥夺了几名在出任公职期间从事商业活动的议员资格。例如，公正俄罗斯党议员根纳季·古德科夫的议员资格遭到剥夺，统一俄罗斯党议员阿列克谢·克内绍夫则主动放弃了杜马议员资格。其中公正俄罗斯党党员根纳季·古德科夫的议员资格被剥夺最引人关注，因为这是自1995年以来首名由国家杜马经简单多数表决而非依据法院裁决驱逐的议员。在表决前发言时，统一俄罗斯党议员安德烈·伊萨耶夫说，驱逐古德科夫将证明，在俄罗斯，法律面前人人平等。事后根纳季·古德科夫称对他的指控是不成立的，他是因为参与针对总统普京的示威而遭受了"政治报复"。①

四 俄罗斯反腐力度进一步加大

腐败问题一直是困扰俄罗斯的一个顽疾，在2011年时，俄罗斯在透明国际清廉指数排行榜上排在第143位，仅领先于利比亚、伊拉克、索马

---

① 《俄杜马驱逐反对党议员》，人民网，http://world.people.com.cn/n/2012/0916/c157278-19019774.html。

里、阿富汗等动荡或极度贫困的国家。梅德韦杰夫曾在 2008 年的总统国情咨文中指出：腐败是俄罗斯现代社会的"一号公敌"。① 虽然近些年来俄罗斯的经济获得了一定程度的发展，人民生活水平也提高了，但腐败问题始终困扰着俄罗斯。俄罗斯腐败最严重的几个领域除了政府以外，还有医疗卫生、交通警察和教育领域。由于腐败问题久拖不决，俄罗斯的年轻人一方面痛恨政府的腐败，另一方面又希望自己能够成为政府中的公务员，在俄罗斯许多地区的高等院校中，和公务员有关的专业报考比例高达 1160%，很多人认为腐败只是一种社会的常见现象。俄罗斯之所以在反腐问题上始终难以获得成效，最主要的原因在于俄罗斯的司法力量与政府和国家杜马相比明显处于弱势地位，且司法领域本身也存在着严重腐败。

2012 年，俄罗斯明显加大了反腐败力度，相继制定并出台了一系列反腐败的法案。2012 年 1 月，俄罗斯国家杜马通过新的法律，授权总统将涉嫌腐败或利益冲突的州长解职。4 月 17 日，俄罗斯成为经济合作与发展组织《反对在国际商务活动中贿赂外国公职人员公约》的第 39 个缔约国。2012 年 5 月，俄罗斯联邦委员会（议会上院）议员开始对外公示个人财产。2012 年 8 月，俄罗斯国家杜马四大党团联名提交了有关禁止官员拥有海外资产的法案，根据该法案的规定，拥有海外资产的官员将会被处以 500 万～1000 万卢布的罚款，判处 5 年以下有期徒刑（该法案于 12 月 4 日在国家杜马获得通过）。10 月 26 日，俄罗斯国家杜马通过了关于监督官员开支的法案，该法案规定各级政府官员和议员及其配偶和未成年子女在购买房产、土地、交通工具、金融产品时，若出现单笔交易支出金额超过本人及其配偶在主要工作单位近 3 年收入总和的情况，则必须申报此项支出的资金来源，如果官员拒不申报，将会被解除职务。如果官员无法出具购买资产的证据，那么其所购买的资产将会被充公，其本人也将被视为从事违法活动而被追究刑事责任。

---

① 《俄罗斯反腐：风暴后仍是一声长叹》，中国新闻周刊网，http：//insight. inewsweek. cn/ topic_ detail - 679. html。

除了出台惩治和约束腐败行为的相关法律法规，俄罗斯在2012年还严惩了一批涉嫌腐败的官员。2012年9月中旬，国家杜马公正俄罗斯党议员根纳季·古德科夫因从事商业活动而被剥夺议员资格，10月下旬，统一俄罗斯党议员阿列克谢·克内绍夫则因被查出是斯洛伐克因比斯特尔公司合伙人而被迫放弃了议员资格。11月6日和9日，国防部长谢尔久科夫和总参谋长马卡罗夫因国防部下属的国防服务公司侵吞国有资产，挪用1亿美元国防预算参与房地产买卖而被普京解职。11月9日，俄罗斯航天系统公司的部分高级官员因被指控在格洛纳斯导航系统项目中侵吞2亿美元资金而被检察机关带走调查。11月10日，俄罗斯联邦地区发展部前副部长、彼尔姆州州长罗曼·帕诺夫因被指控伙同地区发展部多名官员侵吞亚太经济合作组织（APEC）符拉迪沃斯托克峰会场馆建设经费9300万卢布（约300万美元）而被法院立案审理。12月25日，联邦资产管理机构负责人安纳托利·斯捷尔秋克因涉及导致100多宗国家土地资产流失的案件而遭到逮捕。

除了在国内出台相关法律法规，以及惩处腐败官员外，俄罗斯在2012年还加大了国际反腐执法的合作力度。2012年12月20日，俄罗斯总统普京表示，俄罗斯政府将为那些帮助查出拥有海外账户或海外房产官员的外国政府和个人提供奖金和报酬。俄罗斯第一副总理祖布科夫称，2012年俄罗斯政府加强国际合作的主要措施包括：一是成立了反洗钱部际工作组；二是加大了对能源、住房建设和金融系统的腐败行为的打击力度；三是与非法资金的主要流向国和地区（如塞浦路斯、拉脱维亚、法国、英国、瑞士）进行沟通与合作，抑制非法资金的外流。

第三节　普京执政后俄罗斯政党制度演变

在普京和梅德韦杰夫担任俄罗斯总统期间，俄罗斯的政党制度逐渐发展并完善，形成了总统控制下一党独大的政权党制度，这也是俄罗斯政党制度的主要特征。虽然俄罗斯的政党制度不断发展、不断成熟，但仍然存在许多问题，如政党力量发展失衡、总统居主导地位而议会权力受限等。

但是，随着政治转型和民主化进程的不断推进，俄罗斯的政党制度必将变得更加成熟和完善。

一 普京前两届任期推动政党制度改革

自 2000 年出任俄罗斯总统以来，普京在叶利钦时代所留下制度的基础上继续推进政党制度的改革和建设。在制定、修改和完善与政党及选举有关的法律法规的同时，对作为政权党的中派政党统一俄罗斯党的建设和发展予以大力扶持。到 2008 年 5 月，普京推行的政党制度改革取得了显著成效。经过改革，俄罗斯逐渐形成了以中派政权党为主导，左、中、右派政党并存的政治局面，政党活动走上更加规范化和法制化的道路，多党制在俄罗斯得到了进一步发展，政党制度日趋完善。

1. 通过法律规范多党制

2001 年，普京向杜马提交的《俄罗斯联邦政党法》获得通过，并正式颁布，其中详细地规定了政党的建立和活动方式，政党的组织结构建设，政党在政治生活中占据的地位和发挥的作用，以及政党和国家之间的关系等。[①] 根据《俄罗斯联邦政党法》的规定，政党的作用是参加国家政权机构的选举，这样一来就排除了各种群众性社会政治组织改称为政党的可能性；对政党的党员数量、规模和组织机构等做出了更多的限制，使大量党员数量较少、政治影响力较小的政党或是自生自灭，或是与其他党派联合。《俄罗斯联邦政党法》颁布以后经过新一轮的整合，俄罗斯国内政党的数量大幅减少。

2004 年 12 月，《俄罗斯联邦政党法（修正案）》获得通过，对 2001 年的部分条款做出了修订和补充，对党员的人数、分支机构党员人数和分部党员人数做出了更加严格的限定，进一步对中小政党的活动加以限制，支持和鼓励全国性质大党的发展，使得政党扩大了群众基础，确保了历史悠久、群众基础稳固的大党和老党在国家政权中的优势地位。

---

① 王正泉：《俄罗斯多党政治发展的三个阶段》，《俄罗斯中亚东欧研究》2003 年第 1 期。

《俄罗斯联邦政党法》及其修正案对政党成员数量上的限定事实上提高了建立政党的门槛，最终目的在于规范政党秩序，减少政党数量，促进政党的联合，极大地提高了规模大的政党在国家政治生活中的影响力。《俄罗斯联邦政党法》着重强调政党不分大小一律平等，公民有权自愿参加政党活动，政党向全体公民开放，政党活动必须符合法律规定，明确了建立政党的硬性条件，规定了各政党都要共同遵守的规则，还规定了国家对政党的帮助和扶持等许多方面，使俄罗斯的多党制朝着规范有序的方向发展，政党在俄罗斯的政治社会生活中扮演着更加重要的角色。《俄罗斯联邦政党法》的颁布实施推进了俄罗斯政治转型背景下政党政治的规范化进程，俄罗斯的政党政治进入了法制化、规范化的时代，具有重要的里程碑式意义。

2. 改变杜马代表选举方法

在俄罗斯旧的选举制度下，联邦各地区的地方领导人拥有巨大的政治权力和丰富的政治资源，在总统有关决策和法令影响到地方领导人的利益时，其方针政策在地方难以推行，致使不同的社会集团间缺乏信任，削弱了国家和社会之间的联系。

为了应对这种不利局面，普京分别于 2002 年和 2005 年颁布了《俄罗斯联邦会议国家杜马议员选举法》和《国家杜马代表选举法》。新的选举法对国家杜马的选举方式进行了一定的修改和补充，对俄罗斯的政党活动产生了很大的影响。根据新的规定，政党进入杜马必须达到的标准由 5% 的得票率提高到 7% 的得票率；废除自 1993 年起开始实行的 "混合选举制"，改为 "比例代表制"；国家杜马的运行机制转变为议会党团体制，而不属于任何政党和政党联盟的独立议员团则被彻底取消。新选举法的颁布使得选举活动得到规范，政党在杜马选举中的作用更加突出，俄罗斯的政党政治也走上了更加法制化和规范化的轨道。

2004 年，《俄罗斯联邦政府法（修正案）》获得了国家杜马的通过，放开了原法案中对政府高层官员在政党任职的限制。根据修正案的规定，政府部门的高级官员可以担任政党的领导人，有利于加强政府与政党的沟通和联系，打破原有的限制，使各党派的政治活动更加灵活。

2005 年底《关于修改〈俄罗斯联邦主体立法（代表）和执行国家权力机关组织总原则联邦法〉》和《〈俄罗斯公民选举权和参加公民公决基本保障〉的联邦法》获得通过，规定国家主体的行政长官全部由总统提名产生，权力重心向总统倾斜，中央集权得到强化。

3. 积极建设政权党

统一俄罗斯党于 2001 年年底正式成立，是一个由数个党派合并并扩大完善的政党，其前身是 1999 年成立的"团结"联盟，又称"熊"联盟，最初参加联盟的成员共有 7 个政治组织。"团结"联盟既没有明确的政治纲领和政治主张，又没有稳定的组织结构和核心人员，内部十分松散。①

普京曾经两次公开表示支持"团结"联盟，使得它由一个松散的竞选联盟快速成长壮大，在短短数月后就在第三届杜马选举中成为国家杜马中仅次于俄罗斯共产党的第二大党。2000 年，"团结"联盟召开大会，由跨地区的竞选联盟改组为全国性质的政治组织。此外，"团结"联盟还先后吸纳了"我们的家园俄罗斯"、俄罗斯统一和谐党、俄罗斯社会党、人民爱国党、"祖国"、"全俄罗斯"等若干政治组织，并于 2001 年将联盟改组为统一俄罗斯党。普京出席了统一俄罗斯党的成立大会，并对其寄予厚望，经多次改组，统一俄罗斯党就此正式成立。

统一俄罗斯党属于中派政党，明确表示支持总统普京，认为强大的总统政权是政治稳定的有力保障，也是法制建设的坚实基础。普京把统一俄罗斯党作为支持自己的政权党加以帮助和扶持，早已是世人皆知的事实。事实上，统一俄罗斯党可以说就是为了普京而建立的。2008 年 4 月，普京同意担任统一俄罗斯党的主席。

普京希望俄罗斯能有一个代表最广大人民群众利益的政权党，因此从统一俄罗斯党正式成立之日起，该党就按照普京的思想和理念持续发展。同时，普京也多次公开表示要对统一俄罗斯党提供支援与帮助。拥有总统的公开表态支持和充足的政治资源，是统一俄罗斯党能在大选中取得胜利

---

① 汪宁、韦进深：《普京的俄罗斯政党制度发展设想与实践》，《国际关系研究》2013 第 1 期。

的最重要原因。其中，在 2008 年的杜马选举中，统一俄罗斯党占据了绝对优势地位，占杜马总席位的 2/3 左右。统一俄罗斯党在杜马中几乎掌握了全部权力，也无须顾及其他党派的威胁，可以通过所占有的绝对多数的杜马席位而通过或否决任意法律和议案，这为以总统为中心的政府顺利开展工作提供了一定的保障。

4. 加强对政党活动的控制

在俄罗斯的政治体制下，政党的作用和功能受到许多限制，总统拥有极大的权力，被称作"超级总统制"。在这样的条件下，普京利用杜马中多数党对政权的支持实现了对政党的控制。

首先，把中派势力作为核心，将听命于总统的力量团结起来。普京认为，统一俄罗斯党应该作为"多数派的党"，把广大群众紧密地联系在一起，并将所有中派力量团结到一起，甚至右翼势力也能成为听从总统支配的力量。其次，利用多数党在杜马中的地位和权力对反对派的行动加以控制，替代左翼政党的功能，降低其影响力。例如，借助《俄罗斯联邦政党法》对政党的活动进行了许多限制，禁止政党的极端主义理论和活动、限制政党在杜马以外的宣传鼓动、规定在特殊情况下任何政党都必须服从政府领导等条款就是为了对俄罗斯共产党等左派政党加以限制。再次，支持与总统亲近的党派参与竞选，壮大多数党派的势力。虽然亲总统政党在议会中占多数，但是并没有得到社会的特别信任，各个政党也或多或少存在一些缺陷，鼓励各个政党之间竞争有利于其克服缺陷，完善自身。最后，确立总统的特殊地位并赋予其特别的权力，避免只能单纯地依靠多数党。普京在国内一直都有极高的威望和支持率，这也是他维护自己执政地位的巨大优势。因此，他一方面利用杜马的多数党，另一方面借助行政等手段实施统治，避免单纯依赖多数党的力量。①

具体而言，对不同的政党，普京采取不同的对待方式。对统一俄罗斯党大力支持，保证政权党地位的稳固；对左派政党加以拉拢改造，缓和与俄罗斯共产党的关系，取得了俄罗斯共产党领导人对他的支持；对右翼政

---

① 范建中：《俄罗斯政党政治的现状和走势》，《当代世界与社会主义》2002 年第 6 期。

党恩威并施，一方面共同反对回到苏联时代的制度，另一方面反对照搬西方民主制度，对妄图进行颜色革命的右翼政党予以坚决打击。①

二　梅普执政时期对政党制度的改革

在普京第一段总统任期的 8 年时间里，俄罗斯的政党政治呈现新的气象，然而这其中仍然存在着许多问题和不足之处。此外，杜马中的反对派和杜马以外的其他政党也急切要求进行政党制度改革，认为当前政党制度不公平，统一俄罗斯党掌控着各种政治资源，并提出一些改革建议。梅德韦杰夫 2008 年就任总统以后，提出了一系列政党制度改革的建议，并将其逐步上升为国家法律，开创了俄罗斯政党政治的崭新局面。在其短短的 4 年任期中，梅德韦杰夫的政党制度改革措施在俄罗斯多党制进一步完善和创新中扮演着极其特别的角色。

1. 加强法制建设

梅德韦杰夫认为，俄罗斯的政党制度要坚持"法律至上"的原则，对政党政治要通过法律加以控制和约束。2008 年，他在国情咨文中对现行政党制度提出了一些观点和看法，国家杜马对此做出了快速响应，先后通过了《提高俄罗斯联邦会议国家杜马选民代表性而对俄罗斯联邦若干法规做出修改法》《俄罗斯联邦公民选举权和参与全民公决基本保障法》《议会政党普遍由国家电视和无线电频道平等阐释其活动保障法》等相关法律。②

依据小规模党派代表进入杜马的有关法律，在国家杜马竞选中支持率超过 5% 而不足 7% 的政党，可以根据得票率获得 1~2 个席位。这些来自小党派的议员除了不能参加其他政党的议员团以外，享有和其他议员完全相同的权利，都可以参加领导职位的竞争、在杜马发表观点、获取和发放资料、参加国家杜马机构的工作。

依据政党拥有同等权利通过媒体进行宣传的有关法律，杜马内各政党

---

① 罗星：《政党制度中的俄罗斯特色：基于俄罗斯政党制度变迁的分析》，《上海市社会主义学院学报》2015 年第 3 期。

② 宋晓钒：《新世纪以来俄罗斯政党政治的发展历程及其对俄罗斯政局的影响研究》，《辽宁行政学院学报》2013 年第 8 期。

可通过俄罗斯国家电视和无线电公司所属的媒体进行宣传报道，对各政党活动的宣传应保证平均，由中央选举委员会所属的工作小组负责。

依据降低新成立政党成员数量要求的有关法律，2010 年以前，新成立政党须拥有至少 5 万名党员，在全罗斯至少一半联邦主体党部的成员至少要有 500 名，在联邦余下部分党部成员至少要有 200 名。2010～2012年，门槛分别降到 4.5 万人、450 人和 200 人。而到了 2012 年以后，门槛又分别降到 4 万人、400 人和 150 人。

依据允许民间组织机构参与地方法律法规制定的有关法律，民间组织机构可以与政党和运动组织结盟，他们推举出的竞选人员必须控制在全部候选人数量的 15% 以内。①

2. 加大对政党的资助力度

为了开展各种政治活动，政党需要大笔资金的支持，这使得政党的经济状况经常十分困难。根据《俄罗斯联邦政党法（修正案）》的有关规定，任何一个在杜马的选举中得票率超过 3% 的政党均可得到 5 卢布/票的补贴，而社会上对政党经费的捐助必须在最低劳动报酬的 1 万倍以内。政党财政状况十分紧张。

2008 年，新的法案将对每一张选票的补助由 5 卢布提高到 20 卢布，而社会上对政党经费的捐助上限则提高到最低劳动报酬的 10 万倍。②

通过这一举措，政党的财政状况得到了极大的改善。虽然从 2008 年开始俄罗斯受到了国际金融危机的严重影响，来自社会人士的捐助大大减少，然而从统计数据来看，2009 年第一季度各个政党的经济状况都比较理想。此外，新的法案还取消了广受批评的选举保证金制度。通过这次改革，各个政党的财政状况得到改善，为政党参加选举工作打下了坚实的基础，使俄罗斯的政党制度更加稳固，也可以避免国内政党从国外特别是西方国家获取资金支持。

---

① 刘俊燕、孙晓华：《梅德韦杰夫执政以来俄罗斯政党政治的新变化》，《当代世界》2009年第 6 期。

② 刘俊燕、孙晓华：《梅德韦杰夫执政以来俄罗斯政党政治的新变化》，《当代世界》2009年第 6 期。

3. 与各政党交流互动

梅德韦杰夫认为，国家的最高领导人理应和各社会政治势力加强沟通，关注其对政治和社会发展建设等的看法，并要求各政府机构对其建议多多关注。

自 2008 年起，梅德韦杰夫先后和议会内各政党领导人谈话，详细询问他们对政府工作的评价和态度，并要求他们在各自专精的领域开展相关工作，如邀请俄罗斯共产党党员参与反腐败相关法律法规的制定，要求自民党为民生问题的解决建言献策，要求公正俄罗斯党注重对干部的培养。此外，梅德韦杰夫还多次与杜马各议员团负责人会面，和他们探讨反腐败、国家法律制度建设等许多方面的热点问题，希望他们对民众意愿有足够的认识，向政府提出合理化的意见和建议。

受国际金融危机加剧的影响，部分俄罗斯民众产生了不满情绪，甚至爆发了一些抗议活动。2009 年，梅德韦杰夫再次大规模约见各党派领导人和部分议员，听取他们各自应对危机的计划和对政府应对危机措施的看法。他要求各个政党特别是左翼势力政党不要趁当前的局面提出不合理的主张，引发社会矛盾，要和政府共同面对危机。此外，克里姆林宫还开通了各政党领导和议员团领导与总统的热线电话，建立了通畅的沟通渠道，表现出对议会各政党的重视。

4. 对亲政府的右翼政党进行重组

20 世纪 90 年代，俄罗斯的右翼政党得到了领导人的支持，1999 年曾进入国家杜马，影响力巨大。自普京继任总统以来，左、右翼势力都遭到打击，右翼政党在 2003 年和 2007 年的选举中甚至都没能进入杜马，内部逐渐开始瓦解。同时，右翼政党经常反对当局，不利于俄罗斯政党政治的稳定。

在政府的极力推动下，"右翼力量联盟"党和其他两个在 2007 年杜马选举中遭遇失败的右翼政党，即民主党和公民力量党加快了联合的步伐。2008 年，3 个右翼政党先后自行解散，而后宣布建立"右翼事业"党。该党的定位是中产阶级的代言人，要求在俄罗斯推行广泛、独立而又开放的现代市场经济，建立公平公正的社会体系，促进社会的安全与稳定，反对极端势力，实施温和合理的对外政策，和平共处，为俄罗斯的发展创造出相对优越的外部条件。①

三 普京第三届任期加强统一俄罗斯党党内建设

2012年，普京重新出任俄罗斯总统，辞去了统一俄罗斯党主席的职务，并提名梅德韦杰夫担任统一俄罗斯党主席和政府总理。依据修订后的联邦宪法的规定，普京这届总统任期将长达6年，如果到时能实现连任，将会是一段前后长达12年的连续执政期。这代表普京推行的政治体制近期不太可能发生变化，俄罗斯的政治局势将在可预见的相当长的一段时期内保持相对稳定，而梅德韦杰夫推行的诸多改革措施也将能够继续执行下去。自2012年普京再次担任总统至今，俄罗斯国内的政党政治呈现出一派崭新的气象。

1. 众多新政党出现

在2012年普京重新出任总统以后的几个月内，先后有几十个政党的登记申请获得了批准。截至2012年9月23日，共有39个政党获准登记，其中7个（包括4个议会党和3个议会外合法政党）是在《简化政党登记程序法》生效以前就已经获准登记，其余32个政党是《简化政党登记程序法》生效以后才获准登记的新兴政党，此外还有197个政党正在申请登记。② 新登记的政党组织成分复杂，政治倾向各不相同，其中包含积极拥护当前政府的支持者，也包含持反对意见的左翼或右翼政党，同时还有中派政党。即使是同一政治派别内部，也可能存在数个政党相互竞争的情况。

表面上看，俄罗斯的政党政治仿佛回到了叶利钦时代杂乱无章的局面，然而事实上并没有这样。就在司法部批准大量新政党注册的时候，普京仍在与各反对势力领导人沟通以缓解民众的不满情绪，并且对组织违法抗议活动的反对派头号人物予以处罚。普京通过恩

① 刘俊燕、孙晓华：《梅德韦杰夫执政以来俄罗斯政党政治的新变化》，《当代世界》2009年第6期。
② 李亚洲：《俄罗斯政党政治的新变化与发展动向》，《当代世界社会主义问题》2013年第2期。

威并施、"萝卜加大棒"的方法把反对势力纳入体制内政党范畴，以维持政府的执政地位，进而保证国家政治稳定，推动经济快速持续发展。

2. 建立全俄人民阵线以支持政权党

在 2011 年国家杜马选举以前，时任总理普京宣布建立全俄人民阵线，在年底的议会选举前给统一俄罗斯党带来新的力量。全俄人民阵线的特点一方面是超越党派的界限，允许党外人员进入统一俄罗斯党国家杜马议席的名单；另一方面是以普京为核心，为 2012 年的总统选举做准备。

在新的历史时期，统一俄罗斯党面临新的危机，民众对其的支持率有所下降，有失去杜马多数党地位的危险。建立全俄人民阵线的意义在于以自身的号召力来争取选民的支持，动员普京的支持者支持政权党，扭转统一俄罗斯党在人们心目中的形象。此外，普京也利用全俄人民阵线这个充满潜力的平台来表现和实现他的战略思想和执政理念。①

3. 俄罗斯地方选举确认了统一俄罗斯党的优势地位

2012 年，俄罗斯举行了地方长官选举，这既是普京第三届总统任期内的首次全国范围内的选举，也是自 2005 年恢复地方长官直选制度以来举行的第一次选举。2004 年以来，俄罗斯联邦各部分的最高行政长官的候选人都要由总统亲自提名；而根据 2012 年通过并实施的《俄罗斯联邦政党法（修正案）》，俄罗斯联邦各部分行政长官的候选人以后将由各个政党推举产生，该地的公民再通过直接投票从这些候选人中选出当地的地方长官。

本次选举的最终结果确认了统一俄罗斯党在俄罗斯众多政党中的绝对优势地位。在举行地方长官选举的 5 个地区中，代表统一俄罗斯党的候选人都在第一轮选举中大获全胜，且遥遥领先于第二名；在举行地方杜马选举的 6 个地区中，统一俄罗斯党在其中的 5 个地区以超过半数的席位成为

---

① 谢晓光：《俄罗斯政党体制与政治体制关系对俄罗斯民主进程的影响》，《当代世界社会主义》2013 年第 4 期。

当地杜马中的多数党，在唯一一个得票数没有过半的地区中也大幅领先于第二名。[①]

四　俄罗斯政党制度演进评析

自从苏联解体、俄罗斯独立以来，俄罗斯的政治转型进程始终在不断推进。而在这一漫长的历程中，俄罗斯的政治权力分配、政府机构设置、政府职能重心等方方面面都发生了巨大变化，其中政党制度的演进成为政治转型中最主要的线索，即从苏联共产党一党独大的一党制转变为多个政党参与国家政治的多党制。由一党制向多党制转变的过程起源于20世纪80年代中期部分社会组织的形成和发展，正式确立于1993年《俄罗斯联邦宪法》出台，而此后《俄罗斯联邦政府法》《俄罗斯联邦政党法》等多部相关法律的颁布及修订，则逐步将俄罗斯的多党制加以规范和完善。

随着政治转型的稳步推进，俄罗斯的政治体制改革逐渐深入，政党制度也在逐渐完善。自俄罗斯正式确立多党制以来，通过叶利钦、普京和梅德韦杰夫3位总统20余年的改革，以及经过多次国家杜马选举和总统选举的实践检验，俄罗斯的多党制得到了更多新的发展，也取得了一定成果。各政党根据现代政治文明的要求和现代政党的组织活动原则，逐步建立和完善了组织结构和政治纲领，进而发展成为更加成熟完善的现代政党。伴随着俄罗斯国内政治势力集中化趋势的加强，国内各主要政党和政治派别的合作规模也将持续扩大，俄罗斯当前制度下的政党会慢慢变成国家政权的支持和依靠。俄罗斯国内各个政党将更加充分地发挥民众和政权之间联系人的功能，成为公民与政府沟通的桥梁，成为人民意志的传达者，成为俄罗斯国内政治生活中不可或缺的一部分。

但是，由于历史和现实中存在的种种局限性，尤其是受一些制度因素的影响，俄罗斯的政党制度并非十全十美，其中存在许多问题亟待解决，这些问题也将会是关系到俄罗斯政治转型进程的重要因素。

[①]　谢晓光：《俄罗斯政党体制演进评析》，载周淑真编著《世界政党格局变迁与中国政党制度发展——中国统一战线理论研究会政党理论北京研究基地论文集》（第六辑），中国友谊出版公司，2012，第196页。

1. 俄罗斯政党制度的局限性

经过 20 余年的政治转型，俄罗斯的政党政治目前已经处于制度化、规范化运行之中，政党格局也比较稳定，但是目前这一现状并不能证明俄罗斯的多党制已经变得成熟完善，并能发挥出其应有的功能。一般来说，在代议制民主的框架中，政党居于核心地位，需要体现民众的意愿，表达民众的诉求，代表民众行使其权利，作为民众和政府之间的纽带和桥梁。按照这一要求，俄罗斯的多党制还存在许多不足之处，无法完全发挥它的作用，既不能妥善地传达民众的要求和意愿，也不能对总统和政府的工作和行为进行有力的监督。

第一，政党自身发展水平较低。由于政党制度发展的基础还不够稳固，同时发展时间较短，俄罗斯政党政治发展还不成熟，政党自身的发展还不够完善。具体表现在以下几个方面。其一，政党在政治体系中居于相对弱势的地位。当代政党政治的主要实现方式是各政党在议会中相互竞争，争取获得多数席位成为执政党，进而掌控国家权力，贯彻落实政党的政治纲领，实现政党的目的。但是在俄罗斯，情况则完全不同，根据《俄罗斯联邦宪法》的有关规定，国家杜马中的多数党并没有组建政府的权力，获得总统候选人的提名也可以不通过政党实现。可以说，在国家做出决策的过程中，国家权力的执行与政党的活动没有什么直接、必然的联系。其二，俄罗斯的绝大多数政党在纲领和主张上不够成熟。除了俄罗斯共产党成立较早，有比较深的历史渊源以外，俄罗斯的其他许多政党成员数量极为有限，并且和国内广大民众联系不足，难以得到民众的更多支持。虽然各个政党都拥有各自独特的意识形态和纲领主张，但主要限于对过往历史的批判和否定，以及对未来的简单设想和粗略描述，而对如何将目标转变为现实则缺乏足够的考虑。因此，它们主要是作为一种抗议性政党或破坏性政党参与政治生活，而无法以建设性政党的身份参与国家政治生活，难以有效地承担对未来社会进行全面系统建设的重任。其三，俄罗斯政党制度不成熟的源头在于其最初的形成时期，政党的政治精英脱离了广大民众。一方面，政治精英与人民群众严重脱节，没有顾及人民群众的利益和诉求；另一方面，政治精英的部分政治主张脱离实际，过于激进，不利于社会的和平稳定发展。此外，虽然不同社会组织与政治团体之间相互合作形成了政治联盟，但是其并不是为了争取执政机会以及维护各自所代表社会群体的利益，而是为了推翻现有政权。在参与选举的过程中，对现有政权的反对和否定竟然成为一种主流的政治倾向和潮流，却并不能以一种稳定渐进的方式来建立代议制政府。

第二，议会内统一俄罗斯党的地位难以撼动。俄罗斯的政党现状属于一党独大的多党制，统一俄罗斯党作为全国第一大党，同时也是政权党，在杜马中占据着十分重要的位置。自从在第四届国家杜马选举中取得了超过37%的选票获得胜利以来，在之后的第五届、第六届国家杜马选举中，统一俄罗斯党都以压倒性的优势成为杜马中第一大党，形成了一党独大的局面，地位无人能及。一方面，它是亲总统的政党，可以从总统和政府方面得到更大的支持力度、获得较多的政治资源，有利于其工作的顺利展开；另一方面，它选择了温和的中派路线，其政治纲领主要是实现经济的发展，切实给民众带来实惠，符合人民群众的愿望和要求，所以获得了人民群众的支持。[①] 凭借着总统的帮助和民众的支持，统一俄罗斯党的支持率一直居高不下，牢牢占据着议会第一大党的位置。在立法议案中，凡是总统提出的法案，统一俄罗斯党基本上没有反对意见，在国家杜马表决中也不会出现什么实质性的阻碍。虽然统一俄罗斯党在杜马中的优势地位为总统推行各项新的举措、颁布各种新的法令大开方便之门，但是，这不利于多党制的发展，如其他政党受到排挤，国家的法规政策难以客观全面地反映广大人民群众的意愿和要求。其他政党在杜马中势单力孤，难以充分表达各自所代表社会阶层和群体的利益。由于主要被统一俄罗斯党主导，杜马也无法对总统和政府各部门加以有效的监督，政党监督的作用和功能受到很大影响和制约，这也不利于政党的进一步发展和完善。

第三，各政党享有的权利不平等。大党和小党在俄罗斯当代政治生活中享有的权利差距悬殊。统一俄罗斯党作为政权党，得到了总统和政府的大力支持和帮助。其前身"团结"联盟成立时就得到了普京的公开支持，而后又吸收了众多党派成立统一俄罗斯党，在成立大会上普京更

---

① 江秋丽：《俄罗斯政党体制的发展及其趋势》，《西伯利亚研究》2013年第10期。

是亲自出席，并对其寄予厚望。一方面，统一俄罗斯党明确表示支持普京；另一方面，普京也把统一俄罗斯党作为支持自己的政权党加以大力帮助和扶持。甚至可以说，统一俄罗斯党就是为普京而建立的。有了总统的公开支持，统一俄罗斯党得以垄断了绝大多数行政资源、媒体资源和财政资源，在国家拨款、媒体使用和选举签名征集等方面占据着巨大的优势。与此同时，议会内其他政党则不具备这样优越的条件。它们只能享受相关法律赋予的最基本的权利，必须通过自身努力发展党员，壮大实力，以表达自己的意愿，实现自己的政治纲领和诉求。而其他一些无法进入杜马的小党不但在政策方面很少得到照顾，而且面临较高的准入门槛，以及背负沉重的经济负担，生存十分艰难。两相对比，享有的权利天差地别。

第四，政党无法切实反映民众的利益和诉求。如今，政党在社会中占据着重要的地位。在政治生活中民众通过政党向政府表达自己的愿望，以期实现自身的利益和诉求；而政党作为政府与民众沟通的桥梁，要切实向政府反映所代表社会群体的要求。在社会的运行过程中，国家与公民之间的关系遵循着相互作用的原则，二者相辅相成：国家要保护公民的合法权利不受他人侵害，公民也要为国家承担相应的义务。由于长期处于高度集权的统治之下，俄罗斯国内逐渐形成了社会上层之间互相影响，同时下层民众之间互相作用的局面，但是上层与下层之间的相互联系、影响和作用十分有限，使得政党与选民相脱节。一方面，公民欠缺民主和权利意识，与政府关系疏远，同时缺乏相应的政治素养，不利于各种各样的民间组织产生，这一社会状况决定了俄罗斯的政党仅仅是社会精英的组织；另一方面，政党无法充分代表不同阶层的选民，无法切实反映广大民众的利益和诉求，又使得民众对政党的失望和不信任感加深。

第五，"超级总统制"限制政党作用的发挥。作为一个超级总统制的国家，俄罗斯的总统权力高于议会和政党，政府首脑由总统提名后经杜马通过产生，向总统负责，总统有权力指定国家杜马的选举甚至解散国家杜马。而杜马的权力则十分有限，所以主要通过杜马发挥自身作用的政党行动也受到诸多限制，难以充分发挥其作用。一方面，杜马作为国家的立法机关对政府和总统有监督的职能，然而这种制约能力十分有限；另一方面，总统和政府对杜马的活动和决策施加十分巨大的影响。根据宪法的规定，俄罗斯的政治制度实行三权分立原则，但是各方力量处于严重失衡状态。《俄罗斯联邦宪法》规定了总统享有十分巨大的权力，与此同时议会所拥有的权力却相当小，而司法权力则更加微弱。这种制度一方面会导致过度集权，非常容易出现总统个人独断专行的情况；另一方面也使得总统与议会站在相互对立的位置，阻碍政党组建政府。从名义上说，政府总理要同时向总统和议会负责，但由于缺乏政党基础，事实上总理只需要对总统负责。从某种意义上来看，政党存在的意义仅仅是使总统的巨大权力更具有合法性。

2.俄罗斯政党制度存在局限性的原因

俄罗斯国内的政治转型是在国家高层，特别是在领导人的大力推动下自上而下进行的。在自下而上的转型模式中，通常会出现的问题是在转型的过程中受到来自高层的强大阻力，阻碍政治转型的进行。而在这种自上而下的转型模式中，一方面，民主化道路上的常见阻碍——集权体制被轻而易举地破除；另一方面，这种自上而下推行的民主改革的广度和深度比较有限，如观念的培育、社会的分化等相对滞后。

第一，集权专制传统的影响。俄罗斯历史上曾经长期处于封建制度统治之下，封建主义思想根深蒂固，具有浓厚的集权和专制氛围。在长达数百年的沙皇专制统治之下，俄罗斯人习惯了强有力的专制领导。这种集权专制的传统对俄罗斯现代政党制度的建立和完善来说是一个巨大的阻碍。在《论法的精神》一书中，孟德斯鸠认为要有效保障公民的自由和权利，必须要实现立法权、司法权和行政权三权分立，相互制约；而专制体制则以恐怖和强权为主要特征，忽视公民的权利，无视公民的利益诉求，不利于民主的发展。现今的俄罗斯情况比较特殊，它虽然拥有形式上的民主制度，但却模仿苏联时代的组织结构，没有产生独立的司法部门，也没有真正实现分权制衡。[①] 民意测验显示，近2/3的俄罗斯人认为产生一个好的政府需要依靠强力政治人物的领导，而只有不到1/3的人认为好政府要依

---

① 林怀艺：《苏联解体后俄罗斯政党政治的发展探析》，《南华大学学报》2009年第4期。

靠民主选举产生。普京的支持率虽然已经降低，但是与其他西方各国的领导人相比，普京仍然是最受欢迎的领导人之一。根据这项民意测验，在经历了20世纪90年代的经济滞胀以及自由派执政引发的混乱以后，俄罗斯民众将国家复兴的希望寄托在强人政治上面，而目前最合适的人选非普京莫属。由此可见，具有集权专制传统的俄罗斯民众对于强力统治有很高的接受和认同水平。

第二，政党制度不够完善。俄罗斯的政治转型主要通过推行资本主义改革进行，而这种改革是以国家最高领导人为首的自上而下的改革，一方面这与领导人的开明领导有关，另一方面也是由于俄罗斯的资本主义发展程度还不够高。经济基础决定上层建筑，现代政党制度基于于本国生产力的发展而产生，其完善也要与本国的生产力水平和生产方式相适应。俄罗斯正处于由计划经济体制向市场经济体制转型的过程中，市场经济的发展水平还不够高，政党制度也存在诸多不完善之处。虽然俄罗斯联邦的新宪法明确规定了俄罗斯实行多党制，但是政党所拥有的权力受到很大限制，难以充分发挥其影响力。同时，政党受多方利益集团的干预和影响，缺乏足够的独立性和自主性，难以充分表达公民的意愿和要求，政党作为公民代表的作用发挥受到了极大的限制。这就导致政党虽然积极参与国家的政治生活，却不能有效代表公民的利益诉求，不能对国家大政方针的制定和决策产生足够强大的影响。除此之外，总统与政府和议会间的权力失衡也对政党功能的发挥形成阻碍。当代俄罗斯形成了"强总统、弱议会、软政府"的政治格局，总统拥有凌驾于议会之上的巨大权力，议会无法有效制约总统，无法对其决策产生有效影响，这些都阻碍了政党作用的发挥。①

第三，选举制度使小党缺乏生存空间。根据《俄罗斯联邦政党法》的规定，政党的主要功能就是选举，并且一定要参加选举。实际上，由于无法获得政权组建政府，政党也只能通过选举显示自己的存在。统一俄罗斯党是2000年普京当选总统以后亲自扶植而发展壮大的中派政党，它的发展历程伴随着俄罗斯的政治转型和政党制度改革的推进。而伴随

---

① 许晨：《俄罗斯政党制度简析》，《长春教育学院学报》2015年第3期。

着统一俄罗斯党的发展壮大，其掌握了日益丰富的政治资源，在政治上的垄断地位也更加凸显。而其他政党，特别是中小政党所掌握的政治资源相对较少，生存和活动更显艰难。与此同时，俄罗斯还颁布了许多相关法律法规来对政党的选举加以规范：规定了成立政党的最低党员人数，提高了建立政党的硬件要求；对参与竞选的政党予以资金支持，当得票数达到一定程度便可获得基于票数的选举补贴。这些规则对大党的发展更为有利，使大党能够获得较多的帮助和扶持；而对于众多小党来说，这些措施使其建立和运行都十分困难，它们难以获得援助，直至被淘汰。在这样的选举制度之下，大党越来越强大，成为政党政治中的重要力量；小党越来越弱小，难以在夹缝中生存。可以说，这种"压制小党，扶持大党"的制度明显偏向政权党，这也体现了当局对统一俄罗斯党的刻意帮助和扶持。

3. 俄罗斯政党制度改革取得的成果

政党制度、政党和民主有着十分密切的联系，国内政党组织的完善程度会对国家与社会的相互作用产生影响，也会影响到民众对国家权力的监督力度，进而对民主进程的发展带来重大影响。俄罗斯的政党制度形成于特殊的历史背景和现实环境下，制度发展还不完善，政治文化中仍然存在封建主义专制制度的残余，社会的发展程度仍然比较低，这些都是俄罗斯政党制度发展过程中的制约因素。经过20多年的发展和演变，多党制的政治架构在俄罗斯大致确立，政党的功能更加充实和完善，在法律上的地位也得到确立和改善，政党间的力量对比也更加明晰。

第一，政党在政治生活中的地位得到了确认。选举是现代民主政治生活的一个重要组成部分。在政党政治中，选举的作用主要有三点：一是选拔出合适的代表以表达民众意愿；二是确定政策使其更符合民众的利益和要求；三是使政治变得更加稳定。[①] 通过选举，各政党和政党联盟能够更好地统一各方利益，并将其对外表达出来；通过选举，各政党可以更加广泛地传播自己的政治思想，争取获得民众的支持。可以说，政党要通过选

---

① 彭宗超：《试论直接选举的理念意义与作用规律》，《清华大学学报》（哲学社会科学版）2000 年第 4 期。

举才能体现出它在民主发展的过程中所起到的重要作用。自从《俄罗斯联邦政党法》颁布以来，俄罗斯政党政治进入了一个崭新的发展阶段，在政治生活中政党的作用和地位越来越突出。俄罗斯国内的各个政党通过参加竞选和议会内斗争等方式影响国家的政治决策，杜马是各个政党进行政治活动的主要平台。为了在竞争中取得优势，各个政党要依据国内外形势的发展变化调整自己的纲领，提出明确的政治主张，并且根据《俄罗斯联邦政党法》的相关规定，加强自身的组织和制度建设，在民主政治中充分发挥其独特作用。

第二，政党的作用发生转变。政党代表特定社会群体的利益和诉求，他们依托政党，通过参加选举活动对国家政权施以影响，并通过规定的程序把自身的利益和要求上升为国家的意志并加以贯彻落实。因此，一般来说政党的作用主要是反映和代表各方利益及要求、参与选举、组织政府等，这些是政党政治运作的基本元素。俄罗斯政党的发展历史比较短，再加上集权制度的影响，多党制在形成和确立之初就被边缘化。随着政治转型进入一个崭新的发展阶段，政党在俄罗斯的政治舞台上扮演着重要的角色，主要体现在以下几个方面。其一，发动潜在的政治力量，培养和训练未来的政治精英，在议会选举中占据举足轻重的地位。在国内的政治生活中，政党通过有计划、有组织的活动，将社会上有共同理念、信仰和目标的精英吸引到政党之中，并让这些政治精英在杜马选举和总统大选等各种政治活动中代表政党参选，这样一来便实现了整合各方力量、培养政治精英的目的。此外，还通过参加杜马选举的方式获得杜马内的席位，对国家的政治决策施加一定的影响。其二，整合和代表各方政治利益，统筹和反映民意，将政治诉求加以统合。一方面，政党要充分反映和表达社会各阶层的要求，主张其政治利益，需要与群众紧密联系，了解他们的想法和需求。可以说，政党是沟通民众与政权的桥梁，是联系公民与国家的枢纽，是政策和诉求表达的重要渠道。另一方面，为了在选举中获胜，政党也可以吸纳更多的利益集团加入，扩大组织体系，将他们的利益诉求与自己的政策纲领相结合。这种利益聚合体在选举中可以给政党带来更大的优势，在选举结束后也可以继续发挥黏合剂的作用，实现政治体系的整合。其三，政党的发展可以维护俄罗斯国内政治的稳定运行，给民主政治的发展创造良好的国内环境。站在国家的角度来看，俄罗斯政党的稳步发展有利于维护国内政局的平稳和安定，给民主政治的发展提供了良好的内部环境。在多党制刚刚建立的时期，因为还没有举行杜马选举，政党没有一个平台来表达自己的政治要求，一部分反对党开始采取暴力手段向当局表达不满情绪，经常出现暴力冲突和流血事件，给国内政局的稳定造成了恶劣的影响。自从杜马选举完成以后，规范的政党制度开始形成，国内各政党和政治组织在法律的约束内开展政治活动，同时合法权益也受到法律的保护。议会成为各个政党组织角逐的主要场所，为了在杜马中获得更多的席位，在广大民众中树立和维护良好的形象也引起了各个政党的重视。其四，政党通过选举获得杜马中的席位，参与国家重要法律制定，对国家的发展方向有一定影响。虽然与西方发达国家相比，议会在俄罗斯国内政治生活中所起到的作用要小得多，但是仍然拥有制定国家各项法律法规的权力，可以影响政府的决策。通过杜马选举，政党取得在议会内的席位，并借助立法的程序，把政党的主张上升为国家意志，对国家的发展产生影响。根据《俄罗斯联邦宪法》的规定，在国家杜马中获得超过2/3的绝对多数席位，就可以主导宪法和其他法律法规的制定和修改，甚至可以无视其他政党独自表决通过。对于俄罗斯这样政党作用极其有限的国家来说，在杜马中获得绝对多数的席位，是对掌握巨大权力的总统和政府进行全方位的监督并施加影响的重要方法，有助于更好地贯彻落实党的纲领，通过立法工作来参与国家的治理。其五，政党是国家政治社会化实现的重要平台。在政治转型的时代大背景之下，各个政党纷纷和民众以及社会相联系，同各种公民机构进行紧密的合作，借助政党自身的组织机构以及在民众中的影响力，把国家的方针政策向社会各界人士传达。与此同时，随着民众政治素养的提高，其表达意愿、民主参政的要求和愿望也日益强烈，政党自然而然地成为他们表达自己利益和诉求的主要媒介。各个政党也开始意识到公民的重要作用，着手加强内部建设，努力吸纳成员以扩大党员规模，注重学习教育来提高党内成员的政治水平，加强内部资源的积累和储备，为将来的进一步发展打好基础，积极参与联邦各地区机关的工作来培养和锻炼政治精英。

第三，议会中政党格局基本稳定。经过不断的发展和积累，俄罗斯议会中也形成了一个相对来说比较稳定的政党格局，主要是由 4 个议会内政党组成，即统一俄罗斯党、俄罗斯共产党、自由民主党和"祖国"联盟。经过一系列改革和完善，俄罗斯彻底结束了政党政治混乱无序的局面，政党制度逐步实现了规范化与法制化，变得更加成熟。经过从第四届到第六届前后三届国家杜马选举的逐步完善，俄罗斯各政党都在努力发展成为真正意义上的民主政党，政党活动具有更强的计划性和目的性。统一俄罗斯党作为政权党，自从 21 世纪初成立以来一直都是俄罗斯规模最大、最具影响力的政党，并将继续保持这样的优势地位相当长一段时间，"一党独大、多党并存"的政党格局也将会长期延续。

4. 俄罗斯政党制度的发展前景

经过 20 余年的发展和演进，俄罗斯的政党制度表现出稳定的发展前景和趋势。国内政党虽然数量进一步减少，但是质量不断提升，作用也得到大幅加强；相关法律法规进一步完善，为政党制度的发展提供了规范化、制度化的保障；政党本身的内部建设更加得到重视，选民的政治素养也进一步提高，具备更强的参政能力。当然，在政党制度的发展取得诸多成就的同时，也要对潜在的问题有一个冷静客观的认识。如今的俄罗斯仍然处于民主转型进程的初级阶段，对未来政治转型的方向选择仍在不断摸索和修正中。可见，未来俄罗斯政党制度的发展方向仍会被许多不确定因素影响。

第一，一党独大、多党并存的局面将延续。在当代俄罗斯，中派主义已经成为一种主流的政治思想。它起源于苏联解体以后民众的一种矛盾心态：一方面对自由主义的政策感到失望和不满，另一方面又不希望回到苏联时期。中派主义既反对激进和冒进，也反对停滞不前甚至开历史倒车，主张走中间道路，在全社会开展温和渐进的改革。可以说，中派主义的出现和兴盛根源于俄罗斯的政治转型，并将长期持续下去。作为奉行中派主义的代表同时也是政权党，统一俄罗斯党在国家杜马中占据了绝对多数的席位，对俄罗斯未来的发展将产生巨大的影响。与此同时，俄罗斯其他政党的发展则困难重重。俄罗斯共产党这一最大左翼反对党由于内部的分裂已经受到重创，实力被严重削弱；右翼政党曾经在俄罗斯的政坛上有过较大影响力，但由于其政策没有得到广大民众的支持，影响力也大不如前。因此，中派政党势力强大，左、右翼政党实力衰微，一党独大、多党并存的局面将长期持续下去。

第二，未来的发展仍将受领导人的影响。俄罗斯在体制架构上是按照民主制度建设的，但是本质上仍然是权力集中的政治体制。无论是"梅普组合"还是"普梅组合"，推行的方针政策并没有本质上的区别，可以保证政策的延续性。这种政治体制在国家的一些重要产业领域可以发挥巨大的作用，有利于产业结构的更新；可以借助外国资本对本国进行开发，也可以推动基础设施的建设。在俄罗斯政党制度和政治体制还没有实现充分发展的情况下，如果不顾实际情况盲目追求分权，没有了强大权力的控制，必然会对政治的稳定产生剧烈冲击，也必将造成社会的动荡不安。因此，俄罗斯坚持采取目前的政治体制在相当长的一段时间里是十分必要的。这种超级总统制下的政治体制客观上要求决策者坚定而睿智，有强大的能力来解决遇到的困难和问题，因此俄罗斯的发展总会受到领导人的影响。

第三，政党制度将进一步完善。从大方向上来看，俄罗斯的政党制度将继续走向规范化和完善化。《俄罗斯联邦政党法》的颁布为俄罗斯政党制度的演进和政治转型注入了新的活力，政党政治的发展步入了一个崭新的阶段，在政治生活中政党扮演着越来越重要的角色。为了能够在竞争中占据主动、取得优势，各个政党都不约而同地根据实际情况丰富和完善自己的政治纲领，修改自己的政策主张，加强自身的组织建设。这样一来，俄罗斯政党自身发展水平低、不成熟等问题将会慢慢得到解决。与此同时，随着政党制度的不断发展完善，以及相关法律法规的逐步健全，政治选举也将会更加公平、公正、公开，变得更加合理和规范。相比较而言，权威主义政治体制和总统集权体制等制度性的阻碍造成的影响是深远、持久的。由于悠久的历史传统带来的影响，要在俄罗斯建立一套成熟完善的政党制度，需要不断地探索和实践。

第四节　政治体制与政党体制关系影响下的俄罗斯转型

政治体制和政党体制都是国家政治制度中的重要组成部分，并且都会不同程度地表现为一个国家的民主程度，二者关系如何会对国家民主进程与方向产生较大影响。俄罗斯的政党体制经历从无序到有序、从混乱到稳定的过程，目前基本建立起来，但仍未能解决政党本身存在的问题。政党在国家政治体系中的地位并未有实质性的改变，国家总统仍然起着主要作用。

一　政党体制和政治体制关系基本理论

在西方认定的民主模式里，依据决策模式可将政治体制分为总统制和议会制。从政治理论角度分析，总统制的政治体制所具有的特征如下：第一，作为国家元首的总统掌握着全国最高行政权力；第二，总统由选民直接选举产生，议会仅能从立法上对其施加影响，但不能利用不信任案迫使其辞职。

政党体制是一个国家中政党间相互作用的模式。政党总是和议会政治联系在一起，因此政党体制又指体系中的政党及其与在选举和议会中的力量共同起作用的一个机制。西方的主流观点是，成熟的政党政治对于民主的巩固与进步具有至关重要的意义。民主体制一般是在议会中形成多数党的基础上运转的。政党为了一些主要的政治职位进行选举，从而对议会席位进行分配，然后对其成员在议会中的投票行为进行一定的控制。讨论政党就必须对与政党紧密联系的选举问题一起进行分析，这不仅是因为政党的一个重要功能是参加竞争和选举，而且还因为选举与民主是紧密联系在一起的，正是选举政治驱动了政党的发展及其民主性。从政党和民主的关系上看，现代国家民主政治就是党派政治。民主政治是通过选举制度来实现的，而选举则是由政党来组织的。在现代民主政治中，民众通过政党作用于公共权力，包括民众的政治参与、民众对政府的控制和监督、民众改变政治现状的要求，等等。

在一个国家的政治体系中，政党之间的互动模式及其与政治体制中首脑之间的关系，成为国家民主进程中的重要参考因素。现代民主国家存在的前提是公民对政府手中权力的普遍认同。公民社会的特征是否明显也成为这个国家民主的一个重要表现。在国家政治体系转型过程中，政党扮演了极其重要的角色，即政党能够帮助国家化解深刻而严重的政治危机，包括合法性危机、整合危机和参与危机。作为现代政治中最重要的组织，政党一方面代表民意，把人民的要求传达给政府权力和决策中心，另一方面把党的意见传达给其成员和一般人民。

二 俄罗斯政治体制与政党体制关系演进

1. 俄罗斯的政治体制与政党体制关系经历了从无序到有序、从混乱到稳定的过程

在叶利钦时期，政府没有强大的政权党做后盾，反对党主导议会，"府院对立"成为当时的政治常态。苏联解体后，俄罗斯各类党派按照意识形态各自提出了鲜明的政治主张，各类政党也开始以议会为舞台积极参与国家的政治生活。1993 年 12 月俄罗斯通过了新宪法，多党制在俄罗斯合法化，随着选举活动和议会斗争的定期化，各政党在分化、组合的基础上，形成了"左"、"中"、"右"和"民族主义"4 种政治力量。各个政党不受总统节制，也不受政府的支配，俄罗斯当局也一直反对议会多数党派决定政府的组成，议会和政党同时都被边缘化了。① 因此，议会多数党派难以对政府工作发挥作用，国家杜马在很大程度上被排斥在重大决策之外，同时政府决策也就不能顺利实施。国家杜马与总统、政府之间的关系一直处于一种紧张状态。

普京执政后，积极推动政党体制改革，提出建立"有两三个或四个政党参加的多党制"目标，致力于打造一个强大稳定的政权党。2000 年 7月，普京指出，政党可以确保人民与政权当局之间保持经常联系。借助选

① 陈新明：《转型时期的俄罗斯政党发展》，《中国社会科学院研究生院学报》2004 年第 6期。

举，政党这种最重要的手段目前已获得了最好的发展机会。① 因此，普京提出了一系列有关政党体制方面的改革措施，以建立和巩固"政权党"，改变俄罗斯社会政党与政权长期脱离的局面，为政权的稳定建立强大的政治支柱。主要措施包括以下 4 个方面。其一，通过并修改《俄罗斯联邦政党法》，规范政党组成。在普京的积极倡议下，2001 年 6 月 21 日国家杜马通过了第一部《俄罗斯联邦政党法》，将政党的作用定义为参与国家政权机构的选举，原则上把不以选举为宗旨的各类群众性社会组织改称政党的情况排除在外了。该法通过后，俄罗斯政党数量大大减少，到 2003 年国家杜马选举时，获得司法部正式登记并准予参加议会选举的政党由 1999 年的 141 个减少到 44 个。2004 年，普京又提出对《俄罗斯联邦政党法》的部分内容进行修订和补充，以增加政党成员人数的方法，进一步限制中、小政党的活动，促使政党扩大群众基础，鼓励发展全联邦性质的大党。按照上述修改的组织规则，重新清理了政党队伍，保证有稳定群众基础的大党、老党在俄罗斯政权机构中的统治地位。其二，改革杜马代表选举法，突出政党地位。2004 年 9 月 28 日，普京提出了新的《俄罗斯国家杜马代表选举法（草案）》，取消混合选举制，改为按照比例代表制的方式进行选举，即按照政党取得议会资格的得票比例分配国家杜马中的 450 个议席。这样，俄罗斯议会选举中将不存在独立候选人，完全堵塞了社会上有影响力的一些人以个人身份参与或影响政权活动的渠道。如果选民想参与议会选举，只能通过为某个政党投票的方式进行，使政党成为参加议会选举和参与议会活动的唯一主体，政党的地位和作用进一步加强。同时，对政党选举名单的限制性规定，也防止了政党在竞选中与投机者尤其是与寡头之间从事幕后交易。其三，修改《俄罗斯政府法》，允许政府官员参加政党活动、担任政党内职务。2004 年 10 月 13 日，国家杜马通过《俄罗斯政府法（修正案）》，取消对联邦政府总理和部长级官员担任政党和其他社会组织内领导职务的限制，打破了长期以来政权与政党的脱节，为议会中"政权党"的合法性提供了法律保障，为未来议会内"政

---

① 中国社会科学院俄罗斯东欧中亚研究所编译《普京文集》，中国社会科学出版社，2002，第 82 页。

权党"参与组阁铺平了道路。其四，在重新设立社会院对国家权力机构进行监督的同时，也通过行政干预手段，加强对政党活动的控制。这样，既建立了与公民进行广泛对话的社会机制和公民监督国家权力机关的机制，又加强了政权对议会反对派的影响。

从 2001 年《俄罗斯联邦政党法》的通过，议会中三大中派组织"团结党"、"祖国运动"和"全俄罗斯"联合组成统一俄罗斯党开始，统一俄罗斯党便成为俄罗斯议会中起主导作用的"政权党"，并于 2003 年 12 月在杜马选举中取得议会 2/3 以上的席位。到了 2007 年，在新的选举立法之后进行了杜马选举，统一俄罗斯党、俄罗斯共产党、自由民主党、公正俄罗斯党进入议会，统一俄罗斯党的得票率达 64.3%，占据新一届杜马 450 个席位中的 315 席，一党独大。最终，俄罗斯国内符合政党法规的政党数量是 7 个，包括前述 4 个议会内政党和 3 个议会外政党：正义事业党、"亚博卢"党、俄罗斯爱国者党。

梅德韦杰夫担任总统后，修改了《俄罗斯联邦政党法》，降低了政党登记和进入杜马的门槛。梅德韦杰夫于 2008 年 5 月担任俄罗斯总统职位后，在当年 11 月的国情咨文中提出了一系列涉及俄罗斯政治制度及政党体制改革的新建议，包括：把各联邦主体最高行政长官的提名权交给在地方选举中得票最多的政党；保证议会内各政党在国家公共媒体上阐述党的活动的平等权利；降低政党在司法部的最低登记人数；给予在杜马选举中得票超过 5% 的政党以代表资格；降低政党参加选举必须征集到的居民签名数。[1] 2012 年 4 月 4 日，经过修改的《俄罗斯联邦政党法》开始生效。修改后的《俄罗斯联邦政党法》规定，从 2013 年 1 月 1 日起，俄罗斯政党从以前至少应该拥有 4 万名党员改为至少拥有 500 名党员，每个政党应该在全国至少一半的联邦主体建立政党的地区性分支机构，此前为至少一半的联邦主体且每个地区的党员人数不少于 400 人。此外，还简化了政党提交党员人数信息和财务报表的手续，将以前的每年申报一次改为每三年申报一次。[2] 这些放宽政党登记制度的措施，为政党提供了更广泛的活动

---

① 高晓惠：《俄罗斯政党发展的新变化》，《国外理论动态》2010 年第 8 期。

② 《俄颁布新〈政党法〉：象征性的政治改革?》，http://rusnews.cn/xinwentoushi/20120405/43397167.html。

空间，使政党成为帮助社会组织和公民参与建立政权与监督政权的工具，是可控的政党体制自由化过程的重要组成部分。梅德韦杰夫执政以来的政党体制改革是在俄罗斯最高领导层可以控制的范围内实施了有限的民主化，并未从根本上动摇之前形成的政治体系。[①]

普京第三次就任总统后，司法部批准了大批新政党的登记，同时，统一俄罗斯党也采取措施加强自身的组织建设和思想建设，完善党内民主选举制度和党员教育培训机制。2011 年俄罗斯国家杜马选举之前的 5 月 8 日，普京宣布建立全俄人民阵线，在 12 月议会选举前为统一俄罗斯党注入"新的想法、新的建议和新的面孔"。全俄人民阵线有两大特点：一是超党派，允许无党派人士和其他社会组织代表进入统一俄罗斯党国家杜马议席名单；二是以创建人普京为中心，为 2012 年大选打前哨。建立全俄人民阵线的主要原因是，统一俄罗斯党面临新挑战，即支持率有所降低。此举的目的就是以自身号召力争取选民，扭转统一俄罗斯党的官僚形象。其背后深刻的政治内涵还在于，普京借助全俄人民阵线这样更广阔、灵活的政治平台来展现他对全面现代化战略的理解，表明关于未来国家发展道路的执政理念。[②]

国家杜马选举于 2011 年 12 月 4 日举行，共计 450 个杜马议席全部由公民投票产生。根据公布的结果，统一俄罗斯党赢得 238 席，比 2007 年的 315 席少了 77 席。俄罗斯联邦共产党得到 92 席，公正俄罗斯党得到 64 席，俄罗斯自由民主党得到 56 席，其他参选政党正义事业党、"亚博卢"党、俄罗斯爱国者党由于未达到 7% 的门槛而未能进入议会。虽然议会内政党和议会外政党的结构基本未变，但通过各党所取得的议席能够发现，统一俄罗斯党作为政权党确实面临支持率下降的情况。

2012 年 2 月 6 日，普京在《生意人报》上发表题为《民主与国家素质》的纲领性文件，进一步提出一系列关于发展政治和政党体系的提案并交由国家杜马讨论，包括：简化政党登记制度，取消参选杜马和地方立

---

① 庞大鹏：《俄罗斯的政治生态——对全俄人民阵线的评析》，《当代世界》2011 年第 4 期。
② 昆波拉提、徐海燕：《金融危机背景下的俄罗斯政党动向》，《俄罗斯中亚东欧研究》2012 年第 5 期。

法机关时搜集签名的规定以及减少参选总统时所需要的选民签名数量；政党登记制度、政党活动规则和选举程序的运行操作都很重要；"政治环境"就像投资环境一样，需要不断完善；与此同时最需要关注的是国家的政治机制如何考虑不同社会团体的利益。① 2012 年 5 月 1 日，俄罗斯总统选举投票结束，普京以 63.64% 的得票率当选，实现了第三次当选总统的目标。2012 年 8 月 8 日，俄罗斯中央选举委员会第 134 次会议确认，截至 2012 年 8 月 2 日在司法部登记的政党中，28 个政党符合《俄罗斯联邦政党法》第 36 条第 2 款的规定有权参加选举。另外有 9 个政党虽然获准登记，但目前没有被列入有权参加选举的政党名单。

2012 年 10 月 14 日，俄罗斯举行了地方选举，这是普京第三次当选总统之后的第一次全国性选举，也是自 2005 年俄罗斯恢复地方长官直选制度之后的第一次选举。根据俄罗斯 2012 年 4 月通过的修改后的《俄罗斯联邦政党法》，俄罗斯各联邦主体行政长官（州级行政长官）的候选人今后将由各政党推选产生，该联邦主体居民再通过直接投票的方式从这些候选人中选举出地方长官。而自 2004 年以来，俄罗斯各联邦主体行政长官的候选人均由俄罗斯总统直接提名。此次选举的另一个重要特点是参与政党的数量大幅增加至 20 多个，这与俄罗斯放宽政党参选条件有关。根据 2012 年修订的《俄罗斯联邦政党法》，所有政党今后参加各种选举的条件将更加宽松。除参加总统选举外，各政党今后参加任何选举不再需要征集支持者签名。②

选举的总体结果仍然确认了统一俄罗斯党的优势地位。在举行地方行政长官选举的 5 个地区里，现任行政长官即统一俄罗斯党推出的候选人全部在第一轮中获胜，而且得票率超过第二名 40～60 个百分点。在举行地方议会选举的 6 个地区，统一俄罗斯党在其中的 5 个获得超过一半的选票，在唯一一个没有过半的地区里也领先第二名的政党超过 20 个百分

---

① 〔俄〕普京：《变革中的世界与俄罗斯：挑战与选择（下）》，彭晓宇、韩云凤译，《当代世界与社会主义》2012 年第 3 期。

② 《俄罗斯举行地方议会和行政机构领导人选举》，http：//www.chinanews.com/gj/2012/10 - 14/4246144.shtml。

点。①

2. 俄罗斯政治体制与政党体制改革的效果

以 2001 年通过的《俄罗斯联邦政党法》为起点，经过 10 多年的演变与发展，俄罗斯"一党独大、多党并存"的政党政治架构日趋定型，俄罗斯的政党体制基本建立起来，表现在以下 4 个方面。第一，政党在国家政治生活中的地位被固定下来，各类政党主要以参与竞选和议会斗争的方式影响国家的政治进程，议会成为政党活动的主要场所；第二，现代俄罗斯政党的作用已经由维系政权（或反对政权）的工具，逐渐转变为联系国家权力和社会各阶层民众的"纽带"和"桥梁"；第三，俄罗斯议会中形成了一个相对稳定的政党格局，主要是由 4 个议会内政党组成；第四，有权参加选举的政党数量增加，据俄罗斯司法部官方网站公告，截至 2012 年 8 月初，获准登记的合法政党共有 37 个。

普京和梅德韦杰夫对政党体制的改革都有着自上而下推动和不彻底的特点，虽然产生了一系列效果，但仍未能解决政党本身存在的问题。第一，在政党登记程序简化后，虽然出现了很多政党，但新登记政党大多数发育不足，政治倾向各异，有些党的组织成分混杂，缺乏广泛的社会基础和强大的生命力。第二，稳定的议会内政党仍将保存且长期存在，统一俄罗斯党的地位看来是绝对无法撼动的。第三，各个政党权利不平等。针对统一俄罗斯党，无论是议会内政党，还是议会外政党，都在国家拨款、媒体使用、选举签名征集等方面提出存在不平等现象，批评其垄断行政资源、媒体资源和财政资源。第四，存在政党所拥有的权力是不是代表着民众的利益问题。统一俄罗斯党一党独大，本质上仍是"领袖党""精英党"，不能被称为群众性政党。除俄罗斯联邦共产党以外，其他政党基本上是从阶级党向全民党、由纲领型政党向选举型政党转变，在这些政党中实际上找不到新阶级、新阶层利益的真正表达者。② 取消独立候选人和单

① 《两个俄罗斯和两份社会契约》，http：//epaper. dfdaily. com/dfzb/html/2012 – 10/18/content_687845. htm。

② 昆波拉提、徐海燕：《金融危机背景下的俄罗斯政党动向》，《俄罗斯中亚东欧研究》2012 年第 5 期。

名制选区使得选民与候选人直接接触的机会减少，打击了选民参加选举的积极性，降低选举投票率，导致政权执政与普通民众之间的关系逐渐疏远。第五，政党的地位和作用被限制，发展空间较小。在俄罗斯现行政治体制下，权力集中在总统手中，政党的影响仅限于参与选举和进行议会活动，在杜马制定法律方面所起的作用有限，难以牵制总统的决策。一系列问题摆在俄罗斯现任总统普京面前，他面临西方和国内反对派的指责和压力。

三 俄罗斯政治体制与政党体制演进的内在逻辑

1. 俄罗斯的政治体制特征

在俄罗斯的权力体系架构中，俄罗斯的总统在议会、总统、法院"三权"之中具有压倒性优势，由直选产生，享有全面的、最高的国家权力。总统任命总理，总理不过是总统在政府的召集人，总理再任命政府成员（任命必须在国家杜马获得通过），政府对总统负责，而不对民选的议会负责，这都是总统制的特征。一旦国家杜马连续3次否决了总统的提名任命，总统就有权解散国家杜马并进行新的杜马选举，这是一般总统制国家总统所没有的权力。在杜马和政府因信任问题发生争执时，最终决定权实际上属于总统。例如，国家杜马可以对政府投不信任票，总统第一次可以不理会，但如果第二次通过不信任票，总统就必须解散政府或国家杜马。总统与杜马在总理人选问题上有争议时，往往也是总统获取最终胜利。对总统的罢免案要两院各2/3多数票才能通过，虽然上下两院和宪法法院都有权决定是否通过罢免案，但总统还可通过强大的人事权对议会和法院进行牵制，因此罢免总统障碍重重。总统任命最高法院法官和检察长时只需得到联邦委员会半数以上委员支持，且有权直接任命其他联邦法院的法官，这是总统对司法权控制的显著表现。所以俄罗斯是一个国家权力集中于总统的总统制国家。纯粹的总统制存在一些弊端，包括专权、零和选举和双重合法性等。因此，想要在程序上撤销不受欢迎的总统和保留受欢迎的总统都会面临一定的困难；直接选举导致总统不愿去妥协以及建立更为广泛的政治联盟；总统有着行政和立法的双重合法性，加上不信任投票机制在议会中仍不完善，降低了总统通过制度解决冲突的能力及通过妥协折中实现民主的可能。当然，在此基础上，在俄罗斯的国家最高权力体系中，总统并非独揽绝对权力。例如，总统拥有否决权，但否决权可以被国家杜马和联邦委员会2/3多数推翻。总统有制定法令的权力，只要这些法令与现行宪法和法律不冲突，但是这些法令可能会被杜马通过的法律所取代。所以，只要不受法令干预，法律相对来说更稳定。总统为了通过某些法令，也不得不寻求杜马多数的支持。这样，即使总统的权力前所未有地强大，杜马也能有效发挥对总统的检查监督作用。这从另一个侧面反映出俄罗斯政治权力架构中的制度激励机制。另外，多党制是对总统制所存在劣势的一种有效加强。

目前，在俄罗斯的政治结构中，仍然存在不少薄弱环节。例如，国家的分权制度不彻底，政府的执行权力过大，而议会的立法权力和司法权力受到抑制，人民代表机构在权力结构中的作用有待增强；主要由代表官员和大商人利益的一个政党垄断各级权力机关和议会；权力结构与社会分离；政党和公民参与国家政治生活的程度较低，存在政治冷漠、政府对媒体进行控制和反对派软弱的现状；公民社会不发达，公民自组织和自治组织的水平不高，监督官僚系统的公民组织缺失。在"梅普组合"时期，梅德韦杰夫提出的俄罗斯"国家现代化"方针，强调不仅仅是经济的现代化，而且必须有政治民主化。因此，俄罗斯只能说已经确立和稳定了民主制度，但民主制度尚不完善，如何进一步发展民主，如何提高民主的质量成为现任总统普京未来的主要任务。政党作为俄罗斯政治制度的重要组织部分，政党在议会中是否能体现最广泛的代表性，这是民主程度高低的一个指标。

2. 总统制下的政党发展

西方许多研究都批评俄罗斯总统制所引起的制度间冲突、俄罗斯议会的僵局和政党巩固的失败。其实，俄罗斯在20世纪90年代和21世纪头10年的经历否定了西方关于总统制、党派力量和民主化之间关系的传统思维。在20世纪90年代，俄罗斯国家杜马包括俄罗斯地方党派、俄罗斯联邦共产党、人民力量党、统一俄罗斯党、亚博卢集团、右翼力量联盟、祖国俄罗斯党、农工集团、自由民主党和独立人 10 个派系。表明在这一时期，俄罗斯存在多党派，而且政党体制也表现为最具有竞争性，但总统继续保留强大的权力，党派仍然是软弱的。[①] 到了 21 世纪头 10 年，俄罗斯经历了一个转型，即以统一俄罗斯党为主体的多党派体制，包括全国爱国阵线和公正俄罗斯党在内的卫星式的党派相继建立，它们大多围绕在统一俄罗斯党的周围。统一俄罗斯党由总统直接控制，能够掌握国家权力和资源。基于最小成本战略的理性选择，统一俄罗斯党在 2003 年杜马选举中获得了绝对的多数，大约 80% 的职位由统一俄罗斯党成员担任，这大大降低了总统组建联盟的成本，也可以使总统实施重要的制度改革来加强统一俄罗斯党的统治地位。虽然 2012 年 8 月 8 日俄罗斯中央选举委员会会议确认了有 28 个政党有权参加选举，[②] 但目前统一俄罗斯党在议会中仍占有较多的席位，因而建立一个在理念上与总统一致的党派联盟已经是事实。

在叶利钦执政时期，总统避免与政治党派发生联系，只是通过买卖换取不同党派中单独授权区（SMD）代表的支持。与叶利钦不同，普京公开向所在政党承诺，准备建立一个一党绝对控制基础之上的政治统治体制。在 2000 年 2 月召开的统一俄罗斯党会议上，普京提倡建立一个由两三个或 4 个党派组成的有效的党派体系，并在国家杜马建立了一个委员会来协调支持总统的 4 个党派的投票，包括统一俄罗斯党、人民力量党、祖国俄罗斯党和俄罗斯地方党派。普京的执政使左、右翼政党的影响降低，政府的中间派势力在议会中占据主流。因此，支持总统的各党派能够在选举中与总统站在同一条战线上。实际上，普京总统组建的 4 个党派联盟中的某些成员，比如统一俄罗斯党和祖国俄罗斯党，一直支持着总统设置的

---

① Tanya Bagashka， "Presidentialism and the Development of Party Systems in Hybrid Regimes: Russia 2000 – 2003"， *Europe-Asia Studies*， Vol. 64， No. 1， January 2012， p. 94.

② 这些政党是：统一俄罗斯党、俄罗斯联邦共产党、俄罗斯自由民主党、俄罗斯爱国者党、正义事业党、公正俄罗斯党、"亚博卢"联合民主党、俄罗斯共和党—人民自由党、俄罗斯民主党、"保护俄罗斯妇女"人民党、绿色同盟—人民党、俄罗斯退休者党、"俄罗斯城市"、俄罗斯生态党"绿党"、俄罗斯共产党人党、俄罗斯人民党、俄罗斯农业党、争取公正党、自由公民党、社会网络党、"市民联盟"党、社会公正共产党、俄罗斯社会民主党、社会保障党、"智慧俄罗斯"党、"公民力量"党、"青年俄罗斯"党、"新俄罗斯"党。资料来源：http://www.ninjust.ru/nko/vybory/partii.

议程，但其他的党派如俄罗斯地方党派不完全支持，所以普京还得向联盟之外的党派寻求支持。影响总统与联盟外的少数党派建立关系的因素较多，并且更容易被各种各样的制度激励、国家杜马中的党派成分、已经存在的政党优势与劣势，以及当时所处的政治环境所影响。在主要的反对党派中，尽管祖国俄罗斯党是反对党派，但这个党派缺少一个统一的理念，它的目标是赢得选举。俄罗斯自由民主党历史上曾经是反对党，但也经常支持当时的总统议案。右翼力量联盟把自由主义者与左翼竞争的人联合在一起争取民主投票，但是像"祖国俄罗斯"一样没有忠实的会员，它也只是一个选举联盟。因此，大多数反对党要么是没有共同理念，要么是太年轻，要么是没有忠实成员。其中，仅有的例外是俄罗斯联邦共产党（KPRF）、农民党和左翼阵线。但是，由于它们在议会中席位分布较少，所以其支持并不能起到实质性作用。普京通过他"制造"的总统所在党占多数的方式来控制杜马，通过了制度改革法案，使非党派人员在俄罗斯政坛逐渐衰落，而总统所在党获得政治垄断，这种体制常被描绘成总统具有特权以及很强的个人崇拜选举倾向。

因此，普京更偏好一个由几个有党纪的政党所控制的立法机关，依靠政党之间的博弈，做出一个理性的决定。通过制度操纵，比如通过跨党派协调一致，或者参与产生委员会主席，总统部门就能给联盟成员一些只有在政党内部才能享有的好处，这就便于政党领导人更好地执行党纪。从各主要政党和政权的关系来看，俄罗斯政党20多年来在国家政治体系中的地位并未有实质性的改变，国家总统仍然起着主要作用，政党独立发挥作用的能力较弱，政党的存在只是增强了执政当局的合法性。① 总统对政党制度进行了积极改革与协调，使政党发展日益规范，同时政党与政权关系日益紧密，政党更加依附政权。

四　俄罗斯民主转型的未来

俄罗斯的经验证明，总统制在政党体制演进过程中，对俄罗斯民主进

---

① 昆波拉提、徐海燕：《金融危机背景下的俄罗斯政党动向》，《俄罗斯中亚东欧研究》2012 年第 5 期。

程有着相当大的影响。在叶利钦执政时期，叶利钦利用了个人崇拜式的激励，同时利用总统的恩惠获得个人代表的支持。这种战略也受到各党派的限制。像西方一些总统制的批评人士认为的那样，这种联盟组建方式经常导致立法中的僵局，阻碍了党派的发展，并会对民主化进程产生长期的消极影响。到了普京时期，普京运用制度操纵并与党派领导人达成了协议，这种策略尽管对少数党派在执行纪律上造成一些困难，但在很大程度上成功了。这种战略建立了总统与国家杜马之间在工作上的关系，增强了政党力量。通过制度操纵和恩惠，普京赢得了4个党派的支持。比较政治研究中的主流观点认为，总统制对民主化有消极影响，然而在俄罗斯的实践中，与这样的传统思维有些不同，总统制在普京执政时期对加强党派力量产生了积极影响。

俄罗斯的经历正在挑战西方的传统思维。自2003年杜马选举之后，普京构建了以总统控制下的党派为基础的体制。与20世纪90年代叶利钦建立的以弱势党派为特征的体制相比，虽然缺少了竞争性，但更加民主。在这种体制中，议会内政党作为主导成为强势党派，这是一个最重要的表现。在此后的俄罗斯国家杜马中，统一俄罗斯党确保了总统立法的通畅。统一俄罗斯党已经成为不同利益集团密集游说的目标。那么，在未来的控制性政党继续垄断的情况下，其余党派内部的分歧将不会十分突出。综上所述，如果议会中的反对派与总统在理念上是相似的，总统就会支持党派的力量。

然而，俄罗斯以总统控制党派为基础的体制的稳固程度到底如何？以政党为基础的总统制是最稳固的体制，但是这种复杂的官僚体系从长远来看可能会继续演变。公正俄罗斯党的演变过程证明，议会内的非政权党很难维持。2006年由生活党、祖国党和养老金党这3个党派合并建立了公正俄罗斯党。普京于2007年10月宣布领导统一俄罗斯党阵线，并且于2007年在国家杜马选举中获得胜利，公正俄罗斯党仅仅得到了7.74%的选票。2011年，尽管它得到了杜马中64个代表席位，但是它作为卫星党的政治前途依然不确定。鉴于公正俄罗斯党宣示了对总统的支持，这个党已经失去了作为反对党时的选举支持和民意基础。因此，如果卫星党失去了投票人的信任，它们就不能成为政府创造正面民主竞争局面的手段。尽管目前俄罗斯合法政党数量比实施简化政党登记程序法之前有了大幅度的增加，获准登记的合法政党有 37 个，另外还有 197 个政党的组委会正在申请登记。但从发展的角度看，这些政党或者被淘汰，或者成为新的卫星党。其实，从更广阔的层面来看，俄罗斯总统控制下的以党派为基础的体制所面临的更严峻的挑战可能是外部的动荡对系统的冲击。

第二章

俄罗斯外交战略的基本依据

在国际关系中，地缘政治理论是现实主义最重要的理论之一，它诞生于19世纪末20世纪初，瑞典地理学家鲁道夫·契伦最早提出"地缘政治学"这一概念，认为"地缘政治学是把国家作为地理的有机体或一个空间现象来认识的科学"，[①] 并以此描述国家权力的地理基础。此后，地缘政治学不断发展，学者们对地理因素与国家权力关系进行了深入的研究和探索，提出了不同的地缘战略思想，其中最具代表性的有马汉的海权论、麦金德的陆权论、斯派克曼的边缘地带论，以及杜黑的空权论等。这些理论对当时各大国的对外政策及国际战略的制定与实施产生了深远影响。自美国学者约瑟夫·奈提出"软实力"概念以来，随着国际局势的变化，软实力受到了越来越多国家的重视。出于改善国际生存环境和保持在独联体地区优势地位的目的，近年来俄罗斯也将发展国家软实力提上了国家议程。国际政治学中的博弈论主要研究的是国际行为体之间在合作、冲突和外交决策中的互动过程，以及分析这些国际行为体如何在国际冲突中依据自身实力做出最优的选择。随着现代国家的产生，国家利益应运而生，从这种意义上来说，国家利益是主权国家产生与发展的产物。

---

① 〔英〕杰弗里·帕克：《二十世纪的西方地理政治思想》，解放军出版社，1992，转引自孔小慧《地缘政治的含义、主要理论及其影响国家安全政策的途径分析》，《世界地理研究》2010年第2期。

第一节　俄罗斯外交战略相关理论

目前，"地缘政治"已成为描述大国间政治博弈的习惯术语，地缘政治学再度被推上国际政治学理论舞台。"现代地缘政治学的真正价值是对构成国际关系基础和影响政治互动的地理因素的学术分析。"①

一　地缘政治学

地缘政治思想最早可以追溯到古希腊和古罗马时期的亚里士多德，后由孟德斯鸠、康德等人丰富发展，地缘政治学理论是近代19世纪末的产物。多数人认为地缘政治学起源于政治地理学，其理论根源是德国地理学家拉采尔的"国家有机体"学说，"拉采尔将自然环境条件与国家政治融合起来，开创了独特的方法论，成为地缘政治学的鼻祖"。② 1899年鲁道夫·契伦首创了"地缘政治学"这一专业术语，进一步发展了拉采尔的理论，运用地理环境来解释国家政治现象。而后涌现了马汉的海权论、麦金德的陆权论，尤其是麦金德让地理进入了英国的大学课程，20世纪20年代德国将军卡尔·豪斯浩弗创立的德国地缘政治学派将地缘政治学推向了全世界。由此，近代以来地缘政治理论逐渐发展成熟。二战中，纳粹德国以"生存空间"理论作为自己对外扩张、发动对外侵略战争的借口，德国地缘政治学深陷于纳粹主义的泥潭中，它还受到同样拥有强烈扩张意识的意大利和日本的追捧学习，因而没有了科学边界，被称为"伪科学"。二战结束后的很长一段时间内，人们都把地缘政治学与纳粹捆绑在一起，导致该学科的地位一落千丈。然而，"正像不能因为原子弹被用作杀人的武器就抹杀其价值一样，地缘政治学也不能因为其被用来指导战争就无视甚至否定它理论的科学性"。③ 因此，地缘政治学在20世纪50年代中后期在西方得到复兴，很快又成为国际政治研究中的时髦词语。"美

---

① 〔美〕索尔·科恩：《地缘政治学——国际关系的地理学》（第2版），严春松译，上海社会科学院出版社，2011，第14页。
② 陆俊元：《地缘政治的本质与规律》，时事出版社，2005，第42页。
③ 刘雪莲：《地缘政治学》，吉林大学出版社，2002，第1页。

国地缘政治学家索尔·科恩将现代地缘政治学理论划分为 5 个发展阶段：争夺帝国霸权、德国地缘政治学、美国地缘政治学、冷战－国家中心与普遍主义的地理学视角、后冷战时代。"①

概括地讲，地缘政治学的研究对象就是地理环境对国际政治、国际关系以及各国对外政治行为的影响。在科技不断进步的全球化浪潮中，地理因素仍然在相当大的程度上作用于国际政治，汉斯·摩根索曾说过："一国权力所依赖的最稳定的因素显然是地理。"② 地缘政治理论已经成为热门的国际关系理论，它的真正价值就是对构成国际关系基础和影响政治互动的地理因素进行学术分析。一个国家或地区的地理位置、自然资源等地缘因素会对其对外政策的制定和实施产生至关重要的影响。所以，不同的国家或地区会依据自身的地缘现状来制定合理的对外政策以维护自身的地缘政治利益和实现国家利益的最大化。

俄罗斯横跨亚欧大陆并占据中心腹地的独特地理位置，使其拥有独特的地缘政治地位，促使其形成了独特的地缘政治思想。冷战后俄罗斯地缘政治思想的发展主要受到"欧亚主义"思想和麦金德的"大陆说"的影响。"欧亚主义"思想从地缘政治和文化的角度，认为俄罗斯既不属于东方文明也不属于西方文明，而是具有一种独特的欧亚文明和精神特性。由于俄罗斯在文化和地缘上与西方文明和亚洲文明都不同，它必然要走一条独特的"欧亚人"的道路。麦金德的"大陆说"提出了"谁统治了东欧就统治了心脏地带；谁统治了心脏地带就统治了世界岛；谁统治了世界岛就统治了世界"的观点，③ 他的"心脏地带"理论给俄罗斯的地缘政治思想带来了极大的影响。冷战结束后，俄罗斯国家实力衰落，地缘政治因素对俄罗斯的重要性不断显现，为重新谋求大国地位，俄罗斯的地缘政治理论在不断变化中日益成熟。冷战后起主导作用的地缘政治理论主要有大西洋主义、新斯拉夫主义、新欧亚主义。大西洋主义体现了很强烈的亲西方

---

① 〔美〕索尔·科恩：《地缘政治学——国际关系的地理学》（第 2 版），严春松译，上海社会科学院出版社，2011，第 15 页。

② 〔美〕汉斯·摩根索：《国家间政治——权力斗争与和平》（第 7 版），徐昕、郝望、李保平译，北京大学出版社，2014，第 122 页。

③ 〔英〕哈·麦金德：《历史的地理枢纽》，林尔蔚、陈江译，商务印书馆，2013，第 14页。

的倾向，强调俄罗斯是欧洲的一部分，主张实现与西方政治、经济、安全的全面接轨，借助西方恢复俄罗斯的实力并促进自身振兴繁荣；新斯拉夫主义主张抛弃西方的发展模式，认为俄罗斯具有与西方世界完全不同的独特文明，俄罗斯应该继续扮演斯拉夫民族保护者的角色，维护大国意识，建立一个以俄罗斯为中心的政治经济实体，重塑核心大国地位；新欧亚主义"一方面强烈地批判过于理想化的大西洋主义，另一方面也不赞成过于激进的民族主义和泛斯拉夫主义"，[①] 它提出"精神主义、人民政权和大国思想"新的三位一体，[②] 更加注重与近邻国家的合作，平衡东西方国家，以此建立一个欧亚主义国家联盟，开辟出能体现自身独特价值的"欧亚道路"。

二　软实力理论

1. "软实力"的提出

"软实力"又被称为"软权力""软力量"，最早由美国学者约瑟夫·奈提出。约瑟夫·奈在其 1990 年出版的著作《美国注定领导世界？——美国权力性质的变迁》中指出，"这种左右他人意愿的能力和文化、意识形态以及社会制度等这些无形权力资源关系紧密，就可以认为是软力量。"[③] 这是他对软实力概念最早的界定。"软实力"在当时的背景下被提出，主要是为批驳当时流行一时的保罗·肯尼迪的"美国衰落论"。软实力的提出有其特殊的背景，总的来说是为实现美国的全球霸权服务的。约瑟夫·奈认为一个国家的软实力主要有 3 个来源：文化（在很多方面对他国具有吸引力）、政治价值观（在内外事务中遵守并实践这些观念）以及对外政策（正当合理，并具有道德上的权威性）。[④] 与硬实力这种"命令性的权力"不同，软实力是来自非物质力量的权力，侧重于对

---

① 徐博：《冷战后俄罗斯亚太地缘战略》，社会科学文献出版社，2014，第 49 页。
② 张艳杰、李翠竹：《践行新欧亚主义思想：俄罗斯外交新走向》，《学术交流》2013 年第 1 期。
③ 〔美〕约瑟夫·奈：《美国注定领导世界？——美国权力性质的变迁》，何小东、盖玉云等译，军事译文出版社，1992，第 25 页。
④ 〔美〕约瑟夫·奈、王缉思：《中国软实力的兴起及其对美国的影响》，《世界经济与政治》2009 年第 6 期。

文化、外交政策、价值观和意识形态等无形资源的利用。软实力概念一经提出便在国际社会引起了强烈的反响。约瑟夫·奈的软实力理论是不断完善和发展的，2006年约瑟夫·奈在《重新思考软实力》一文中提出了"巧实力"，强调要把软实力和硬实力有效地结合起来，形成巧实力。

在国际关系理论领域，除约瑟夫·奈以外，还有一些研究软实力理论的观点比较具有代表性。如学者郑永年、张弛指出，约瑟夫·奈并不是第一个意识到软实力重要性的学者，实际上，意大利新马克思主义学者葛兰西最早系统讨论过软实力，但没有使用"软实力"这一专有名词。在葛兰西那里，软实力表现为意识形态和文化。① 汉斯·摩根索认为，"权力是人对他人心灵和行动控制的能力"。② 从这也可以看出，摩根索早已对无形的权力资源有一定的关注。1999年，阿尔奎拉和朗斐德提出用"心灵政治"来形容适应信息时代的战略，以与由传统硬实力推动的权力政治相对。而"心灵政治"是一种强调思想、价值观、法律和道德规范优先性的外交政策行为。

理解软实力的关键在于正确认识软实力与硬实力之间的关系：硬实力是软实力的前提，没有硬实力作为依托，软实力很难投射到国际舞台上；同时，软实力反过来也作用于硬实力，会对硬实力产生巨大影响。如约瑟夫·奈所说的："软权力不幸将会被不受控制的硬权力所支配，它也不会被看作无害的娱乐和消费主义，也不会被看作对普通国际消费者的温和劝说，而是披着强权的羊皮。"③ 一个国家要想在国际政治中发挥巨大的影响力，必须充分将软实力和硬实力结合起来，两种实力要相互影响和相互借重。

2. 软实力外交的概念界定

当今世界，和平与发展是世界的潮流。自约瑟夫·奈提出软实力概念以来，学者们对国家软实力资源的构成及软实力在外交的作用给予了很大

---

① 郑永年、张弛：《国际政治中的软力量以及对中国软力量的观察》，《世界经济与政治》2007年第7期。

② 〔美〕汉斯·摩根索：《国家间的政治——为权力与和平而斗争》，杨岐鸣等译，商务印书馆，1993，第47页。

③ 〔美〕约瑟夫·奈主编《全球化世界的治理》，王勇等译，世界知识出版社，2003，第22页。

的关注。

　　软实力与外交密切相关，因此理解软实力外交可以从理解"软实力"和"外交"这两个概念入手。按照约瑟夫·奈的定义，软实力就是通过吸引而非胁迫来达到目的的能力。所谓"外交"，顾名思义是对外交往。外交是指以国家为主体的活动，是国与国之间的交往、交流。软实力外交的主要目的是提高实施国在国际社会中的地位，改善该国的国际舆论环境，拓展国际影响力，实现外交目的，从而最终谋取政治经济利益。尽管软实力外交既可以看作外交目的，又可以看作外交手段，但是软实力外交最终是为国家利益服务的。从这层意义来说，软实力外交实质上是外交的一种工具和手段。"软实力外交，顾名思义，是一国政府依托本国软实力资源或以软权力为依托而进行的外交活动。具体而言，软实力外交是作为外交活动主体的一国政府，通过文化、政治制度、价值观念、意识形态等软实力因素营造的本国在国际舆论环境的影响力和规制力，调整和处理国际关系，实现自身利益的外交活动。"[①] 该定义比较全面地阐述了软实力外交的实施主体、主要任务和作用方式。在 2013 年版的《俄罗斯对外政策构想》第 20 条中，俄罗斯官方对软实力的定义为，"依靠社会力量解决外交政策问题的一整套手段以及可替代传统外交手段的信息、通信、人文及其他方法和技术"。[②] 结合上述观点，软实力外交是指一国依托本国的软实力资源或者以软实力为手段为本国谋取政治经济利益的对外交往活动。

3. 软实力外交与相关概念辨析

　　第一，软实力外交与传统外交。传统外交通常是指政治外交、经济外交、军事外交，它们是影响国家间关系直接有效的外交形式。与传统外交不同，软实力外交具有以下优势：一是软实力外交的内容具有无形性与柔性，赋予了原本政治目的性极强的外交活动以更多的"人文关怀"，与传统外交相比，其他国家更容易接受；二是软实力外交的实施主体具有多样

---

① 仪名海、郝江东：《战略·策略·技巧：多种外交形态透视》，清华大学出版社，2012，第 256 页。

② 刘莹、关海庭：《新时期俄罗斯外交转型中的软实力政策调整》，《东北亚论坛》2015 年第 1 期。

性，既有一国政府，又有普通国民、媒体、非政府组织等；三是软实力外交的形式具有多样性，往往通过日常性的、非正式的方式方法表现出来，其中，非政府组织是软实力外交非常重要的载体；四是软实力外交的影响力具有持久性，与传统外交相比，软实力外交往往具有更大的影响力和更强的渗透性，会潜移默化地影响外国公众的心理和态度。

第二，软实力外交与文化外交。文化外交和软实力外交是有区别的。文化外交是由一个国家的政府或者经政府授权和委托的非政府组织和民众开展的，以文化传播、交流、沟通为主要内容，意在达到特定政治目的和对外文化战略意图的外交活动。① 文化外交从某种意义上可以说是一国构建国家软实力的重要战略途径。软实力外交的内涵和外延要大于文化外交，软实力外交不仅有文化方面的外交，还有非文化方面的外交。比如，不管是传统上的对外援助还是当今国际社会上美国等发达国家使用的"国际发展援助"，都属于软实力外交的一个重要组成部分。此外，软实力外交还大大拓宽了文化外交主体和受体的范围，国家实施对外战略的作用对象不但包括实施对象的一国政府，还包括非政府组织、知名学者、跨国公司等。此外，新的软实力资源还使文化外交的传播内容更为丰富，传播手段更为多样化。

第三，软实力外交与公共外交。软实力外交经常和公共外交的概念混淆在一起。公共外交的概念最早出现于冷战时期的对外宣传竞争，主要指以一国政府为主体、以国外民众为对象、以信息和语言为主导、以文化传播为主要内容的外交决策行为。② 软实力外交和公共外交有一部分是交叉重叠的，但是软实力外交的内涵和外延要远远大于公共外交，软实力外交不仅包括政府间的外交活动，还包括民间社会力量以软实力为工具所进行的外交。而公共外交一般是以一国政府为实施主体，面对的对象为外国民众，通过媒体报道、大型国际活动、首脑演讲等手段，提高国家形象和扩大国家影响力的对外交往活动。

---

① 赵可金：《公共外交的理论与实践》，上海辞书出版社，2007，第239页。
② 刘莹、关海庭：《新时期俄罗斯外交转型中的软实力政策调整》，《东北亚论坛》2015年第1期。

4. 软实力外交的作用

第一，传统外交的有益补充。传统外交主要由一国政府开展，具有"硬"的特征。硬实力通常是由具有强制胁迫性的物质权力资源构成的，最常见的来源为军事力量和经济力量，而软实力则一般通过非物质性的权力资源获得，诸如文化的影响力、意识形态的感召力、参与和制定国际规则的能力、国家凝聚力、国民素质、媒体的传播能力等都可以看作软实力的内容。与传统外交相比，在实现国家的对外战略目标的手段和方式上，软实力外交更加强调依托和利用本国的软实力资源来开展对外交往活动。因此，软实力外交具备传统外交所不具有的一些优势，与传统外交相比，它更具有"柔"性，更容易被其他国家所接受。而过多地使用硬实力虽然可以达到一时的外交目的，但对象国可能不甘，从而弱化对象国长期合作的意愿。而且，有时硬实力所发挥的作用难以持久。从俄罗斯官方对软实力外交的定义可以看出，俄罗斯官方不仅高度肯定了软实力外交的作用，甚至认为它可以替代传统外交。

第二，促进国际经济合作的重要手段。对外政策不仅对一国在国际社会中受欢迎的程度，进而对该国的国际政治和经济环境具有重要的影响，而且还直接影响一国的国内政治和经济。① 随着全球化的深入发展，世界逐渐成为一个利益攸关的共同体，一荣俱荣，一损俱损。随着经济全球化的不断深入，与政治、军事等硬实力手段在国际交往中地位的下降相比，以文化为代表的软实力在国际交往中的作用显著提高。经济利益是一国国家利益最重要的组成部分，是最核心的利益，是其在国际社会发挥作用的基础和保障。综合国力的提升既离不开硬实力的提升，同时也离不开软实力的提升。国家的软实力和硬实力是一种相互倚重的关系。一方面，一个国家硬实力的增强会带动其软实力的提升。一国经济实力强大后，其国家发展模式有可能为其他国家所仿效，其对外援助可能会不断增多，相应地，其在国际社会的影响力也会不断扩大，另一方面，一个国家软实力的增强会相应地促进其硬实力的发展。一国在国际社会上影响力的提升，有

---

① 《软实力与外交之间存在什么样的关系?》，人民网，http：//theory. people. com. cn/GB/166866/166886/10222634. html，2009 - 10 - 12。

利于该国与其他国家间良好政治关系的发展，这将为两国经贸关系的发展创造有利的外部条件，从而最终促进该国经济的增长。因此，软实力外交为国家间的经济贸易合作开辟了道路，成为各国参与国际经济竞争与合作的重要工具。

第三，各国相互了解与维护和平的重要工具。孙子云："不战而屈人之兵，善之善者也。"约瑟夫·奈认为软实力的构成要素包括文化、政治价值观和对外政策这3种主要资源。文化能够吸引和同化他人，政治价值观可以获得国际社会的认同，对外政策对一个国家而言更是具有重要的作用，特别是提出传递全人类共同价值观的对外政策往往能得到世界上绝大多数国家的认同，政策会更具有吸引力。当今的国际政治形势错综复杂，竞争日趋激烈，单纯依靠武力和强权无法确保国家的安全。很多时候，人们对某个国家产生误解和偏见，主要的原因就是缺乏对该国家的全面了解。以软实力作为外交工具，有助于获得其他国家的理解和认同，减少争端，降低发生战略误判的概率，更有助于实现国家安全利益。作为软实力外交重要战略途径的人文交流，可以跨越政治领域上的敏感"禁区"，促使国家间的关系向良性的方向发展。

三 博弈论

博弈论又称"对策论"，起初是一种运筹学方法。1944年，约翰·纽曼和摩根斯坦的著作《博弈论与经济行为》将其运用到经济学分析中，标志着博弈论的初步形成，也奠定了这一学科的基础和理论体系。博弈论的定义如下：博弈论是关于运用数学方法研究处于利益冲突的双方在竞争性活动中制定最优化的胜利策略的理论，博弈方法即根据游戏规则选择处理竞争、冲突或危机的最佳方案。[①] 此后，随着博弈论的不断发展，20世纪50年代后，博弈论又被广泛运用到国际政治领域，逐步形成了国际政治学的博弈论，从而明显地改变了国际政治学家的思维方式，促进了国际关系研究的理性化、精确化、科学化，也为国际社会中行为主体相互关系的处理提供了有效手段。

---

① 倪世雄：《当代西方国际关系理论》，复旦大学出版社，2011，第305～306页。

博弈论可划分为多种模式，根据相互博弈的方式，可分为"谁是懦夫""囚徒困境""猎鹿博弈"等；根据博弈主体的数量，可分为"二人博弈"和"多人博弈"；根据博弈主体的互动性质，可分为"合作博弈"和"非合作博弈"。

自20世纪50年代博弈论被引入国际政治学领域以来，其不断发展成熟，拓宽了国际关系研究领域，为分析国家间合作与冲突提供了有力支撑，对国际关系研究有重大意义。

四　国家利益理论

现实主义之父汉斯·摩根索提出了"以权力界定利益"的观点和著名的"现实主义六原则"，肯尼迪·沃尔兹则强调安全在国家利益中的重要性。国家利益是指一个国家内有利于其绝大多数居民共同生存与进一步发展的诸多因素的综合，包括安全利益、经济利益、政治利益、文化利益。① 国家利益是国家的最根本需求，是国家制定与调整对外政策的重要依据。

在国际政治中，国家利益的一致性与冲突性是决定国家间关系的重要指标。利益的一致是国家或个人之间最可靠的联系，② 在利益面前，没有永恒的敌人，也没有永恒的朋友。所以当国家间发生利益冲突时，摩擦与对抗就不可避免，尤其是在涉及国家间的核心利益时，甚至可能爆发冲突和战争。加强对国家利益的了解，有助于深入理解国家间的政策，协调国家间的利益，避免冲突和战争的发生。

第二节　地缘因素——北约反导系统东移

2016年5月12日，罗马尼亚南部得韦塞卢的弹道导弹防御基地启动，美国国防部发文强调该反导基地的雷达站和拦截系统可以保证南欧大片区域防止来自弹道导弹的侵犯。2016年5月13日，波兰北部瑞兹科沃

---

① 陈岳：《国际政治学概论》，中国人民大学出版社，2007，第116～117页。

② 金应忠、倪世雄：《国际关系理论比较研究》，中国社会科学出版社，2003，第122页。

的反导基地破土动工。波兰总统安杰伊杜达说，在波兰建设反导基地，有助于提升整个北约的集体防御能力。北约反导系统近年来一直在悄声推进，这次以应对伊朗不断发展导弹技术、加强与北约盟国军事合作为理由，但是遭到俄罗斯的强烈反对。

一 北约反导系统东移的战略意图

1. 实现对俄罗斯中远程导弹的拦截，削弱俄罗斯的战略力量

美国国防部强调，基地的启动完全是为了保障欧洲国家免受来自伊朗导弹的威胁，不存在任何削弱俄罗斯战略力量的企图；俄罗斯未能正确理解北约反导基地建设的真正用意，无论是从地理层面还是技术层面，罗马尼亚、波兰两国的反导基地都无法削弱俄罗斯的战略实力。通过考察美国防空导弹的技术参数可以看出，美国国防部的声明是站不住脚的。作为一款世界顶级防空导弹，标准3（RIM－161A）使用 SM-2ER Block4A 基本型号的弹身和推进装置，加入了第三级火箭发动机（ASAS，先进固体推进阶段），射速每小时 9600 公里，射高 160 公里，射程 500 公里。俄罗斯除了最先进的白杨 M 型弹道导弹，其他弹道导弹都不能应对，使得俄罗斯的战略打击能力大幅下降。罗马尼亚部署的发射系统不仅可以发射拦截导弹，还可以发射"战斧"巡航导弹，而俄罗斯尚不具备成熟的弹道导弹防御系统，这就使俄罗斯与北约之间战略力量的失衡更加严重。如果波兰的反导基地按原计划于 2019 年启动运行，无论北约如何宣称，其对俄罗斯弹道导弹的拦截能力都已经实际存在，俄罗斯将进一步处于不利地位。罗马尼亚、波兰两国的反导基地有助于实现美国领导的北约从战略力量上压制俄罗斯。

2. 实现对后加入北约国家的军事整合，强化北约集体防御的能力

美国国防部指出，两个基地实现运行后将被整合进北约的整体导弹防御系统。冷战结束后，北约国家联盟功能所涵盖的领域不断拓宽，正在向科学技术分享、防范与打击恐怖主义等领域拓展，但联盟关系中军事层面的相互依赖性在不断减弱。主要原因有：北约在意识形态上的号召力大大减弱，意识形态不再是整合西方国家政治、经济、军事力量的强劲推手，北约要实现继续存在和扩大发展需要新的合作动因；俄罗斯对北约的威胁

远不及苏联，不能为北约军事整合提供充足理由；东欧剧变后，许多前社会主义国家先后选择加入北约，北约的成员国数量、质量和性质都发生了变化，后入国家在军事体系、装备、军事观念上多沿袭苏联模式，与西欧国家整合是一项艰巨的任务。因此，需要寻找契机和平台来强化北约集体防御的能力，而导弹防御系统所涉及的领域比较多且层次很高，包括各国军事情报共享、成员内部集中调度、北约内部集体安全观念强化等，是整合北约国家军事能力的重要着力点。

3. 推进接近欧亚腹地的对峙线，实现对核心地带的控制

地缘政治理论学家麦金德的"心脏地带理论"指出，谁控制了东欧，谁就能控制大陆心脏，谁控制了大陆心脏，谁就能控制世界岛欧亚大陆，谁控制了世界岛，谁就能统治世界。大国为了取得世界霸权，对"心脏地带"的争夺从未停息。一战前的巴尔干危机，二战时期德国入侵波兰，冷战时期的东欧社会主义阵营，最近的"乌克兰危机"，无不体现"心脏地带"在地球版图上的重要意义。而且"心脏地带"的政治辐射范围广阔，控制这块区域直接有利于大国进军"新月地带"中东。如果瑞典、芬兰加入北约，将会与波兰和波罗的海三国共同构成对俄罗斯波罗的海出海口的包围，罗马尼亚与土耳其、保加利亚形成对俄罗斯黑海出海口的包围。从地缘角度看，这次东扩使北约反导系统形成了一条极其接近欧亚腹地的成熟"防御+攻击"线，对实现北约对欧亚大陆核心地带的控制具有深远的战略意义。

二　北约反导系统东移的影响

1. 打破了世界范围的核均势，改变了全球战略力量平衡

美俄之间的核力量平衡是世界核均势的基础，美苏两国在1972年达成的《反导条约》是双方经过多轮博弈最后达成的平衡，构成了人类进入核时代以来全球安全的基石。《反导条约》的签订为后来《中导条约》的履行打下了良好基础。20世纪90年代以来，俄罗斯积极推动《中导条约》全球化，主要动因在于维持自身的战略优势，在自身经济能力不足的情况下，防止美俄以外的国家发展弹道导弹。这两个条约从整体上讲是有利于维护世界和平的，美俄的核裁军在向好的方向发展。北约此次反导

系统东移会产生两种可能结果。一种可能的情况是，罗马尼亚、波兰两国的弹道导弹防御基地装备标准 3 型防空导弹，必然会引发俄罗斯的不安全感，俄罗斯可能以美国违反《反导条约》为由，全面升级军备，增强弹道导弹的突防能力。俄罗斯《独立报》刊文称，为应对美国反导系统，其已在位于波兰和立陶宛交界的加里宁格勒部署具备核打击能力的"伊斯坎德尔"导弹系统。这种较量可能会扩展到全球美俄有利益分歧的各个区域，其他地区的拥核国家也会被牵动，升级弹道导弹或反导系统。另外一种可能的情况是，俄罗斯的经济能力无法承受军备竞赛，对罗马尼亚、波兰两国的反导基地部署也缺乏外交反制措施，在美国与俄罗斯的导弹攻击与防御的较量中，美国占了上风，美俄战略核打击能力全面失衡，维持整个世界和平的基石倾斜了。以上两种情况均不利于维护世界和平，美苏核战略平衡是冷战留给人类危险而宝贵的遗产，给世界带来了更加稳固的安全保障，每次触动这种平衡都会带来不可低估的影响。可以确定，从全球安全的视角来看，北约反导基地建设的东移将造成国际安全体系的震动，其影响具有极强的负面性。

2. 引发大国力量在地缘政治上的转移，导致相关地区持续动荡

近年来美国政府在进攻性现实主义的指导下，不断推行"亚太再平衡"战略。"亚太再平衡"战略能否成为美国继续掌握世界霸权的基础取决于一个重要条件：亚太的影响足够广泛，世界主要大国均以亚太为核心战略区域。此次北约反导体系东扩，进一步挤压了俄罗斯的欧洲战略空间，如果俄罗斯要维持大国地位，必然加快脚步向亚太转移。俄罗斯力量的转移会使美国从欧洲撤出相应的力量，加强在亚太地区的部署，北约的主要精力也可以转向中东。每一次大国力量的集体转移都会导致相关地区乃至世界的持续震荡。

3. 暴露出新冷战思维的端倪，不利于世界向多极化发展

西方国家从未放松对俄罗斯的战略挤压，乌克兰危机后，美欧对俄罗斯进行了一系列的经济金融制裁，随着国际油价的下跌、卢布的贬值，俄罗斯面临更加严峻的国际、国内形势。北约对美国维持其治下的单极世界有重要意义，这次北约反导系统的东移，进一步恶化了俄罗斯与美欧的关系。普京表态，俄罗斯将采取一切必要措施，保持国际战略力量的平衡，以避免大规模的战争冲突。俄罗斯国防部正在采取一系列措施，以对抗北约"紧挨俄罗斯边界"不断增强的兵力部署，2016 年底前新建 3 个师应对北约东扩。当然，美国有足够的实力领导其盟友取得战略优势，其领导下的单极世界也将延续更长时间。

第三节　东正教因素

全球宗教的复兴掀起了新一轮的"宗教热"，对国际关系的各个方面产生了较大的影响，但同时不可避免地带来了一系列问题。俄罗斯是一个多宗教的国家，各种宗教信仰者占总人口的绝大多数。除了四大传统宗教东正教、伊斯兰教、犹太教、佛教以外，还有天主教、基督新教浸礼派和福音派等诸多教派。而东正教长久以来对俄罗斯的影响是其他宗教不能相提并论的。自公元 988 年"罗斯受洗"之后，东正教就在俄罗斯的社会文化、国内政治、意识形态乃至对外政策领域发挥着不可取代的作用。冷战后随着苏联的解体，俄罗斯为维护国家统一和社会稳定、恢复自身国际影响力，历任元首保持并继续发展与东正教教会的关系。进入 21 世纪普京执政以后，其先是以强硬手段恢复了俄罗斯的社会秩序，到 2012 年再次当选总统后，执政重点则放在团结和稳定上。东正教的教义符合普京的"主权民主论"，成为俄罗斯的国教，在稳定民心、维护民族价值认同感方面的意义不容忽视。

一　东正教对俄罗斯外交的影响

俄罗斯的东正教和外交密切相关，东正教教会在历史上就承担着国家的外交重任，它是俄罗斯外交政策的忠实参与者、宣传者和执行者。[①] 冷战结束后，东正教得到复兴，教会积极介入俄罗斯国家外交事务，甚至影响俄罗斯对外政策的制定和执行。

1. 东正教教会介入俄罗斯外交的方式

第一，积极参与地区维护和平行动。东正教教会与俄罗斯政府有相同

---

① 戴桂菊：《俄罗斯东正教会的外交职能》，《世界宗教文化》2014 年第 2 期。

的政治利益诉求，二者也有相同的外交立场。冷战结束后，世界范围内发生了几次大的地域性冲突，如1999年的科索沃战争。科索沃属于南联盟国家的东正教文化区域，其中塞尔维亚人和阿尔巴尼亚人矛盾多发，北约的压力和轰炸南联盟的行动，使这一地区的矛盾更加复杂化。俄罗斯反对以美国为首的北约介入，俄罗斯东正教教会一方面联合国内宗教联合会的各大首脑举行会议并发表声明，谴责美国轰炸南联盟的行动违反了国际法，随后致函联合国秘书长、美国总统以及塞尔维亚教会进行斡旋；另一方面身体力行地与欧洲教会联盟的代表进行沟通协作，制定文件，最终决定塞尔维亚人从阿尔巴尼亚人地区撤兵。① 俄罗斯东正教教会的努力对这一地区的和平与稳定做出了巨大的贡献，同样可见，教会配合国家的外交不遗余力。除此之外，东正教教会与国家外交部门积极协调与合作，参与解决了诸如车臣战争、巴以冲突等众多国际安全事务。

第二，加强与海外东正教教会的联系。除了在维护地区和平方面发挥重要作用以外，俄罗斯东正教也通过加强与海外东正教教会的联系，在世界范围内保持俄罗斯文化的政治影响力，这与俄罗斯政府制定的"主权民主"原则相契合，是俄罗斯贯彻实行的一个战略步骤。21世纪初，俄罗斯外交部与东正教教会共同制定并实施了一系列重要的国际外交活动方针。其中之一即是向海外的俄罗斯同胞以及东正教教会提供帮助，在文化和宗教上同他们加强联系，帮助他们更有效地捍卫自己的权利。更重要的是在世界范围内保存俄罗斯历史文化遗产和语言，进一步说则是在俄罗斯境外保持其文化政治影响力。2014年克里米亚公投事件集中反映了东正教的影响力，俄罗斯东正教教会利用宗教优势团结乌克兰地区的东正教人士，顶住西方国家制裁和武力干涉的压力，为俄罗斯积极地谋求地缘政治利益，将天然的战略屏障向西扩大。在这一国际事件上，东正教既起到了凝聚国民向心力的作用，也顺利成为俄罗斯外交上的独特资源，为俄罗斯维护国家利益提供了巨大的精神支持。

第三，参加世界文化交流与宗教活动。1999年12月30日普京在《千年之交的俄罗斯》演讲中，明确提出要重视传统文化的巨大作用，指

---

① 张雅平：《东正教与俄罗斯社会》，社会科学文献出版社，2013，第194页。

出俄罗斯民族团结的支柱之一就是"俄罗斯自古以来的传统的价值观"。2012 年普京再次执政，更加肯定了传统价值观念的影响力。他在接见俄罗斯的外交工作人员时指出，古典式外交正走向过去，要更加积极地利用公共外交和超前的视野开展外交工作。[①] 这表明俄罗斯正逐渐改变过去的强势军事资源外交，体现了普京对塑造俄罗斯国家形象、提升俄罗斯国际地位的重视。普京认为，打造"软实力"，应以国家在精神、文化和知识领域所取得的成就为依据。[②] 东正教被冠以仁爱、宽容、慈善和忍让的标签，集中体现了人类的美好品质和正面的价值观念。又加上东正教在俄罗斯形成之际就已传入，可谓一个宗教贯穿于俄罗斯的历史过程，因此，俄罗斯外交部认为其最有理由成为俄罗斯向世界推广的理念，因为它富有俄罗斯特色的文化思想和外交理念。东正教利用自身优势，使俄罗斯在世界范围内与他国的文化交流变得频繁。东正教教会拓展自身力量，积极去国外宣教并且建立自己的教堂。2006 年，由俄罗斯东正教教会出资，在朝鲜建立的第一所东正教教堂开始投入使用。2008 年，在古巴首都哈瓦那也建立了一所东正教的教堂，这是俄罗斯利用宗教开展外交的成功事例。2008 年，俄罗斯政府参与策划，以东正教教会为主体，在拉丁美洲开展了"俄罗斯宗教活动日"，这个活动有 7 个拉丁美洲国家的东正教教会参与，声势浩大。通过一系列活动，俄罗斯与拉丁美洲的文化交流得到加强，也使俄罗斯在拉丁美洲有了发动外交攻势的起点。

2. 东正教对俄罗斯外交决策的辅助作用

第一，致力于开展软实力外交。普京在 2007 年的一次全俄记者会上提到，俄罗斯的传统宗教和核能战略作为两张盾牌都是巩固国家体制的要素，是对内和对外保障安全的必要前提，[③] 对于俄罗斯的发展而言，人民精神上的团结和道德准则的一致与政治和经济的稳定同样重要。2012 年普京在两年一度的驻外使节会议上重新提出软实力建设，即开展软实力外交。东正教是软实力中体现俄罗斯民族文化底蕴和政治诉求的重要代表，

[①] 黄登学：《普京新任期俄罗斯外交战略析论》，《俄罗斯东欧中亚研究》2014 年第 2 期。

[②] 刘莹、关海庭：《新时期俄罗斯外交转型中的软实力政策调整》，《东北亚论坛》2015 年第 1 期。

[③] 门小军：《俄罗斯的现代化：没有目的地的转轨》，《中国科学报》2010 年 4 月 22 日。

普京提出的软实力外交于 2013 年被写进了《俄罗斯联邦外交政策构想》。在普京强国政策和主权民主的大政方针指导下，俄罗斯在政治、经济、军事、文化领域唱响了"不受外来干涉"的主旋律。俄罗斯要发展自身的软实力，传统宗教东正教就符合所有要求，其实当时俄罗斯国内的各大传统宗教都在积极寻求自己的位置，来发展自己的文化，但毋庸置疑的是，东正教是俄罗斯境内组织规模最大、影响最深、信仰人数最多、对境外影响力最大的宗教。由此，东正教介入对外事务，契合了俄罗斯外交的利益诉求，成为俄罗斯处理外交事务的又一新型力量。

第二，加紧整合海外俄罗斯人。俄罗斯东正教教会在积极提升宗教影响力的同时，也在无形中提升了俄罗斯的外交实力，这对于俄罗斯整合整个世界上的俄罗斯人有重大的意义。2007 年，莫斯科教区的大主教阿列克谢二世与海外分散各地的东正教主教共同进行了合并一事，这个合并，意味着俄罗斯将自身东正教的文化遗产在全世界范围内保存和流传下来，将东正教的书籍、语言、宗教仪式更加规范地统一起来。而对俄罗斯政府而言，合并不单纯是宗教问题，更是利用东正教对海外的俄罗斯人进行整合，以便在平衡地缘政治的战略中发挥作用。实际上，东正教与俄罗斯国家的形成和逐步壮大是分不开的，从政权伊始的拜占庭植入到沙皇时期的政教合一，即使苏联时期受到排斥，也并没有被赶出俄罗斯，而是一直在延续。随着冷战结束后东正教的复兴，东正教教会在世界上不少国家建立了自己的教堂，积极宣扬俄罗斯传统宗教和文化。

第三，积极拓展后苏联空间。苏联解体之前，白俄罗斯、哈萨克斯坦、波罗的海三国、乌克兰等国家都受到俄罗斯宗教文化、思维方式、道德观念、风俗习惯的影响，这种影响潜移默化地使这些国家开始使用统一的官方语言——俄语。但当独立之后，俄语被波罗的海国家、乌克兰和格鲁吉亚等国严重控制使用，原因是这些国家认为自己在历史上受到了不公正的待遇。获得独立后，这些原苏联加盟共和国表现出了近乎亢奋的民族意识，极力地强调民族语言的重要性。[①] 这样一来，东正教教会就成为俄罗斯联系苏联国家的一种渠道。俄罗斯东正教教会通过同教之间的作用，缓和了与

---

① 许华：《俄罗斯借助俄语在后苏联空间增强软实力》，《俄罗斯学刊》2012 年第 10 期。

一些地区的政治冲突，同时积极与俄语国家之间建立友好联系。虽然其中有波折，但东正教的做法促使俄罗斯外交导向的改变，其开始寻求利用宗教加强与东欧和苏联国家的沟通，并努力去拓展后苏联的战略空间。

3. 东正教介入俄罗斯外交的原因

第一，弥赛亚意识的驱使。古罗斯帝国的形成和发展都离不开东正教教会的支持。事实上，俄国历史上政教关系多半是积极合作的关系，东正教教会始终努力维护国家政权的稳固，这与东正教的价值观和教义内容是分不开的。而东正教存在并发展这么多年来，弥赛亚意识始终贯穿其中，与西方信仰的天主教教会一样，东正教教会的弥赛亚意识也非常强烈。具体来说，弥赛亚意识就是东正教认为自身具有拯救整个人类和宇宙的使命，俄罗斯人民具有民族优越感，东正教应该与民族、世俗政权紧密结合在一起。除了东亚教教会的弥赛亚意识强烈之外，俄罗斯民族也在漫长的历史过程中将这种理念与自身的价值观相融合。再加上俄罗斯众多学者数百年的补充和完善，逐渐发展成为东正教的核心价值观。[①] 东正教把这种使命感贯穿于整个国家政权中，无论经历过什么挫折和打压，东亚教教会都会积极拥护和践行当前政府出台的政策和措施，无论是在国家危急关头还是国家和平发展的年代，东正教教会都会积极介入俄罗斯的外交活动。

第二，东正教自身发展的需要。冷战结束后，东正教总结经验教训，认识到只有配合政府积极寻求合作，才能有利于自身的发展壮大，扩大自身影响力。东正教积极寻求与国家政权的合作，在对外事务中争取与政权当局保持一致的立场。在发展软实力的国家建设中，东正教的作用凸显，其积极宣扬俄罗斯的传统文化，配合宗教宣教。2003 年初，俄罗斯莫斯科大主教阿列克谢二世在俄罗斯联邦外交部的外交委员会会议上阐述了教会参与俄罗斯外交的愿景和东正教教会为达到这一愿景所发挥的作用。大牧首在致辞中写道："致力于和平、关怀不幸、反对压迫，俄罗斯东正教教会拥护支持国家的这些外交行为，这也是东正教教会参与对外政治的职责所在。"[②] 东正教参与对外事务的作用是显而易见的，俄罗斯政府部门

---

① 赵淑芬：《俄罗斯外交文化的特点及影响》，《东北亚论坛》2004 年第 4 期。
② 林精华：《无处不在的身影——东正教介入俄罗斯社会政治生活试析》，《俄罗斯研究》2010 年第 5 期。

与东正教教会的紧密合作更能有效地保障国家利益。

第三，弥补传统外交缺陷的契机出现。"宗教热"近些年来成为一种文化现象，加上政府的重视、媒体的渲染，一些国家将宗教的精神内涵与国家外交的理念结合在一起，两者相互影响。通常宗教团体会借助外交力量来实现自身宗教目的或宗教使命，同时，宗教参与的外交形态也不拘泥于传统方式。宗教外交正在成为一种不同于传统外交的新外交形态，发挥了传统外交所不能发挥的作用。传统的外交方式即各国政府通过其驻外使节或政府官员的谈判和协商来调整和处理国家间的相互关系，[①] 包括政治方式、经济方式、军事方式、文化方式等。传统外交方式以政府间协商或谈判，或者是制定双边经济政策的方式来推动，而军事方式的外交一般用于比较紧张的国际关系之间，这种方式有时是直接动用或威胁使用暴力来进行军事干涉，有时则是秘密委派人员或组织潜伏至其他国家进行暴力活动。文化方式又称信息手段，强调的是利用信息交流加强国家间的联系。在国际冲突发生时，传统的外交方式有固有的弱点，即基于国家的利益来考虑，往往会出现事与愿违、外交成效不明显、冲突得不到解决的情况，而宗教力量可辅助解决这些问题。冷战结束之后的一段时间内，在车臣战争、科索沃战争后一些政治领土争议中，以及俄罗斯与东欧国家的外交关系建设中，东正教扮演着重要的角色。

二 东正教影响下俄罗斯外交面临的困境

冷战结束后，东正教介入俄罗斯外交有自己的愿景，不只是为谋求苏联时代的国家地位，也为自身的势力扩展描绘了一幅图景，它希望利用宗教的特殊作用来使国家重新回归到国际舞台的中心。良好的政教关系使以美国为首的西方国家深感不安，宗教背景下的外交政策也面临时间和实践的考验。

1. "一教独大"诱导"人权"问题

基督教世界的冲突，从古罗斯时代一直延续到了21世纪初，从未停止。天主教与新教势力相互依靠，国家间关系相对缓和，与东正教在各自

---

① 陈岳：《国际政治学概论》，中国人民大学出版社，2010，第140页。

的地理范围内形成了分庭抗礼的局面。各大宗教都致力于扩大自身影响，加强宣教，服务于国家利益，对于自身之外的其他宗教，均不承认其合法性。

有同源关系的三种宗教之间关系微妙，对待统一的观点从来也没有达成一致，冷战时期苏联莫斯科主教区的宗教领袖曾经指出，"如果有一天天主教、新教和东正教需要统一，也只能是统一至东正教之下"。① 事实上，俄罗斯在宗教问题上对外的态度一向如此坚定。2007 年，俄罗斯东正教领袖接待了罗马天主教代表团，但双方的交流仅停留在外交层面。究其原因，当时代表美国和西方国家势力的天主教和新教教徒在俄罗斯境内传播自己的宗教而非东正教。之后阿列克谢二世也通过联系梵蒂冈政府和宗教部门，试图解决东西教会的冲突和纷争。美国国会由此对俄罗斯的"人权"提出了疑问并公开了一份关于俄罗斯宗教自由状况的报告。美国宗教问题专家称：俄罗斯东正教教会和国家的关系太近，政府高抬东正教、鼓励宗教不宽容，纵容俄罗斯族特别是虔诚信教者的民族情绪。② 按照美国人权问题专家的说法，俄罗斯传统宗教控制着非传统宗教组织，导致社会上恐怖情绪的增长，民族和宗教之间的关系受到破坏。可见，由宗教问题诱发的国际人权争论又加深了美俄之间的裂隙，这也是东正教参与俄罗斯外交产生的一个负面效应。事实上，俄罗斯境内任何一种宗教的综合能力都不能与东正教相比。

2. 宽松的宗教外交政策引起西方对俄罗斯的演变及渗透

早在冷战时期，西方国家就一直没有放弃对苏联人民进行思想意识形态的渗透，以发达的物质文明动摇俄罗斯人原本的生活习惯和方式，输出麦当劳、摇滚乐、好莱坞电影等西方物质文化。苏联解体前后，政府放宽了宗教政策，大范围地实行政治经济体制改革，普京在执政之后提出要保持自身文化的价值，将东正教作为一种新型的外交资源加以利用。③ 这种宽松的宗教政策和以软实力拓展为契机的外交政策，提升了俄罗斯的国家

---

① 林精华：《无处不在的身影——东正教介入俄罗斯社会政治生活试析》，《俄罗斯研究》2010 年第 5 期。
② 张雅平：《东正教与俄罗斯社会》，社会科学文献出版社，2013，第 197 页。
③ 王英良：《普京新政与俄罗斯东正教会公共外交》，《西伯利亚研究》2014 年第 5 期。

形象，塑造了俄罗斯独特的文化底蕴。但在这个过程中，西方的价值观念、认知标准和体制制度也随之传入，东方因素在一定程度上受到了削弱和限制，这是冷战后世界发展的明显趋势。2003 年 11 月 26 日，莫斯科主教阿列克谢二世访问了高加索地区和爱沙尼亚的宗教领导人，在谈话过程中就出现了明显的分歧，爱沙尼亚教会明确表示要减弱其对俄罗斯东正教教会的依附，教会的职责主要也是要配合国家的政策，维护国家利益。又如美俄争夺的热点地区乌克兰，西方国家都在积极地进行意识观念的输入及渗透。不仅受到地缘政治的驱使，乌克兰同样也是宗教、种族问题的聚合点。

3. 弥赛亚意识加剧俄罗斯国际地位的边缘化

东西教会自 11 世纪正式分裂以来至 21 世纪初，双方在合法性、宗教话语主导权、信徒支持率和人数上处处存在竞争。[1] 13 世纪蒙古铁蹄入侵后，罗斯大公宁愿与信仰自由的族裔合作却与信仰同源的日耳曼人和北欧人抗争，从中可以看出双方之间的沟壑。

俄罗斯属于欧洲国家但又不全是欧洲国家，冷战结束之后，俄罗斯一直在经济、政治和文化方面走艰难的西化之路。转型期充满了挑战而且漫长，其根源就在于其学习的对象在文化、宗教、经济背景方面和自己有太大的差异，宗教之间的冲突以及由此引发的政治误解、军事之争和文化分歧都不曾间断。[2] 这种分歧最终使俄罗斯游离于东西方之间，不但未能融入西方文明，而且使西方国家对俄罗斯文明产生了偏见和歧视，同时对俄罗斯的意识形态、军事实力产生了恐惧。20 世纪末，某些国家在经济领域的高速发展与俄罗斯国内经济的不断衰退形成了巨大反差，同样极大地削弱了俄罗斯的国际威望与地缘政治权力。以上种种致使俄罗斯文明被边缘化，同时导致俄罗斯国际地位的边缘化。2017 年 2 月，德国与北约部署军队至立陶宛，并且按照计划，德国将向波罗的海和波兰部署四个营的兵力，以应对俄罗斯向西线增兵的威胁。这些都是俄罗斯国际地位边缘化的体现。

---

① 林精华：《无处不在的身影——东正教介入俄罗斯社会政治生活试析》，《俄罗斯研究》2010 年第 5 期。

② 陈树林：《东正教信仰与俄罗斯命运》，《世界哲学》2007 年第 4 期。

三　俄罗斯对东正教影响下的外交进行修正

21 世纪初，东正教在俄罗斯获得了自沙皇政权被推翻以来空前的复兴和发展。当然，东正教教会并不想停留于此，它希望在政治上有更大的话语权，在经济上有更多的自由权并参与文化教育领域，虽然无法恢复沙俄时代政教合一那样的地位，但其一直积极投身于国家的内政和外交中，在这个过程中不可避免会出现一些问题，需要俄罗斯当局积极应对，控制问题的范围和影响程度。

1. 确立"俄罗斯思想"

俄罗斯在西化的过程中不断碰壁，也深深意识到西方标榜的"民主自由"的弊病，[①] 因此需要做的是摒弃西方思想，强调探索适合俄罗斯国情的主流意识形态，确立符合本国国情的"俄罗斯思想"。主权民主理论正是为应对俄罗斯国内意识形态多元化，对抗西方的民主模式而做出的有益尝试。[②]

主权民主理论的主要内容是，提出主权与民主同等重要，原则上不受外来干涉。有国内学者称之为"摸着石头过河"。[③] 数年之后这一理论被证明对于维护和稳定社会秩序有良好的作用。至于美国关于宗教人权的质疑，也是俄罗斯自身民主与主权之内的事务。俄罗斯宪法规定了遵循宗教平等原则处理宗教事务。宗教信仰平等与西方国家所说的人权上的平等是不等同的，俄罗斯法律规定宗教平等的原则，但国内传统宗教的信教人数、受关注程度以及对国家所做的贡献都是不同的。值得一提的是，普京对待各种宗教一视同仁，在不同的宗教节日，都会分别发出贺信。这彰显了俄罗斯有能力、有信心处理自身内部多宗教文化背景下的融合与摩擦。

2. 重塑国家形象

俄罗斯与包括美国在内的西方国家缺乏基础的互动交流，由此引发了彼此的不信任与不安全感，传统外交主要依赖资源能源与军事实力的优

---

① President of Russia, "The Foreign Policy Concept of the Russian Federation", January 12, 2008, http://eng.news.kremlin.ru/ref-notes/460.

② 赵炜：《俄罗斯的边缘化身份及其对外交的影响》，《当代亚太》2015 年第 2 期。

③ 门小军：《俄罗斯的现代化：没有目的地的转轨》，《中国科学报》2010 年 4 月 22 日。

势，这也会在无形之中加剧俄美、俄欧之间的矛盾和分歧。冷战前后俄罗斯境内一系列的政治风波一度使俄罗斯的国家形象受损，而要改变这种现状，就要重塑俄罗斯的国家形象。

普京执政之后的外交方向明确，致力于发展自身软实力，开展了一系列的外交活动。他提倡利用宗教和平、亲和、道德的规范作用传递国家的外交意志，从而改善俄罗斯对外强硬的国际形象。除此之外，俄罗斯政府还通过媒体进行大量的国际公关与宣传活动，努力打造积极主动、充满活力的新国家形象，以消除国际社会对俄罗斯的偏见，尤其是西方国家对俄罗斯的恐惧和不安全感。

除了提升国家软实力，借助宗教方式拓展公共外交领域之外，俄罗斯也应该更加注重加强与独联体境内各国的交流与合作，构建共同的价值认同以反对西方的演变和渗透，同时巩固俄罗斯在独联体地区的影响力。①例如，举办各种形式的俄罗斯文化年活动，推广俄罗斯的文化与文学艺术，以及通过提升东正教教会的影响力，对外争取宗教价值观的主导权等。

3. 拓展面向非西方的外交

综合来看，无论是对于奥巴马政府的重返亚太战略还是新上任的特朗普总统为扩大美国影响力而推出的强军政策，亚太地区都将是美国外交战略布局的重中之重，面对美国全球战略性重点调整、继续扩充军备力量试图拉动新一轮军备竞赛的特殊局势，俄罗斯开展的宗教外交效果不佳，俄罗斯外交的出路在于其思维的转换，这就是"东向"外交战略布局。

冷战结束之后俄罗斯经历了巨大挫折与艰难转型，非常需要朋友或者伙伴，以减轻其在国际中的边缘化地位造成的孤独和不安。这一时期，明显的多极化趋势，以及非西方国家的日益崛起，都使俄罗斯意识到加强与日益繁荣的亚洲强国的联系的必要性，也成为其提升国际地位、改善处境的重要手段之一，在加强与亚洲国家联系的过程中，既采用了宗教方式，也采用了非宗教的国际交往方式。近年来，俄罗斯与亚洲国家的合作日益增多。

---

① 赵炜：《俄罗斯的边缘化身份及其对外交的影响》，《当代亚太》2015 年第 2 期。

此外，在特定的情况下，宗教也可以成为解决国际冲突的一种缓冲渠道。东正教在历史上不止一次充当了这种角色。国家间关系僵持时期，宗教可以成为沟通的一个独特平台，更加快速地打破僵局。这不仅适用于俄罗斯与苏联加盟国家的关系，也适用于美俄双边关系。因此宗教有其自身的优势，有时可以成为打破国际关系僵局的新要素。

宗教的回归反映了国际关系的"知识转向"，宗教信仰的复兴，填补了传统外交方式的空白区域，使"第二轨外交"形式更加丰富。[①] 俄罗斯作为传统的世界性大国，外交行为更是备受瞩目。东正教是俄罗斯转型复兴的重要精神力量，在拓展俄罗斯战略空间上有重要的意义，东正教为了发展自身力量同样需要政府的支持，其政治作用日渐显现，重新恢复其重要地位。但在多元化的社会大趋势下，东正教的路可以走多远，还未可知，因为俄罗斯受到"皇权治国，神权治教"的原则制约，即使普京大力推崇东正教，其也不可能恢复沙俄时期作为国教的重要地位。首先，政教分离的原则和事实让俄罗斯政府也不能逾越这一层，自幼受洗的普京也不止一次地强调"信仰乃个人私事"。其次，社会中苏维埃时期沉淀下来的无神论思想对东正教的发展有一种无形的制约。最后，东正教自身在适应俄罗斯当前现代化社会的发展与创新中也存在着不足与缺陷，即随着社会发展，宗教也具有了一定的世俗性。但是不可否认，对于俄罗斯人来说，他们已经将信仰、传统、道德、文化、礼仪、习俗融为一体，主宰这个民族的生活。普京对外交人员提出软实力问题，便为东正教领袖与联邦文化部继续合作定下了基调。1000 多年来，东正教在俄罗斯强国道路上扮演着重要的角色，在新的国际环境大背景下，它将一如既往地在俄罗斯推行大国外交政策的基调下发挥自身特有的影响和作用。

第四节　民族主义因素

苏联的解体把一个看似崭新实则千疮百孔的俄罗斯展现在世界面前，

---

① 秦亚青：《行动的逻辑：西方国际关系理论"知识转向"的意义》，《中国社会科学》2013 年第 12 期。

从此开始了它漫长的民族复兴和社会转型道路。俄罗斯独立后，叶利钦坚持自由主义实施的西化改革方案并未能拯救俄罗斯，反而使俄罗斯社会陷入了意识形态混乱的危机中，社会的激烈变革必然会伴随着思想的激烈碰撞，自由主义思潮、保守主义思潮、民族主义思潮等纷纷登上历史舞台。民族主义思潮的兴起，不仅给民族自尊心受损的俄罗斯人带来了思想上的光明，增强了民族的凝聚力，同时也为俄罗斯恢复国际地位、重回强国行列提供了思想上的助力。普京执政以来，民族主义的表现形式呈现多样性，国家民族主义成为民族主义思潮的主流并逐渐上升为国家意志，国家利益驱动下的大国主义与民族利己主义抬头，极端民族主义兴起。民族主义对俄罗斯产生了多方面的影响，包括促进俄罗斯社会由"乱"到"治"，不断提升俄罗斯的国际地位与国际影响力，而大国主义与民族利己主义倾向恶化了俄罗斯所面临的国际形势，极端民族主义思潮则严重破坏了俄罗斯的社会稳定。在民族主义影响下，俄罗斯的内政外交政策表现为：在政治上不断深化体制改革，在经济上通过"普京计划"不断融入现代化和创新理念，在外交上向务实与平衡相结合的全方位外交政策方向发展，在国家安全方面加大力度打击极端民族主义。

一 普京执政时期俄罗斯民族主义思潮的特征

随着苏联的解体，俄罗斯社会陷入了意识形态的空洞，社会的激烈变革促使一系列社会思潮广泛兴起。普京执政后，意识到民族主义对于团结民众、整合社会的巨大作用，于是逐渐将其融入自己的治国理念，应用在俄罗斯的内外政策之中。在政府对民族主义的引导利用以及俄罗斯人强烈的国家复兴愿望的促进下，普京执政以来民族主义思潮逐渐发展和兴盛。

1. 民族主义表现形式①呈现多样性

温和的民族主义主要是指那些"视民族国家为根基，在政治上持中间立场，既维护民族国家的正当利益，又能理性地看待外部世界"的民族主义。而在温和的民族主义中，普京主张的国家民族主义是其典型代

---

① 这里我们借用中国学者张昊琦的分类，根据民族主义的表现形式及其内在气质，将俄罗斯的民族主义分为温和的、激进的和极端的民族主义。参见张昊琦《当代俄罗斯民族主义》，《俄罗斯中亚东欧研究》2008 年第 3 期。

表。国家民族主义在普京执政期间逐渐上升为民族主义思潮和意识形态的主流，并在普京政府的内外政策上有所体现。它与俄罗斯国家利益是相一致的，是俄罗斯为了维护自身利益而在国际关系中表现出来的带有倾向性的思想和行为，是通过国家形式表现出来的当代民族主义。①

"激进民族主义主要指的是那些政治思想上十分激进，带有强烈的帝国与强权主义色彩，并对本民族具有一种非理性的情感上的表达。"② 俄罗斯的激进民族主义者往往打着"爱国"与"民族复兴"的幌子，意图重现俄罗斯历史上的帝国姿态。而这种"爱国主义"往往是一种被异化的、狭隘的民族情感。爱国主义一旦被用作为动员社会群体的一种政治力量，就容易被上升为意识形态，并极易为民族主义赋予更多偏激与狭隘的成分。苏联解体后，叶利钦西化方案的失败使俄罗斯民众原本迷茫的思想更加混乱，俄罗斯人普遍感到迷茫与无所适从。普京执政时期，民族主义思潮兴起，激进民族主义也在此时利用民众对民族复兴的强烈愿望乘虚而入，并通过俄罗斯自由民主党、俄罗斯共产党等一系列政党的政治主张表现出其复兴俄罗斯曾经的帝国荣耀的思想。因此，激进民族主义思潮也不断地发展壮大。

极端民族主义思潮具有严重的排他性和进攻性，坚持俄罗斯民族的优越性与独特性，忽视少数民族的地位与作用。冷战结束后，苏联解体和东欧剧变等事件引发了第三次世界民族主义浪潮，这场浪潮以民族分离为主要特征，在这次民族主义浪潮中，民族极端势力迅速发展。尽管苏联已经解体，但俄罗斯境内的极端民族主义者仍在伺机而动，"光头党"等极端民族主义势力表现出强烈的破坏性。普京执政以来，尽管对极端民族主义势力采取了一些法律措施进行控制，但俄罗斯的极端民族主义思潮始终在俄罗斯人尤其是俄罗斯青年人之中传播和蔓延，对俄罗斯社会稳定的维护及国际形象的重塑都造成了许多负面影响。

2. 国家民族主义成为民族主义思潮的主流并逐渐上升为国家意志

所谓国家民族主义，就是"通过国家形式表现出来的与国家利益相

---

① 张昊琦：《当代俄罗斯民族主义》，《俄罗斯中亚东欧研究》2008 年第 3 期。

② 张昊琦：《当代俄罗斯民族主义》，《俄罗斯中亚东欧研究》2008 年第 3 期。

吻合或一致的民族主义，即民族主义的国际表现"，"它是相对于国内民族主义而言的，是以民族国家为基本单位、以民族国家利益为核心的，反映了某个民族国家与其他民族国家以及当今世界的关系，是民族国家存在的基本方式"。① 国家民族主义的概念十分复杂，它不仅融合了东正教的保守思想与价值观，还包含了俄罗斯传统的大国主义倾向，因此国家民族主义兼具保守性与进攻性的特点。

普京执政以来，来自西方的意识形态上的渗透及其不断的政治行动给俄罗斯造成巨大的冲击，如 2003 开始的独联体的"颜色革命"以及北约不断的东扩动作都给普京政府带来了很大的压力。普京意识到国家民族主义中所蕴含的民族精神与国家利益的结合对俄罗斯政治经济机制的改革以及俄罗斯大国地位的重建具有重要的促进作用。针对当时俄罗斯经济疲软的状况以及衰微的国际地位，普京提出的国家民族主义是一种"典型务实的民族国家复兴主义"。② 普京发表的被称为纲领性的《千年之交的俄罗斯》一文，提出了"俄罗斯新思想"，强调"俄罗斯人自古以来就有的传统价值观"——爱国主义、强国主义、国家主义和社会团结。③ 尽管普京的国家民族主义中蕴含了诸如传统的大俄罗斯主义、民族利己主义以及保守的东正教的价值理念等思想，但他还是保持了一种相对理性与中立的态度。普京在执政的前 8 年时间内，一直着力推行国家民族主义，使其迅速成为当时俄罗斯意识形态的主流，使国家民族主义在俄罗斯内外政策的制定中都发挥了至关重要的作用。

从 2008 年 5 月 7 日起，梅德韦杰夫接替普京成为俄罗斯新一任总统，普京出任总理一职，俄罗斯政坛上的"梅普组合"正式成立。普京曾评价："梅德韦杰夫同我一样，也是一个地地道道的俄罗斯民族主义者。他是真正的爱国主义者，他将以积极的姿态维护俄罗斯在国际舞台上的利益。"④ 梅德韦杰夫在上台后继续延续和贯彻普京的"俄罗斯新思想"。梅德韦杰夫基本上延续了普京执政时期的国家民族主义理念，并且更加注重

① 李兴：《论国家民族主义概念》，《北京大学学报》（哲学社会科学版）1995 年第 4 期。
② 张昊琦：《当代俄罗斯民族主义》，《俄罗斯中亚东欧研究》2008 年第 3 期。
③ 汪宁：《普京的俄罗斯新思想》，上海外语教育出版社，2005，第 154～155 页。
④ 王伟：《梅德韦杰夫的外交选择》，《当代世界》2008 年第 6 期。

增强俄罗斯的军事力量，加强对独联体国家的干涉与控制，从而实现重塑俄罗斯大国形象的目的。在普京8年执政的基础上，俄罗斯的国家民族主义在"梅普组合"时期获得了更加长足的发展。

2012年俄罗斯总统大选，普京以64.9%的得票率胜出，再次入主克里姆林宫，学术界一般称之为"普京新时期"。① 普京新时期面临着一系列的政治与经济难题以及复杂的国际局面。通过考察俄罗斯对乌克兰危机的处理方式、对萨德入韩的态度、与日本在南千岛群岛问题上的交涉，不难发现，坚持国家利益的国家民族主义始终是普京执政理念的一个重要思想。它经过普京前期执政的8年、"梅普组合"时期到现在的普京新时期，已经渐渐从一种亚意识形态和社会思潮发展成为国家意志，国家民族主义在当前这一时期将会被作为国家意志应用在更多内政外交中，并且将更具进攻性倾向。

3. 国家利益驱动下的大国主义与民族利己主义或将抬头

任何一种思潮都是在特定的民族历史与传统文化中衍生并发展出来的，因此俄罗斯的民族主义蕴含着本民族的特点与属性。"民族主义与现代民族国家的形成相伴随，逐渐成为一种思想理论和政治意识形态。"② 俄罗斯的民族主义是在不断的侵略与被侵略的过程中逐渐形成的。俄罗斯由于独特的地理位置，自国家形成以来就一直受到其他民族的入侵。在抵抗外来势力入侵的过程中，俄罗斯人的民族意识开始觉醒，并开始与国家利益联系在一起，俄罗斯逐渐建立起专制主义庞大的国家机器。随着19世纪沙俄政府开始将民族主义作为加强其对内统治和对外扩张的思想武器，民族主义中的帝国主义与民族利己主义思想开始通过各种形式显露出来，影响着俄罗斯内外政策的制定。

普京执政后不久，在《千年之交的俄罗斯》一文中指出："俄罗斯已经有沦为世界二流国家甚至是三流国家的可能。"③ 尽管普京承认当时的俄罗斯在国际上已经不是最为发达的国家，国际地位也有所衰落，但普京在2000年的国情咨文中仍强调俄罗斯并不是一个弱国，俄罗斯唯一现实

---

① 庞大鹏：《普京新时期的俄罗斯（2011～2015）》，社会科学文献出版社，2017，第3页。
② 张昊琦：《当代俄罗斯民族主义》，《俄罗斯中亚东欧研究》2008年第3期。
③ Путин В. В. Россия на рубеже тысячелетий// Независимая газета, 30 декабря 1999 г.

的选择是做强国，做强大而自信的国家。他利用当时正蓬勃发展的民族主义思潮，提出了"强大的俄罗斯，统一俄罗斯"的口号，采取了一系列政治经济上的强硬措施，对俄罗斯经济的复苏和社会的稳定做出了巨大的贡献。与此同时，我们也不难发现，无论是在回答电视观众的提问，还是在国情咨文甚至是他的"俄罗斯新思想"中，普京无时无刻不表现出民族复兴与重建强国的愿望。正如一位德国学者所说："普京正在把心中的理想变成现实，使俄罗斯重新成为伟大的强国。"① 因此，从本质上来讲，普京治国思想的最终目的还是要恢复俄罗斯的强国地位。随着普京政府一系列政策的实施，包括干预独联体国家间事务以寻求恢复在国际上的话语权等行为，都体现出普京的国家民族主义中依然蕴含着大国主义与民族利己主义思想。

　　为了不使自己的强国梦落空，普京选择推出梅德韦杰夫作为自己的继承者，俄罗斯政坛随之进入"梅普组合"时期。梅德韦杰夫主要继承和延续了普京此前的治国理念，包括"普京新思想"的内涵，复兴经济的"普京计划"，以及普京苦心经营试图实现的俄罗斯强国梦。教师出身的梅德韦杰夫在个人性格上不像普京那样果断与强硬，一方面，在治国理念上相对温和与谨慎，更融入了自由主义的思想，在与西方国家的交流中也更具理性的思考；另一方面，在实现俄罗斯民族复兴、重塑俄罗斯强国地位这一战略目标上，梅德韦杰夫丝毫不比普京逊色。因此，可以说，在国家利益的驱动下，民族主义中蕴含的大国主义与强国意识在"梅普组合"时期只是在表现方法上相对温和，但是并没有因领导人的个人因素而受到任何打击。而且，由于俄罗斯社会在普京8年的治理下趋于稳定，国际地位有所提升，重回大国行列的愿望以及深藏其中的大国主义思想倾向有所强化。

　　2012年普京在总统竞选纲领中提到，"近年来，俄罗斯已经恢复了其作为领先的世界强国之一。不断增加的威信需要它在参与国家事务时更加积极"，"俄罗斯不会在挑战面前后退"。② 从普京的总统竞选纲领以及俄

---

① 张振、陈香兰：《论国家民族主义对普京执政以来俄罗斯外交政策的影响》，《俄罗斯中亚东欧研究》2008年第4期。

② Программа Владимира Путина 2012 - 2018. Проект. 12 января 2012. http：//er. ru/news/71489/.

罗斯在乌克兰危机事件中的政策反应可以看出，虽然当前俄罗斯在经济与国际关系上面临着种种困难，但普京政府仍然高举民族主义大旗，面对复杂的国际形势面前表现出了更加强硬的态度，在宣扬俄罗斯传统价值观的同时，继续推进俄罗斯的强国思想。虽然普京的执政理念蕴含了不少保守主义的思想，但俄罗斯根植于民族主义中的大国主义与民族利己主义仍不排除有抬头的可能。

4. 极端民族主义兴起泛滥，并将引发更多社会问题

在现代民族国家发展过程中，理性的民族理念常常可以作为民族发展的一种精神动力，这种精神动力在一定程度上可以增强民族的凝聚力和自信心，对社会的稳定与经济的繁荣具有巨大的促进作用，但非理性的、极端的和激进的民族主义则会对国家发展和社会稳定造成极大的破坏。极端民族主义的兴起与泛滥也是普京执政时期民族主义思潮不能忽视的一个特点。

"摩根索认为，现有的社会结构的解体、个人的不安全感和社会的不稳定为民族主义的产生提供了温床，而且，极有可能发展成为极端的民族主义。"① 俄罗斯的极端民族主义思潮正是在这样的背景下滋生繁衍起来。纵观普京执政的各个时期，极端民族主义思潮从未衰落。它虽然不及其他社会思潮那样得到普遍的认识与支持，但对社会稳定的影响力极大。20世纪90年代，众多打着民族主义旗号的极端主义组织纷纷登上历史舞台，如"俄罗斯民族统一党"、"自由党"、"人民民族党"及"我们的事业"运动等。它们公开地宣扬种族主义与排外思想，促进了激进民族主义的进一步发展。

在普京8年执政时期，俄罗斯国内的极端民族主义以"光头党"为代表，对其他民族采取暴力的行为与手段，严重危害了俄罗斯国内其他民族民众的生活，对俄罗斯的社会稳定及国家形象也造成了严重的损害。虽然普京在执政之初就对极端民族主义采取了一系列措施，如颁布《反极端行为法》，但并未取得明显成效，俄罗斯国内的极端民族主义分子依然

---

① 徐大同：《当代西方政治思潮：20世纪70年代以来》，天津人民出版社，2001，第205页。

十分猖獗。

进入"梅普组合"时期，随着国际金融危机的爆发，俄罗斯经济受到了一定的打击，俄罗斯人的生活受到了严重的损害，许多俄罗斯人面临着失业的危机。对政府的失望加上对其他民族的排斥情绪，导致极端民族主义泛滥。俄罗斯族与少数民族爆发了许多大规模的暴力冲突事件，对俄罗斯的社会稳定造成了极为恶劣的影响。

2014 年，随着俄罗斯所面临的国际局势不断恶化，"俄罗斯国内的民族矛盾与移民问题的紧张感发生了转向"。俄罗斯民众更多地担忧来自西方国家的威胁，他们"将美国看作最大的敌人和恐怖威胁，这种情况部分地消解了国内族际及移民的矛盾，国内族际矛盾让位于国际矛盾"。①但是这并不意味着俄罗斯国内极端民族主义的消退。随着国际恐怖主义的蔓延，俄罗斯的极端民族势力与极端宗教势力开始与国际恐怖主义相勾结。可以预见，极端民族主义思潮将会引发俄罗斯更多的社会问题。

二 普京执政时期民族主义思潮对俄罗斯社会的影响

民族主义思潮作为当代俄罗斯社会上最具影响力之一的意识形态，在普京执政之初就被融入其执政理念并一直延续下来，对俄罗斯的社会发展及国际地位的提升都产生了十分积极的作用。但是民族主义是把双刃剑。由于俄罗斯民族主义自身所固有的狭隘性，以及根植于民族主义内核中的大俄罗斯思想与民族利己主义，俄罗斯的民族主义极易滑向极端主义与民族沙文主义的深渊，从而对俄罗斯的内政外交都产生不利的影响。

1. 民族主义促进俄罗斯社会由"乱"到"治"的转变

苏联解体后，叶利钦推动俄罗斯进行全盘的西化，但自由主义使整个社会陷入了更大的混乱中。俄罗斯面临着该走什么样的道路等一系列方向性问题。

世纪之交，普京从叶利钦手中接管了一个千疮百孔的俄罗斯，从此俄罗斯开始了艰难的社会转型之路。民族主义思潮由于其蕴含的民族精神安

---

① 庞大鹏：《普京新时期的俄罗斯（2011～2015）》，社会科学文献出版社，2017，第 208页。

慰了俄罗斯人，从而成为当时俄罗斯影响力最大的思潮之一。普京上台后意识到俄罗斯这种独特的民族主义思潮已经改变了人们的政治价值观，于是巧妙地利用这一思潮对国家进行整合。普京通过"俄罗斯新思想"等一系列思想纲领宣扬俄罗斯传统的价值观，即爱国主义、强国意识、国家主义和社会团结，提出走一条符合本国国情的独特发展道路在民族主义的影响下，俄罗斯人民开始要求国家的强大与统一，国家的作用被重视，普京通过推进政治和经济体制改革遏制了国家进一步倒退的趋势，对于维护社会稳定起到具有十分重要的作用，俄罗斯社会的混乱局面得到了有效的控制，并逐渐向更加有序的方向发展。可以说，在普京8年执政时期，俄罗斯的民族主义极大地缓和了俄罗斯人的信念危机，并对普京的执政理念起到了导向作用，对于整合俄罗斯社会力量、促进俄罗斯社会由"乱"到"治"的转变起到了不可小觑的作用。

　　"梅普组合"时期，梅德韦杰夫在执政理念上基本继承了普京的思想，坚持民族主义在意识形态上的主流地位，强调恢复大国地位与实现民族复兴的战略目标，宣言爱国主义与民族团结。在经历了普京8年的治理后，俄罗斯开始走上了一条符合自己特色的民族振兴之路，但摆在"梅普组合"面前的政治与社会问题依然十分严重。梅德韦杰夫政府面临着许多普京遗留下来的负面政治与经济遗产，包括在政治上普京未能完全解决的官僚体制的效率低下和腐败问题，以及普京执政时期形成的能源依赖型经济结构等问题。[①] 为缓解当时俄罗斯政治与经济体制上的弊端对社会造成的影响，在民族主义与国家利益的驱动下，梅德韦杰夫自上台开始便加紧推进政治体制改革并推出了经济现代化方案，在一定程度上缓解了俄罗斯社会的尖锐矛盾。虽然有学者指出，梅德韦杰夫的这些整治措施不过是"稍稍松了一下拧得过紧的螺丝，"[②] 但它们仍在一定程度上缓和了社会的不满情绪，团结了俄罗斯的社会力量。由此可见，在"梅普组合"时期，民族主义作为整合社会的工具，继续推动俄罗斯社会向更加稳定的

---

① 邢广成、张建国主编《梅德韦杰夫和普京：最高权力的组合》，长春出版社，2008，第128页。

② 高晓惠：《梅德韦杰夫总统执政之路》，载徐向梅编《俄罗斯问题研究（2010）》，中央编译出版社，2014，第30页。

状态发展。

普京在 2012 年国情咨文中提到，要促进俄罗斯社会的稳定，增强民众对政府的信任感与依赖感，政治改革是必不可少的。国际金融危机的深层次影响依然在继续，俄罗斯经济体制及架构的缺陷也日趋明显，畸形的能源依赖型经济结构严重影响了经济的稳定，使俄罗斯人的生活水平大幅下降，对政府的不满也有所增加。因此，如何改善俄罗斯的政治与经济生态，提升民众对普京政府和国家的信任感，满足俄罗斯人的民族复兴愿望，是普京政府在新时期重点关注的问题。普京政府采取了俄罗斯政党制度改革、地方行政首长恢复直选以及推动创新型经济发展等一系列政治经济措施，旨在克服这种政治经济领域的弊端，促进俄罗斯政治经济结构的改革与社会的稳定，从而恢复俄民众对政府的信心，满足民族主义思潮的利益诉求。纵观普京执政的各个时期，民族主义通过弥补俄罗斯社会意识形态的真空、团结民众、加大民众对政府的支持以及整合社会资源，促进了俄罗斯社会由"乱"到"治"的转变。随着普京政府日后的政策推进，民族主义将会在俄罗斯社会由"治"转"兴"的过程中发挥更加重要的角色。

2. 国家民族主义不断提高俄罗斯的国际地位与国际影响力

"国家民族主义是以民族国家为基本单位、以民族国家利益为核心的，它反映了某个民族国家与其他民族国家以及当今世界的关系，是民族国家存在的基本方式，因而是一种能在国际政治中发生作用和影响的力量和因素。"① 苏联解体后，叶利钦主张向西方靠拢，时刻宣扬俄罗斯是西方的一部分，并向西方国家寻求经济上的援助。然而事实证明，俄罗斯并没有获得西方国家的实质性帮助，反而随着北约的东扩，俄罗斯的战略空间被逐渐挤压。俄罗斯人的民族自尊心随之被激起，他们要求建立更加强大的国家，俄罗斯的民族主义思潮开始蔓延到俄罗斯的外交中。普京上台后，顺应这种思潮，将民族主义融入了自己的外交理念，并逐渐使之成为外交思想与理念的基本导向。在国家民族主义的指引下，普京理性又以务实的外交政策为俄罗斯在国际社会上打开了一个全新的局面，俄罗斯的国

---

① 李兴：《论国家民族主义概念》，《北京大学学报》（哲学社会科学版）1995 年第 4 期。

际形象和国际影响力都有了极大的提升。

梅德韦杰夫曾公开表示："我们应该执行独立自主的外交政策,这是8年来我们一直执行的外交政策。它的主要含义就是在现行国际法的框架内使用一切可能的手段全方位地保护俄罗斯的利益。"[①] 梅德韦杰夫担任总统期间,在继承普京"务实外交"理念的同时,更加追求理性的国家民族主义,外交理念与战略更加趋于谨慎与温和,在处理与西方国家的关系时也更加理性。通过加强与美国的战略对话等一系列措施,将俄美关系逐渐带出了死胡同。"梅德韦杰夫正试图塑造一个正常的、现代化的国家形象,这个国家完全能够理智和务实地建立与伙伴之间的关系。"[②] 梅德韦杰夫通过利用国家民族主义中的积极思想,追求正当的国家利益,并辅之以更加温和的政策行为,对恢复俄罗斯国际地位、重塑俄罗斯大国形象产生了不可忽视的作用。

进入普京新时期,随着乌克兰危机影响下西方国家对俄罗斯的制裁以及北约东扩步伐的加快,俄罗斯面对的国际形势更加严峻。普京依然坚持国家民族主义的利益诉求,追求强国地位与大国外交的战略目标不动摇。虽然国家民族主义中蕴含的大国主义倾向可能会在一定程度上损害俄罗斯的国际形象,但不可否认的是,国家民族主义影响下普京政府的外交理念的确有利于增加俄罗斯在国际上的话语权,提高俄罗斯的国际地位。可以预见,未来国家民族主义将对俄罗斯的国际影响力产生更加重要的影响。

3. 大国主义与民族利己主义倾向恶化俄罗斯所面临的国际形势

"国家民族主义这个概念从含义上讲不带有褒贬性质,是一个中性的概念。"[③] 如果某国在追求本国利益的同时尊重与维护别国的利益,以正当的外交行为寻求国际影响力与国际地位的提升,那么国家民族主义发挥着正面的作用,对该国国际地位的提升也大有裨益;相反,如果某国寻求本国的利益是以威胁和损害其他国家的利益为前提的,那么这种国家民族主义往往发挥消极的作用,对该国的国家形象与国际地位都会造成严重的负

---

① 王伟:《梅德韦杰夫的外交选择》,《当代世界》2008 年第 6 期。
② 〔俄〕亚·别鲁扎:《梅德韦杰夫两年扭转"俄罗斯形象"》,贝文力编译,《社会科学报》2010 年 6 月 17 日,第 007 版。
③ 李兴:《论国家民族主义概念》,《北京大学学报》(哲社版) 1995 年第 4 期。

面影响。因此，国家民族主义在外交上的影响往往具有双面性。

普京执政以来，一直以温和的民族主义为政治导向，在谋求大国地位的外交理念中也主要采取理性的国家民族主义，即谋求国家正当的利益。但是，不可否认的是，俄罗斯独特的民族主义所蕴含的大国主义与强权意识始终根植于国家民族主义的内核中，并随着外交政策的执行进一步显露出来，对俄罗斯的大国形象造成了严重的损害。普京执政后计划通过干预独联体国家事务等一系列举动来迅速恢复俄罗斯在国际上的地位，加强在国际上的话语权，这种方法诚然是有效的，但也具有一定的消极影响。其中，格鲁吉亚对俄罗斯支持阿布哈兹的态度十分不满，加快了脱离独联体的脚步，2008 年格鲁吉亚正式宣布退出独联体。这对俄罗斯阻挡北约东扩、保持自己的战略空间具有十分严重的影响，俄罗斯的国际形象也因对东欧国家的过度干预而大大受损。因此，在国家民族主义推动俄罗斯外交向着更加良好方向发展的同时，我们不能忽视其中所包含的大国主义与民族利己主义等倾向对俄罗斯国际形象与国际影响力造成的损害。

"梅普组合"时期俄罗斯外交理念的核心依然是维护本国的国家利益，随着国际局势的不断变化，俄罗斯在北约东扩、"颜色革命"、独联体反导系统的部署等问题的威胁下，表现出更加主动出击的姿态。俄罗斯外长拉夫罗夫表示："回归冷战思维理论，例如遏制俄罗斯，只会导致对抗。"[①] 可以看出，国家民族主义中的大国主义与民族利己主义并没有因为梅德韦杰夫趋于温和的外交态度而减退，相反，梅德韦杰夫作为一个"真正的民族主义者"，更加倾向于维护俄罗斯的大国地位，强调俄罗斯民族与国家的利益。这种大国主义的思想倾向严重恶化了俄罗斯所面临的国际局势，使其在国际交往中陷入了更加被动的境地，对于俄罗斯重新获得大国地位、重塑大国形象具有消极的影响。

乌克兰危机下俄乌关系的恶化以及俄罗斯与西方长期的"软对抗"状态，不仅严重威胁了俄罗斯周边环境乃至国际环境的安全，也使普京执政以来极力恢复的国际形象逐渐倒塌。俄罗斯政治研究中心分析部主任塔季扬娜·斯塔诺瓦娅认为，国际社会对普京及其团队的信任度已经

---

① 王伟：《梅德韦杰夫的外交选择》，《当代世界》2008 年第 6 期。

降低。①俄罗斯的强硬手段已经给国际社会造成了一个"侵略性帝国"的印象，而且这种印象在短时间内很难消退。② 可以看出，正是普京一直以来的国家民族主义内核中的大国主义与民族利己主义的抬头倾向，使国家民族主义的消极影响显现出来，造成俄罗斯国际形象的一落千丈，国际影响力也被大大削弱。可以预见，随着国际形势的不断恶化，如果普京继续带有这种大国主义的思想与理念，国家民族主义将进一步恶化俄罗斯所面临的国际环境，对俄罗斯的国际地位与国际形象造成更加严重的破坏。

4. 极端民族主义思潮严重破坏俄罗斯的社会稳定

随着民族主义逐渐填补俄罗斯人的意识形态空白，俄罗斯社会上的各种民族主义思潮风起云涌，虽然温和的国家民族主义始终是民族主义的主流意识形态，但俄罗斯人对爱国主义与民族精神的过度追捧，很容易使民族主义走向极端的一面，极端民族主义趁机不断发展，各种极端主义政党从宣传激进思想到公然建立武装组织，对俄罗斯社会的稳定和发展造成了极为严重的破坏。

在普京上台之前俄罗斯社会就存在许多极端民族主义势力，在普京 8 年执政期间，对俄罗斯社会造成最恶劣影响的就是具有严重排外思想的"光头党"。"从性质上说，'光头党'既不是一个政党团体也不是一个严格的组织，而是一个带有黑社会性质的各自为战的极端民族主义团体。"③在极端民族主义思潮的影响下，极端民族主义分子打着爱国主义的旗号袭击非俄罗斯民族，使俄罗斯社会陷入了极端混乱的状态，对于俄罗斯的社会稳定和经济发展都造成了极为恶劣的影响。

进入"梅普组合"时期，极端民族主义的影响更甚。国际金融危机对俄罗斯的经济造成沉重打击，同时西方国家在经济上对俄罗斯实施制裁，俄罗斯人的生活水平有所下降，对政府的不满情绪使得极端民族主义

① Татьяна Становая. Внешнеполитический вираж. 24 марта 2014. http：//politcom.ru/173 66.html.
② 庞大鹏:《普京新时期的俄罗斯（2011～2015）》，社会科学文献出版社，2017，第 12 页。
③ 赵龙庚:《俄罗斯极端民族主义思潮与"光头党"现象》，《世界民族》2008 年第 6 期。

思潮更加泛滥，极端民族主义分子也更加猖獗。他们造成的一系列恐怖事件严重威胁了俄罗斯社会的稳定，尽管梅德韦杰夫采取了一系列措施打击极端民族主义行为，但是极端民主主义仿佛一颗毒瘤一直生长在俄罗斯社会中难以拔除。

"近年来，俄罗斯国内的民族冲突和矛盾更加突出，俄罗斯民族与高加索、中亚地区的少数民族爆发了多次大规模的冲突和暴力事件，主要表现为俄罗斯民族与其他少数民族以及外国移民之间的群体骚乱。"① 随着国家形势的变化，极端民族主义与国际恐怖主义开始相互勾结，不仅对俄罗斯社会造成了更加严重的影响，也严重损害了俄罗斯在国际社会上的形象。极端民族主义思潮的发展，对社会的负面影响随着国家的发展日益凸显。俄罗斯极端民族主义思潮的破坏力能否被有效控制，要看今后普京采取怎样的反极端民族主义措施。

三 民族主义思潮影响下的俄罗斯内外政策

纵观俄罗斯十几年的发展历史，民族主义始终是普京与梅德韦杰夫政府在制定与执行国家内外政策时必须考虑的重要因素之一。

1. 政治上不断深化俄罗斯政治体制改革

民族主义作为一种整合社会的工具，体现在俄罗斯不断推进的政治体制改革上。普京在2000年的国情咨文中就指出俄罗斯现有的政治体制联邦关系是不健全、不发达的，俄罗斯目前还是一个管理分散的国家。② 地方与国家的关系松散以及严重的腐败问题引起了俄罗斯社会对政府的普遍不满。他认为，要改变俄罗斯当前的混乱局面，就必须建立一个"强有力的国家政权体系"。为了整合社会力量，提升民众对政府的信任度与依赖感，普京开始了一系列的政治制度与体制改革。首先，普京通过直接管理国家权力建立了总统垂直权力体系；其次，通过对联邦委员会进行一系列改革明确划分了俄罗斯联邦与其主体的职权，强化了中央对地方的管理，加强了中央联邦制；再次，普京开始改组国家的强力部门，包括重组

---

① 庞大鹏：《普京新时期的俄罗斯（2011～2015）》，社会科学文献出版社，2017，第207页。

② 汪宁：《普京的俄罗斯新思想》，上海外语教育出版社，2005，第160页。

特工机构、改组军工综合体以及设立专门的机构来满足缉毒的需要；① 最后，普京对反腐的决心也是不容忽视的。2003 年普京通过了俄罗斯第一部反腐败法——《俄罗斯联邦反贪污贿赂法》，为反腐败措施提供了法律上的依据。此外，还成立了专门的反腐委员会加强对腐败现象的监督。在民族主义思潮的影响下，普京政府提出的一系列政治体制改革措施取得了令人瞩目的成就，基本稳定了俄罗斯的政局，平复了俄罗斯民众的不满情绪，为良好的社会氛围提供了政治上的保证。

自 2008 年 5 月 7 日梅德韦杰夫就任俄罗斯总统以来，在政治体制领域的改革上，除了延续普京的政治体制改革思想外，还主张俄罗斯政治的民主化，在《俄罗斯，前进吧!》一文中，梅德韦杰夫提出了政治民主化的思想，认为俄罗斯需要进一步推进民主改革，注意分权和政治体系的人道主义化。② 他主要以继续推进反腐败及政党制度改革为工作重点。2008 年 7 月，梅德韦杰夫签署了《国家反腐计划》，并且着重强调提高民众的反腐败意识；2009 年 4 月又签署了关于国家反腐败战略的总统令，在法律上强化反腐的力度；此外，梅德韦杰夫政府还建立了专门的反腐败机构，为反腐提供了组织上的保障。在加大反腐力度的同时，"梅普组合"还进行了政党制度的改革，并于 2008 年 7 月修改了《俄罗斯联邦政党法》，增强了政党在俄罗斯政治生活中的作用，调动了公民参与政治的积极性。"梅普组合"时期在民族主义思潮的促进下，俄罗斯政治体制与制度得到了进一步的完善。

到了普京新时期，随着俄罗斯经济的恢复与振兴以及俄罗斯国家地位的不断提高，实现民族与国家复兴的民族主义思潮已然成为当代俄罗斯意识形态的主流，而在这种民族主义思潮的影响下，面对日益暴露出来的国内政治体制的弊端，普京保持了他一贯的理念。在新的任期，普京政府继续加大反腐力度，并将腐败问题视为"俄罗斯系统性的政治难题"。③ 继

---

① 汪宁：《普京的俄罗斯新思想》，上海外语教育出版社，2005，第 170～171 页。

② 庞大鹏：《"普京计划"的延续——2008 年梅德韦杰夫总统国情咨文政治内容评析》，《当代世界》2008 年第 12 期。

③ 庞大鹏：《普京新时期的俄罗斯（2011～2015）》，社会科学文献出版社，2017，第 169 页。

续增强反腐败的法制建设，2012 年 12 月通过了《关于对公职人员和其他人员收入和支出进行监督法》；2013 年 7 月又发布了第 613 号关于反腐败问题的总统令，扩大了应该申报财产的公职人员名单并规定了公示方法期限及渠道等内容。① 此外，普京还通过俄罗斯政党制度改革、地方行政首长恢复直选以及地方自治机构改革等措施，旨在维系一个"较为稳定、可持续的政治进程"。

总之，在俄罗斯 10 多年的政治发展过程中，民族主义思潮对于国家复兴与社会稳定的要求始终是俄罗斯政治精英们推进政治体制改革的强大驱动力之一。

2. 经济上坚持"普京计划"并不断融入现代化与创新的理念

民族主义的影响不仅表现在国内政治体制改革中，也贯穿于俄罗斯的经济复兴之路。普京从叶利钦手中接过俄罗斯时，俄罗斯国内的经济早已陷入停滞乃至倒退的局面，俄罗斯人不仅在思想上饱尝苏联解体与叶利钦改革种下的苦果，更加经历了由于国内经济萎靡而急剧下降的生活水平。在民族主义思潮的驱动下，普京上台以来就致力于恢复俄罗斯的经济，改变俄罗斯经济困窘的现状。在普京"俄罗斯新思想"的指导下，普京提出了振兴经济的"普京计划"，旨在通过一系列的经济改革措施，使俄罗斯经济走上一条适合自己的独特发展道路。首先，普京推进俄罗斯经济的市场化改革，通过制定与实施一系列法律法规逐渐完善俄罗斯的市场经济制度，积极促进经济结构变革；其次，加大对金融体系与财政税收体制的改革力度，在金融改革中对金融政策进行一定的调整以应对金融危机，为俄罗斯的经济增长创造稳定宽松的金融环境，在税收改革中，对预算制度与税收制度进行调整，规范财政联邦制度；最后，普京抓住国际石油价格高涨的机会，大力发展能源经济，加大能源产业的生产与出口，使能源产业成为俄罗斯经济增长的"发动机。"② 在强国富民的战略目标下，普京通过一系列经济改革使俄罗斯经济摆脱了危机，并逐渐走向振兴的道路。

---

① 庞大鹏：《普京新时期的俄罗斯（2011～2015）》，社会科学文献出版社，2017，第 175 页。

② 邢广成、张建国主编《梅德韦杰夫和普京：最高权力的组合》，长春出版社，2008，第 69 页。

"梅普组合"时期，民族主义思潮随着俄罗斯经济的恢复与振兴在政府的经济政策中显示出更大的影响力。梅德韦杰夫在普京执政的 8 年里，始终在总统办公厅和政府任职，是普京经济政府经济战略的策划者之一，① 他继承了普京经济改革战略的内容，同时融入了更多现代化的思想。2009 年，梅德韦杰夫在《俄罗斯，前进吧！》一文中提出了经济现代化的战略。他主张利用当前的金融危机作为调整俄罗斯经济结构的一个机会，用以高新技术为主导的经济结构来代替原有的能源依赖型经济。为此，他采取了一系列措施进行经济结构改革。2009 年，在梅德韦杰夫的推动下，俄罗斯建立了经济现代化和技术发展委员会，该委员会还成立了专门工作组和综合工作组，推进经济现代化和科技的发展。② 此外，2010 年，梅德韦杰夫政府建立了俄罗斯的"硅谷"——"斯科尔科沃"创新中心，以推动俄罗斯的科技创新与经济现代化进程。在"梅普组合"的努力下，俄罗斯的经济结构逐渐改变了畸形的严重依赖能源产业的现状，转型步伐加快。

普京新时期，俄罗斯的经济发展随着西方国家对俄罗斯的经济制裁而不断恶化。在这种情况下，为实现强国战略以及民族复兴，普京也开始了新一轮的经济体制改革。在 2012 年的国情咨文中，普京再次强调要调整产业结构以摆脱经济发展对能源的依赖，推动创新型经济的发展；主张加大对科技创新的政策扶持与资金支持力度，以创新与现代化为主推动经济发展。值得注意的是，在普京新时期另一个显著的经济战略调整就是俄罗斯的东部开发战略。普京政府计划通过对西伯利亚和远东地区潜力的开发，加快俄罗斯经济结构的转型以保证俄罗斯在"保持宏观经济稳定下加快经济增长"。③

在普京十几年的经济发展战略中一直存在着民族主义思潮的影响，并通过俄罗斯经济的发展而不断反映在普京执政各个阶段的经济政策上。可

---

① 邢广成、张建国主编《梅德韦杰夫和普京：最高权力的组合》，长春出版社，2008，第 169 页。

② 李中海：《梅德韦杰夫经济现代化方案评析》，《俄罗斯中亚东欧研究》2011 年第 2 期。

③ 田春生：《"新普京时代"俄罗斯经济：现状、挑战与趋势》，《俄罗斯学刊》2012 年第 3 期。

以预见的是，为实现俄罗斯的国家复兴，未来普京政府将会继续致力于俄罗斯经济体制的改革与创新。

3. 外交上发展务实与平衡相结合的全方位外交政策

俄罗斯的国家民族主义与其外交理念具有相同的利益诉求，即实现民族复兴、恢复强国地位、重塑俄罗斯大国形象。随着国家民族主义逐渐被政治精英上升为国家意志，其对俄罗斯外交的影响逐渐在俄罗斯的外交政策中体现出来。

在国家民族主义这一思想导向下，"富国强民"始终是普京执政以来追求的目标。为实现这一利益诉求，在国家内部的政治经济秩序基本稳定后，普京开始通过独立自主的大国外交战略，以"务实的国家民族主义路线"，[①] 推动俄罗斯恢复大国形象与强国地位的进程。国家民族主义的影响首先体现在普京对独联体国家的政策上，东欧是俄罗斯抵挡西方战略挤压的一道屏障，普京政府在外交上坚持对独联体国家的干预，以反恐等名义加强对一些东欧国家的军事控制，抵制西方策划的"颜色革命"，以巩固俄罗斯的领导地位。此外，普京也强调兼顾东西方的平衡。一方面，加强与西方国家的对话，积极融入欧洲，尽量维持与美国的关系，以灵活务实的外交态度处理与西方国家的关系；另一方面，普京政府也开始"依托欧亚"，加强与亚洲国家的友好关系，从而加强俄罗斯在国际社会的话语权，推进大国外交战略的实施。

"梅普组合"时期基本延续了普京8年执政期间的大国外交战略，外交选择仍然在民族主义的影响下以国家利益为核心。但有所变化的是，梅德韦杰夫在战略执行时更趋于温和与谨慎，在处理与西方国家的关系时软硬兼施，加强与东西方国家的政治与经济合作，利用一种"巧实力"来推进俄罗斯全方位外交战略的实施。与此同时，继续加强与亚洲国家特别是中国、印度等国在经济政治上的合作。在民族主义的国家利益诉求下，梅德韦杰夫刚柔并济，以更加务实与平衡的态度继续推进俄罗斯强国战略的实施。

---

① 张振、陈香兰：《论国家民族主义对普京执政以来俄罗斯外交政策的影响》，《俄罗斯中亚东欧研究》2008年第4期。

普京在 2012 年的总统竞选纲领中表示："近几年，俄罗斯已再度成为世界强国之一，不断上升的威望需要它更主动地参与国际事务。"① 由此可见，尽管目前普京政府面临着更加复杂的国际局势，但其大国外交战略始终没有改变，追求国家利益的国家民族主义在普京新时期的影响依然将在外交战略上充分体现出来。普京新时期最为明显的外交战略调整是俄罗斯的"东望"战略。普京在竞选总统之前就提出了欧亚联盟的构想，并随着他上台后的一系列措施加快实施俄罗斯的"东望"战略。主要包括：在思想上以"欧亚主义"作为"东望"战略的理论基础；在经济上通过亚太经合组织等平台积极融入亚太经济一体化进程；在军事上积极介入亚太安全事务并增加在远东地区的驻军；在外交上积极发展与中国、印度等亚洲国家的双边关系。②

在民族主义思潮的驱动下，俄罗斯的外交战略一直坚持追求大国利益的目标，随着综合国力的不断提升，表现得愈加明显。在民族主义的影响下，俄罗斯也将推动更加务实与平衡的全方位外交战略。

4. 在国家安全方面制定法律加大力度打击极端民族主义

民族主义是一把双刃剑。一方面，温和的民族主义对整合国家政治经济具有积极的促进作用；另一方面，极端的民族主义也会对社会的稳定造成极大的破坏。因此，民族主义在普京执政时期的影响不仅仅表现在促进国家政治经济改革以及外交政策的制定上，还表现在政府不断加强打击极端民族主义上。

在俄罗斯发展的十几年里，极端民族主义问题一直困扰着普京政府。普京在 2002 年的国情咨文中指出，极端民族主义是国家与社会稳定最大的威胁。针对极端民族主义给俄罗斯社会造成的严重破坏，普京自上台起就开始着手制定相关政策与法律打击极端民族主义行为。普京在 2002 年 7 月先后签署了《反极端行为法》和《根据"反极端主义行为法"对联邦相关法律进行修正和补充的草案》两项法律，旨在为打击极端民族主

---

① Программа Владимира Путина 2012 – 2018. Проект. 12 января 2012. http：//er. ru/news/71489/.

② 程春华：《美国"重返"亚太与俄罗斯亚太战略的调整》，载徐向梅编《俄罗斯问题研究（2012）》，中央编译出版社，2013，第 124~125 页。

义组织提供法律上的依据。2001 年 4 月 19～21 日，莫斯科内务部出动约
1.5 万名警察，开展了为期 3 天的"旋风——反极端主义"行动。① 虽然
普京制定了一些法律来打击俄罗斯国内的极端主义势力，但实际上在最初
的 8 年执政时期，面对一片狼藉的俄罗斯，普京及其团队的关注点主要是
俄罗斯经济的复兴与国际地位的恢复，对于"光头党"等极端民族主义
势力的打击更多地停留在表面，因此，极端民族主义势力在这个阶段依然
十分猖獗。

"梅普组合"时期，极端民族主义开始与宗教和移民问题结合起来，
在俄罗斯社会上进一步蔓延。梅德韦杰夫认为，打击牵涉到种族关系领
域的排外主义应当是综合性的，并且必须要有立法措施。在"梅普组
合"时期，在恢复经济发展与提升国际形象的同时，梅德韦杰夫也努力
将打击俄罗斯极端民族主义势力的方向从"治标"向"治本"发展。通
过民族关系委员等部门的建立，将民族问题与社会的政治、经济和文化
等联系起来，通过多维的、各方面的监督，取得多方位打击极端民族主
义的效果。

随着国际恐怖主义的不断发展，虽然俄罗斯人对族际间矛盾的关注有
所转移，但并不意味着俄罗斯国内的极端民族主义势力有所减弱，相反，
它开始与国际恐怖主义相勾结，表现出了更大的破坏力。2013 年，在俄
罗斯"民族团结日"当天发生了俄罗斯极端民族主义者的集体大游行，
他们高举带有排外思想的标语，高喊"俄罗斯是俄罗斯人的俄罗斯"的
口号，反对外来移民以及少数民族在俄罗斯的存在。由此可见，俄罗斯国
内排外的极端民族主义仍然高涨，在这种情况下，我们可以预见，为稳定
俄罗斯国内的社会稳定，普京政府将采取更多的措施来遏制极端民族主义
的发展。

民族主义思潮由于其独特的爱国主义与民族精神的内涵，极大地弥合
了俄罗斯人内心的失落感，在俄罗斯社会迅速兴起。普京意识到这种思潮
对于团结民众、整合社会具有十分重要的意义，于是将其融入了自己的治

---

① 《俄罗斯极端民族主义势力的新动向——访中央编译局李兴耕研究员》，《国外理论动
态》2002 年第 8 期。

国思想中，在俄罗斯十几年的发展历史中其逐渐上升为国家意志。通过对普京执政时期民族主义思潮的研究，我们不难发现，任何一种思想都有两面性，会通过不同的特点对一个国家的内政外交产生或好或坏的影响。因此，只有正确利用思潮的作用，并将其表现在适合本国发展的内外政策上，才能真正发挥其对国家发展的积极作用。

第三章

普京执政以来俄罗斯的软实力外交

由于软实力外交具有独特作用，它受到了越来越多国家的青睐。2013年俄罗斯在新颁布的《俄罗斯联邦外交政策构想》中，首次明确提出要借助软实力实现国家外交目标，也标志着俄罗斯外交开始转型。乌克兰危机之后国际局势更加复杂多变，在这种情况下，要想实现复兴，俄罗斯除了增强自身的硬实力外，还必须加强自身的软实力建设。

第一节　俄罗斯软实力外交的历史演变

一　沙皇时期东正教"救世主义"的革命输出展现开端

在传统上，俄罗斯外交以擅长使用硬实力著称。然而，这并不代表俄罗斯历史上没有软实力。俄罗斯文明史的开端可以追溯到公元988年基辅罗斯大公接受拜占庭帝国的基督教。公元988年，基辅罗斯·弗拉基米尔在拜占庭帝国成为基督教徒，回国后强制基辅臣民到第聂伯河边受洗，并下令破除多神教的各种神像，设立附属于拜占庭帝国的俄罗斯东正教会，这就是对俄罗斯文明具有深远影响的"罗斯受洗"。需要指出的是，从时间上看，尽管俄罗斯延续到今天的东正教和当初从拜占庭帝国引入的基督教一脉相承，然而"东正教"这一专有名词的提出要比引入的时间晚。东正教产生于公元1054年基督教会的分裂。自公元988年东正教被定为俄罗斯的国教，到1917年十月革命爆发前，俄罗斯的东正教最为鲜明的特征就是教权一直处于皇权之下，充当沙皇统治俄国的重要工具。东正教在漫长的岁月里，不管是在俄罗斯的政治领域、经济领域还是社会生活领域，都产生了潜移默化和不可磨灭的影响。事实上，东正教早已成为俄罗斯文明不可分割的一部分，在加强俄罗斯民族身份认同与民族凝聚力方面，都生成了巨大的软实力。

"救世主义"观念是俄罗斯民族意识的重要构成部分。公元1453年，东正教的拜占庭帝国（第二罗马）被奥斯曼帝国攻陷，这个时候俄罗斯的东正教开始宣称自己是拜占庭帝国东正教的正统继承人，并且对外宣布莫斯科为"第三罗马"。在他们看来，俄罗斯民族是被上帝优先选中的民族，负有复兴基督教的神圣使命。在俄罗斯人心目中，俄罗斯不仅是一个地理意义上的大国，而且还肩负着某种神圣使命，注定要成为一个精神意义上的大国。[①]

俄罗斯的民族性深深地植根于东正教的"救世主义"观念，这一特性为俄罗斯的大国战略提供了强大的精神支撑，对俄罗斯国家道路的选择产生了巨大的影响。沙俄时期，俄罗斯依靠强大的国家政权和实力在东正教的外衣下进行外交活动，可以说是俄罗斯软实力外交的开端。在"救世主义"观念驱动下，俄罗斯凭借强大的国力向世界上其他国家输出自己的价值观念和文化资产，塑造了世界强国的国家形象。

二　苏联时期软实力外交的逐步兴起

早在苏联时期，苏联政府就开始利用软实力这一外交工具。虽然在政府官方文件中"软实力"这一专有名词出现的时间比较晚，但是苏联政府很早就开始了对文化交流、民间外交、对外援助等偏向于软实力的外交手段的利用。

苏联通过输出社会主义的意识形态和发展模式大大扩大了国家的影响力和威望。1917年，伴随俄国十月革命的胜利，苏维埃俄国诞生。从此俄国确立了以无神论为特征的马克思主义在意识形态中的统治地位，开始

---

① 学刚、姜毅：《叶利钦时代的俄罗斯·外交卷》，人民出版社，2001，第265页。

走上社会主义道路。在资本主义世界遭受经济危机的困难时期，苏联的社会主义事业却蒸蒸日上，其国际地位也在不断提升，在此过程中，苏联的软实力得到了进一步的发展并发挥了重要作用。苏联的共产主义意识形态形成了巨大的吸引力，特别是在二战初期，不少国家纷纷选择走社会主义道路。为了同美国争夺势力范围，苏联更是向所有社会主义国家和广大民族独立国家输出苏联的发展模式与文化意识形态。苏联的共产主义意识形态能产生巨大的吸引力与其在卫国战争中的爱国主义表现和辉煌战绩密切相关。苏联人民在与德国法西斯军队的战争中，做出了巨大的贡献与牺牲，赢得了世界人民的赞赏和尊重。这在二战后初期极大地提升了苏联的影响力。

苏联还通过向发展中国家提供大量援助，来巩固这些国家的社会主义政权，提升其在社会主义阵营内部的领导地位和国际威望，大大增强国家软实力。早期布尔什维克的和平外交和以世界革命为主要内容的国际主义，使苏俄从内部和外部都获得了能够直接转化为软实力的强大资源。①二战爆发后，苏联对外援助政策的作用更为巨大，这在东欧表现得最为明显。苏联不但帮助东欧国家摧毁了德国法西斯，实现了民族解放，而且还对战后东欧国家的经济复兴提供了大量的援助。在战后初期自身情况也不太乐观的情况下，苏联通过信贷的方式向东欧国家输送了大量的物质生产资料。这些对外援助措施在很大程度上提升了苏联的国际威望和国际影响力。

苏联除对外援助外，还特别重视对外文化交流。1925 年，苏联政府专门成立了管理对外文化事务、对外传播苏联文化的机构——苏联对外文化关系协会，负责签订文化协定，并监督协定的执行。1955 年，苏联最高苏维埃主席团通过决议，表示要在实施不同社会制度和政治制度的国家之间建立广泛的文化联系。② 在苏联的对外文化交流中，苏联的大学以及与政治机器紧密相连的各种工会和联合会发挥了重要的影响。苏联还通过高度重视学者交流与留学生教育，出口高质量的图书和电影，来加强自己

---

① 胡键：《软实力：解读苏联解体的新视角》，《探索与争鸣》2011 年第 3 期。
② 肖欢：《国家软实力研究：理论、历史与实践》，军事谊文出版社，2010，第 177～178页。

与发展中国家的文化交流，提升自身的软实力，以与以美国为首的西方阵营相对抗。

在社会主义建设之初，苏联凭借其集中型的发展模式、意识形态的输出和较高的科技文化水平获得了强大的软实力资源，苏联的迅速崛起在很大程度上依赖其强大的软实力。但是，后期苏联搞个人崇拜、推行大国沙文主义等错误的内外政策极大地堵塞了软实力发挥作用的渠道。苏联兴亡的教训表明，一个国家的硬实力容易在短期内实现大幅度的提升，而软实力的获得却非一日之功，且其流失的速度比硬实力快，更需要精心积累和维护。

三　普京任期俄罗斯软实力外交的正式确立

1991 年苏联的解体及随之的转型，使得俄罗斯没有精力广泛地开展软实力外交。2000 年，普京成为俄罗斯的总统，开始着手加强俄罗斯的软实力建设。自普京执政，到梅德韦杰夫担任总统前夕，俄罗斯关于加强软实力建设已经达成共识。增强俄罗斯的软实力有助于维护国家安全和国家利益，提高对外政策的有效性。[①]

2008 年，梅德韦杰夫就任俄罗斯的总统，虽然此时普京退居总理职位，但是在俄罗斯的梅普权力组合中仍然发挥着核心作用。软实力外交在梅德韦杰夫担任总统后，不但没有停止，而且步入一个新的发展阶段。2008 年颁布的《俄罗斯对外政策构想》反映了俄罗斯对软实力建设的重视。在《俄罗斯对外政策构想》中首次出现了"国际人文合作"的相关内容。梅德韦杰夫刚上任就将 1994 年成立的俄罗斯海外科学文化中心整合为俄罗斯合作署，专门负责俄罗斯海外文化的传播事宜。为修复和改善俄罗斯的国家形象，2009 年 5 月 15 日，俄罗斯成立总统直属的反篡改历史和损害俄罗斯利益委员会。俄罗斯紧接着又成立了旨在提升国家形象的国际形象委员会。在加强软实力建设的过程中，俄罗斯不但注重政府的主导作用，而且注重利用非政府组织来开展软实力外交。2010 年 2 月成立

[①]　Казанцев А. А., Меркушев В. Н., "Россия и постсоветское пространство: перспективы использования《мягкой силы》", Полис, 2008, № 2。转引自万青松、王树春《俄罗斯软实力外交评析》,《国际展望》2013 年第 3 期。

的卡尔恰科夫公共外交基金会就是俄罗斯借用非政府组织开展软实力外交的一大举措。

普京在担任总理期间和第三次就任总统后，对增强俄罗斯软实力的认识更为深刻，软实力成为普京新任期俄罗斯外交的核心理念。他曾多次强调软实力的作用，2012年2月，普京在竞选纲领性文章《俄罗斯与不断变化的世界》中提出，软实力对实现国家利益有着重要的战略意义，并反对非法使用"软实力工具"。① 2012年7月9日，普京在成功当选总统后主持的外交部驻外使节会议上，首次明确指出俄罗斯的外交工作必须注重对软实力的运用。普京在会议上强调，应加强俄罗斯的软实力建设，以免俄罗斯的形象和在国际事务中的立场受到歪曲，应利用软实力来实现自己的利益。② 普京要求外交工作者为改善国家形象改进工作方式和方法，注重打造国家软实力。普京认为软实力政策就是通过说服和引发对本国好感的方式，来维护自身利益和传播自身观点，依靠的不仅是物质成果，还有精神、文化和知识领域的成果。此次讲话，俄罗斯将软实力的概念具体化，表明软实力外交开始成为俄罗斯实施对外战略的重要工具。2013年2月，俄罗斯政府出台新版的《俄罗斯联邦外交政策构想》，在官方文件中第一次明确界定了软实力的概念，在该文件中软实力被定义为依靠公民社会力量解决外交政策问题的一整套手段以及可替代传统外交手段的信息、通信、人文及其他方法和技术。③ 作为"当代国际政治不可分割的组成部分"，在全球竞争加剧的情况下，俄罗斯要积极塑造与其文化、教育、科学、体育影响力以及公民社会发展水平相适应的国际形象，优化软实力运行体系并探寻最优的活动方式。至此，俄罗斯的软实力正式被提上国家议程，软实力外交正式确立。

① 〔俄〕普京：《普京文集（2012～2014）》，《普京文集（2012～2014）》编委会译，世界知识出版社、华东师范大学出版社，2014，第95页。

② "Выступление Президента РФ В. В. Путина на совещании в МИД России послов и постоянных представителей РФ за рубежом", 9 июля 2012г, http://kremlin.ru/transcripts/15902. 转引自万青松、王树春《俄罗斯软实力外交评析》《国际展望》2013年第3期。

③ 刘莹、关海庭：《新时期俄罗斯外交转型中的软实力政策调整》，《东北亚论坛》2015年第3期。

第二节　普京执政时期俄罗斯软实力外交的实践

一　俄罗斯开展软实力外交的背景

俄罗斯开展软实力外交有其深刻的历史根源和现实基础。从大的环境来看，自苏联解体以来俄罗斯面临的国际形势发生了巨大的变化；从地区形势来看，独联体发生的"颜色革命"增加了俄罗斯开展软实力外交的紧迫性；从个人因素看，普京在俄罗斯开展软实力外交上起着举足轻重的作用。

1. 全球化导致的相互依赖及国际形势的发展变化

全球化导致的相互依赖及国际形势的发展变化是俄罗斯开展软实力外交的大环境。国家对外战略的中心任务都是为国家利益服务的，提高国家在国际社会的地位与影响力，同时为自身经济社会发展创造良好的国际环境。随着国际形势的变化，实现国家对外战略的具体的对外政治手段也已经发生了变化。在20世纪美苏冷战时期，国家主要依靠增强经济和军事等方面的硬实力来获取支配世界的能力。然而，在全球化的今天，世界各国的联系日趋紧密，逐渐成为一个相互依赖的整体。新兴市场国家及上海合作组织、金砖国家组织等地区组织凭借迅速崛起的实力改变国际经济、政治和安全话语结构，国家间相互合作共同抵御风险的重要性上升。在全球化背景下，没有任何国家能够单独应对21世纪的挑战，也没有国家能在闭关自守的情况下有效地增进自身利益。国家的对外行为方式必须由"自助式"向"互助式"转变。① 以文化、教育、科技为代表的软实力正在和传统的硬实力一起走向前台，成为决定21世纪国家竞争成败的关键。加强软实力建设对提升一国综合国力的意义变得越来越重大。

俄罗斯显然认识到这一点。俄罗斯外长拉夫罗夫谈到俄罗斯对外政策时指出，国际关系的模式本身已经发生变化，俄罗斯不需要建立"马其

---

① 唐彦林：《奥巴马政府"巧实力"外交政策评析》，《当代亚太》2010年第1期。

诺防线"式的防御联盟。① 2008～2009 年的世界经济危机使俄罗斯更为清醒地认识到俄罗斯的发展离不开与世界上其他国家的合作。2008 年国际金融危机爆发，国际市场石油价格暴跌，这使经济发展长期严重依赖能源的俄罗斯受到重大打击，经济大幅下滑，2009 年甚至一度出现 7.9% 的负增长。这场世界性的金融危机俄罗斯认识到在维护自身国家利益的基础上，要学会合作和妥协。在世界经济危机的冲击下，一方面，俄罗斯积极参与和推动国际合作机制的构建，更加注重发挥联合国、上海合作组织、金砖国家组织等多边机制的作用；另一方面，俄罗斯更加注重加强双边合作。

2. 独联体地区的"颜色革命"

就俄罗斯本身而言，从外交环境来说，俄罗斯面临的地区形势变得异常复杂。俄罗斯的国家形象常常不是由俄罗斯自身塑造的，而是经常被歪曲。为了遏制俄罗斯复兴，西方国家不断压缩俄罗斯的战略生存空间，由西方国家主导的"颜色革命"就是显著的一例。格鲁吉亚和乌克兰的"颜色革命"使俄罗斯不得不重视意识形态的操纵和非政府组织的力量。

"颜色革命"一词最初起源于西方，独联体的"颜色革命"是指 2003～2005 年在格鲁吉亚、乌克兰和吉尔吉斯斯坦等独联体国家相继发生的政治事件，在美国等西方国家支持下，政治反对派通过街头政治以非暴力手段夺取政权，建立亲美疏俄的政府。与以往的"大中东民主计划""大中亚计划"等一脉相承，"颜色革命"也是以建立亲西方政权为目的，由以美国为首的西方势力策动。然而，"颜色革命"与传统意义上的革命有所不同，因为在性质上，它并没有变更国家的政治制度，只是实现了领导人的更迭；在方式上，基本上是以"民主"方式进行的，而非通过暴力和流血的方式进行。即使吉尔吉斯斯坦的"颜色革命"带有一定的暴力成分，最终也是通过和平手段解决。在独联体的"颜色革命"中，美国及其他西方大国以非政府组织为急先锋，向独联体国家的政治、经济和社会生活等各个领域进行渗透，培育"政治精英"来夺权。以"索罗斯基

---

① 韩勃、江庆勇：《软实力：中国视角》，人民出版社，2009，第 170 页。

金会"为例,其在独联体国家广泛设立分支机构,扶植反政府势力,发动"颜色革命"。它在乌克兰大搞"民主渗透",1990~2004年共投入8200万美元,除在首都基辅设立基金会总部外,还在24个地区开设分支机构。① 这些非政府组织还积极向地方媒体渗透,借此影响当地精英,意图向独联体的现有政府施加政治压力,加剧危机。因此,"颜色革命"可以说是欧美清理独联体内部俄罗斯影响力的一场"软革命"。

独联体国家发生的"颜色革命"无疑增加了俄罗斯开展软实力外交的紧迫性。无论是叶利钦执政时期还是普京执政时期,俄罗斯一直把苏联地区当作其"传统的利益范围",把独联体国家视为其重返国际舞台的政治、经济和安全依托,但一场"颜色革命"打破了传统的地缘政治格局。格鲁吉亚、乌克兰、摩尔多瓦、吉尔吉斯斯坦的新领导人上台后,立即调整政策,不同程度地疏远俄罗斯。在"颜色革命"的冲击之下,一些国家志在脱俄入欧,甚至连俄罗斯也可能难以幸免,隐含着爆发"白桦革命"的危险。面对西方国家对其战略安全依托的肢解及国际生存空间的被挤压,俄罗斯意识到软实力建设的重要性,如何通过软实力建设来实现国家的对外战略是现在俄罗斯必须认真对待的。俄罗斯希望借开展软实力外交来缓解"颜色革命"对独联体国家的影响,以软实力为工具来抵御西方"颜色革命"的攻势。

3. 普京的个人因素

国家领导人在国家决策机制中发挥的作用非常重要。1952年10月普京出生于列宁格勒(现为圣彼得堡)的一个工人家庭,其祖父是位名厨,曾为列宁和斯大林服务过,其父亲参加过卫国战争,并被炮火击中受了重伤,更为不幸的是,因为战争的缘故,普京的两位哥哥相继死去。因此,普京内心深处具有的爱国主义情结非一般人所能比拟。普京毕业后进入国家情报部门工作,在这段时期,其思想深处的爱国主义情结得到了强化。1980年他被派往东德,正是在东德工作期间,普京亲眼见证了东欧剧变、柏林墙的倒塌,他"为苏联失去在欧洲的地位感到惋惜","如果苏联不

---

① 上海社会科学院俄罗斯研究中心、俄罗斯莫斯科国际关系学院编《当代国际关系体系转型:中国和俄罗斯的应对与抉择》,上海人民出版社,2010,第148页。

是从欧洲匆忙离去，我们可以避免许多问题"。①

普京的这些经历对其外交理念和行为个性的形成产生了重要的影响，同样影响了其对俄罗斯对外政策的定向。普京来自红色家庭，见证过苏联的强盛，身上有着深刻的爱国主义思想的烙印，推崇强权和铁腕。同时，他曾在西方工作和生活过很长一段时间。这对他的政治理念、执政风格及外交理念的形成都产生了重大的影响。在普京外交理念的指导下，与西方以自由、民主的文化价值观吸引他国的方式不同，俄罗斯软实力政策的核心思想是：主权独立的国家有权决定自己的发展模式和方向，应当尊重主权国家的独特性和具体利益。

普京对苏联末期意识形态的衰弱有着清醒的认识，对西方的打压和俄罗斯的文化境遇有着切肤之痛，于是他开始加强俄罗斯的软实力建设。②增强俄罗斯的软实力，把软实力外交作为实现国家利益的重要外交工具，是普京作为一名爱国主义者同时也是一名实用主义者对现实进行考量后的结果。苏联解体后，俄罗斯的精神世界一时出现真空。叶利钦执政时期，转型的俄罗斯希望融入西方，各种西化思想传入俄罗斯，使得俄罗斯的意识形态领域更加混乱。普京在 21 世纪之初上任时是俄罗斯最为困难的时期，此时其首要任务是恢复国力，由于其是位坚定的爱国主义者，面对俄罗斯思想上的混乱局面，他同时也渴望用俄罗斯思想来加强俄罗斯的民族凝聚力。随着国际局势的变动和国家实力的增强，到第二任期普京希望俄罗斯能重返国际舞台，而以软实力为外交工具，加强同其他国家的合作则成为最有效的手段。到普京第三次担任总统的时候，俄罗斯的国内政治生态已然发生了重大变化，在普京参加总统选举时竟然还出现了"倒普"风波，加上国际社会上以美国为首的发达国家对俄罗斯的批评和指责不断，而在此时加强俄罗斯的软实力建设不但可以增强俄罗斯民众对国家的信心，而且还可以转移民众对普京政府合法性的质疑，如果说普京在执政初期致力于以国内发展提升俄罗斯的国际地位，那么现在则更希望借助软实力政策来巩固俄罗斯的政治稳定。

---

① 〔俄〕普京：《第一人：普京自述》，史国强译，辽宁人民出版社，2002，第 77 页。
② 许华：《俄罗斯的软实力外交与国际形象》，《国外社会科学》2009 年第 5 期。

二　俄罗斯实施软实力外交的相关机构

自普京执政以来，俄罗斯积极构建软实力资源的调动平台：2005 年"今日俄罗斯"正式开播；2007 年，为推广俄罗斯文化，俄罗斯成立"俄罗斯世界"基金会；2008 年，俄罗斯开展软实力外交的又一大举措是成立俄罗斯国际合作署；2010 年，俄罗斯又相继成立"戈尔恰科夫公共外交"基金会和"国际事务理事会"，进一步推动俄罗斯的对外交流合作。

1. 俄罗斯国际合作署

俄罗斯外交部是实施软实力外交的主要领导机构，负责制定俄罗斯整体外交战略和开展外交活动。2008 年俄罗斯成立国际合作署，属于外交部的下属机构。

俄罗斯国际合作署的前身可追溯到苏联对外友协及俄罗斯国际科学文化中心。经过 2008 年的更名改组，该机构相比其前身在人员编制和财政方面获得了更有力的支持。该机构的主要任务是增加世界上其他国家对俄罗斯内外政策的了解，维护俄罗斯侨胞的利益，推广俄语，扩大俄罗斯文化的影响力，从而更好地服务于俄罗斯的软实力外交。俄罗斯国际合作署主要通过其在境外设立的代表处——俄罗斯科技与文化中心运作。目前俄罗斯国际合作署的分支机构遍布 82 个国家，拥有的财政预算高达 20 亿美元。俄罗斯国际合作署开展软实力外交的工作重点为：支持境外俄语教育；开展外国青年教育项目；维护海外侨民的合法权益，增强其与俄罗斯本土的联系；开展国际人文合作。俄罗斯国际合作署在支持境外俄语的推广工作上成果突出，主要依托于 60 个科学文化中心开展俄语培训，还通过举办多种活动来普及俄语。俄罗斯国际合作署在中国设立的首个科学文化中心是成立于 2010 年的北京俄罗斯科学文化中心，它在推进中俄交流方面产生了巨大的作用。2012 年随着普京第三次担任俄罗斯总统，俄罗斯国际合作署的工作职权开始扩大，地位也不断提升。

2. "今日俄罗斯"

"今日俄罗斯"（Russia Today，RT）电视台是俄罗斯政府为打破西方的国际话语霸权、营造良好的国际舆论环境而资助的电视台。作为重要的新闻宣传机构，"今日俄罗斯"电视台是俄罗斯实施软实力外交的重要工具。2005 年 12 月，"今日俄罗斯"在莫斯科正式开播，它是一家由俄罗斯政府斥资 3.5 亿美元打造的全天候进行多语种播报的新闻电视台，是俄罗斯第一家全数字化电视网，旨在向外国大众呈现一个"毫无偏见的俄罗斯图景"。"今日俄罗斯"受俄罗斯新闻社的管辖。为避免外国民众产生刻板印象，同时为了更容易被国际主流社会所接受，这家新成立的媒体被定为"独立的非营利性机构"。

目前，"今日俄罗斯"电视台共有英语、西班牙语、阿拉伯语、美国版 RT、纪录片 5 个高清频道，通过 30 个卫星电视以及 500 个有线电视运营商 24 小时播出节目，覆盖全球 270 万家星级酒店，受众达到 6.44 亿人。①"今日俄罗斯"最大的特色在于能对众多的国际问题提供独特视角，在巴以冲突、乌克兰危机等国际热点事件中，传达俄罗斯的声音。"今日俄罗斯"电视台还成功借助新媒体的力量，拓宽了其信息传播渠道。"今日俄罗斯"在 Twitter 和 YouTube 等知名视频网站建立了专门的网页，在 YouTube 设立客户端，以使自己对外传播的方式更为灵活。2013 年底，普京政府对国有媒体进行整合，成立"今日俄罗斯"国际新闻通讯社，进一步扩大了"今日俄罗斯"的品牌效应。2015 年以来，俄罗斯政府更是加大了对国家软实力建设的投入力度，其通信和大众传媒部 1 月中旬宣布追加 4.05 亿美元用于建设"今日俄罗斯"等软实力推广机构。②

普京成立"今日俄罗斯"电视台的本意在于，通过向外界传达俄罗斯的观点来达到提升俄罗斯国家软实力的目的。由于具有浓厚的官方色彩，"今日俄罗斯"受到了来自美国、英国等西方国家的指责。然而，"今日俄罗斯"与西方媒体的多次"碰撞"，不仅展现了当今世界新闻传播格局正在发生剧烈的变化，而且暗含着西方媒体、西方大国与新兴市场国家之间"软实力"的较量。

3. 瓦尔代国际辩论俱乐部

瓦尔代国际辩论俱乐部于 2004 年 9 月成立，是来自世界各地的研究

---

① 王磊：《"今日俄罗斯"运营成功经验及其借鉴意义》，《今传媒》2014 年第 12 期。

② "Финансирование 《России Сегодня》 и RT увеличится на 23 миллиарда рублей", 15 января 2015, http://www.therunet.com/news/3966 – finansirovanie-rossii-segodnya-i-rt-uvelichi-tsya-na – 23 – milliarda-rubley.

俄罗斯问题的专家的年度论坛。瓦尔代国际辩论俱乐部的主要任务是通过这个专业性的平台，让世界获取俄罗斯国家发展的最权威和最可靠的信息。每年瓦尔代国际辩论俱乐部都会选择一个主题，主题涵盖面非常广，既包括俄罗斯政治、经济、能源、外交等领域的问题，也包括国际上的热点问题。瓦尔代国际辩论俱乐部还会组织各国学者在俄罗斯一些重要部门和地方进行参观访问。例如，2006 年瓦尔代国际辩论俱乐部的会议的主题与能源有关，这与俄罗斯经济增长长期依赖石油和天然气等能源密切相关。为了办成一个既具有俄罗斯特色，又兼顾国际性的论坛，瓦尔代国际辩论俱乐部的举办地点丰富多变。其比较有特色的一个地方在于，不但会安排俄罗斯学者与来自世界各国研究俄罗斯问题的专家学者、记者进行交流，而且还会安排俄罗斯的高层官员参与交流，特别是普京总统也会参与进来，并会回答来自世界各地学者的提问。

对于俄罗斯而言，瓦尔代国际辩论俱乐部有重大的意义。首先，俄罗斯提供了一个广泛交换意见的平台，向国际社会展示了一个开放的姿态。为了突出论坛的开放民主性，会议期间邀请了来自世界各国不同的学派，既有亲俄的学派，也有亲欧美的反对派。从中可以看出俄罗斯愿意听取不同的声音。与会的各国资深专家以及来自世界各国的记者们，基本上都写了许多关于俄罗斯的文章与著作，论坛上来自世界的声音有助于俄罗斯更好地进行自我定位。其次，通过瓦尔代国际辩论俱乐部向世界提供关于俄罗斯发展的可信消息，有助于加强世界各国对俄罗斯的了解，避免西方国家的战略误判。这个国际会议在一定程度上成了国际俄罗斯学界了解俄罗斯最新政治经济走向、领略俄罗斯精英阶层决策构思、体验俄罗斯民风变迁的重要窗口。[①] 因此，每一届的瓦尔代会议可以说是俄罗斯拓展国际影响力、加强与世界各国学者交流、努力开展软实力外交的一个盛会。

三　俄罗斯软实力外交实施的主要手段

俄罗斯拥有潜力巨大的软实力资源，文化资源丰富，侨胞数量巨大，拥有横跨欧亚的特殊地缘优势，与独联体更是具有牢固的社会文化交往基

---

① 冯绍雷：《瓦尔代会议与俄罗斯的形象》，《俄罗斯研究》2006 年第 3 期。

础。因此俄罗斯的问题是如何将丰富的软实力资源转化为软实力。随着软实力在外交中的作用越来越突出，从普京到梅德韦杰夫，俄罗斯越来越重视开展软实力外交。

1. 推进人文交流

俄罗斯总理梅德韦杰夫发表讲话曾指出，具有强大软实力的国家才能够吸引更多的外国投资和新技术，通过人文手段推进国家利益是俄罗斯对外政策最重要的发展方向之一。[①] 推进人文交流工作主要由俄罗斯外交部及外交部海外机构进行。其中，外交部是推进人文交流的主要机构，负责制定整体的俄罗斯文化对外战略。俄罗斯外交部下属的国际合作署则负责具体对外文化事务。独联体地区是俄罗斯推进人文交流的重点区域。

俄罗斯加强俄语教育在独联体地区及其他地区的地位，以扩大文化影响力。俄语是一种重要的软实力资源，是俄罗斯在独联体地区增强影响力的一件重要武器，也是独联体地区与世界交流的重要工具。然而，苏联解体后俄语的影响力不断下降，遭到了从原苏联新独立国家的排斥。面对俄语地位下降的事实，俄罗斯由于还没有从苏联解体的创伤中走出来，心有余而力不足，改善俄语尴尬处境的效果不明显。直到世纪之交，普京成为俄罗斯的总统，经过不懈努力，俄罗斯的国力有了很大的提升，这时俄罗斯才开始全面重视俄语问题。面对独联体国家的离心倾向，俄罗斯希望通过俄语来拓展俄罗斯的文化空间，积极开展软实力外交。为了保持和提高俄语的地位，俄罗斯自1996年起开始实施《俄罗斯联邦"俄语"目标纲要》，如今正在实施的是《2011～2015年俄罗斯联邦"俄语"目标纲要》。[②]俄罗斯还注重教育交流项目。为了增加吸引力，俄罗斯提供了一系列激励措施，俄罗斯高等院校还通过参加教育推介会的方式，来增加俄罗斯对留学生的吸引力。为深入推广俄语，俄罗斯成立了专门机构。2007年6月，"俄罗斯世界"基金会成立，该基金会属于非官方机构，致力于俄语普及。基金会通过在境外高等院校开设俄语中心、开设俄语培训班、设立奖学金等方式，支持境外的俄语学习。

---

① 刘晓音：《俄罗斯软实力发展和国家形象的提升》，《社会科学》2015年第2期。
② 宋志芹：《俄罗斯软实力外交：认知、优先方向、评价》，《西伯利亚研究》2015年第3期。

俄罗斯政府还特别重视发挥东正教教会在"近邻地带"及其他地区对俄罗斯境外同胞的凝聚作用。苏联解体后，俄罗斯的精神世界一时出现真空，面对西方世界的挤压，东正教教会开始以俄罗斯传统文化载体的身份出现。俄罗斯政府利用东正教主要体现在以下几个方面。第一，借助东正教教会的纽带作用，强化俄罗斯与独联体地区的精神联系，对抗西方价值观，加大俄罗斯影响力的辐射力度。通过举办大型宗教国际论坛，设置全球性的议题，俄罗斯不但加强了与苏联地区的宗教联系，而且还获得了很大的话语权。第二，俄罗斯发挥东正教教会跨国家主体的角色的优势，"软化"俄罗斯在国际上强硬的国家形象。针对国际上发生的事件，俄罗斯东正教教会通过人道援助、举办大型年度论坛、参加国际组织等方式来扩大影响，为俄罗斯的外交保驾护航。第三，以宗教推广俄罗斯的文化，扩大影响力。俄罗斯的东正教教会利用"俄罗斯世界"基金会宣传东正教的价值观和推介俄罗斯的传统文化。

除了发挥东正教的外交作用外，为促进其他国家对俄罗斯国家内外政策的了解，俄罗斯还举办了各种学术论坛。2004 年，俄罗斯成立瓦尔代国际辩论俱乐部，加强俄罗斯与其他国家的交流。2009 年，俄罗斯又成立了"雅罗斯拉夫国际安全论坛"，作为俄罗斯与其他国家交流的平台。近年来，为了让世界更好地了解俄罗斯文化，与其他国家互办"国家年"、"旅游年"和"语言年"等活动，成为俄罗斯推进人文交流的重要手段之一。

2. 加强媒介管理与运用

在日趋激烈的国际竞争中，强大的经济实力是取胜的基础，而强大的国际传播能力也是决定胜出的关键。提高国际传播能力、营造良好的国际舆论环境更是从国家战略层面加强国家软实力建设的一种方式。良好的国家形象对一个国家来讲是一种很重要的无形资产，而当今时代信息全球化，媒体在塑造国家形象的过程中发挥关键的作用。因此，大众传媒成为开展软实力外交的重要工具。

由于冷战思维的存续，以美国为首的西方国家对俄罗斯的复兴有恐惧心理，产生的结果是俄罗斯的外交政策经常被误判。普京自执政以来，日益重视发挥媒体的作用。从 2001 年开始，普京就下令在国际社会广泛开展旨在树立俄罗斯正面形象的宣传活动。该系列活动由俄罗斯的新闻出版部门负责具体落实。为更好地发挥媒体的作用，一方面，普京坚持媒体必须为国家服务的媒体理念，致力于建立"可控民主"和传媒新秩序，以强硬手段打击金融寡头对媒体的影响，修订法律，采取多种手段强化国家对传媒业的控制；另一方面，俄罗斯积极推动媒体的国际化进程，提高其国际传播能力，让俄罗斯媒体"走出去"，同时加强对俄罗斯境内的海外媒体的管理，抵制境外媒体对俄罗斯传媒的不利渗透。为了加强外国民众对俄罗斯的了解，塑造良好的国际形象，俄罗斯在国际上还开展了许多宣传活动。

2012 年，普京第三次当选总统后，更是积极提倡新媒体在软实力外交中的引导作用。俄罗斯不但利用积极利用传统媒体来传递本国的声音，还积极利用 YouTube、Facebook、Twitter 等国际上著名的社交媒体。借助网络外交和新媒体的力量，俄罗斯对外传播的渠道大大拓宽。在 2014 年爆发的乌克兰危机中，俄罗斯积极运用媒体力量对外宣传有利于俄罗斯的政策，正体现了俄罗斯蓄势待发的软实力。虽然刚开始时俄罗斯在这场宣传战中并不占优势，但后期的表现让人瞩目：以电视、广播为主的传统媒体与以网络传播为主的新媒体交叉运用；搜集秘密情报和进行公开对外宣传手段相结合，展开了对西方媒体的攻势。以往在与西方媒体的较量中，俄罗斯都处于不利的地位。但这次俄罗斯不管是在传播内容，还是在传播技术和手段上都有了不小的突破，俄罗斯利用与独联体地区在地缘、政治、经济和社会生活心理领域的广泛联系，凭借电视信号高覆盖率的技术优势，扩大"今日俄罗斯"电视台在这些地区的影响力。由于传播策略得当，来自俄罗斯的现场报道被西方媒体大量转播，在一定程度上获得了国际社会的同情和支持。以"今日俄罗斯"电视台为代表的俄罗斯媒体打破了西方媒体对国际话语权的垄断，使西方媒体压倒性的影响力成为过去。

3. 参与和推动国际机制合作

冲突与合作是国际政治永恒的话题。在国际制度的框架中解决问题，有助于避免激烈的国际冲突，维护世界和平。一个国家如果获得对国际制度的影响力，就可以通过国际机制来解决问题，而无须采取强制措施，而且更能提升自身在国际社会的公信力。因此，建立民主与平等的国际制度，符合世界上大多数国家的愿望，也是国际机制的吸引力所在。俄罗斯不但重视经济、科技等硬实力的建设，而且还重视文化、制度等软实力的建设。俄罗斯的国际合作主要是源于国家利益能得到最大限度的实现，因此俄罗斯对合作机制具有一定的认同感和归属感。近几年，俄罗斯参与国际机制合作越来越积极。

独联体地区仍是俄罗斯外交工作的重点。俄罗斯积极构建新形势下的独联体国家一体化合作机制。比如，俄罗斯通过打造"俄白联盟"、创建"统一经济空间"、壮大"欧亚经济联盟"，以确立与独联体国家的合作新模式，提升俄罗斯的软实力。乌克兰危机后，俄罗斯面临欧美的全面制裁，经济大幅下滑甚至一度出现负增长，形势不容乐观。在这种情况下，为了对抗欧美的经济制裁，俄罗斯更加重视与独联体国家一体化合作机制的构建。最为明显的一个例子是由俄罗斯主导创设的欧亚经济联盟，该联盟于 2015 年 1 月 1 日生效，成员国包括白俄罗斯、哈萨克斯坦、亚美尼亚、吉尔吉斯斯坦。欧亚经济联盟的创建，既有利于扩大俄罗斯在独联体国家的影响力，又有利于加强欧洲与亚洲的经济合作。

为了在全球治理中发挥更重要的作用，除在独联体外，俄罗斯还加大了在亚太地区的国际多边合作力度。首先，俄罗斯高度重视亚太经合组织。俄罗斯认为加入亚太经合组织，与各成员方在各个领域开展合作，对俄罗斯融入亚太经济一体化具有极其重要的意义，是一个正确的选择。因此，自 1998 年成为亚太经合组织一员后，俄罗斯不仅参加各类例行活动，还承办组织了其他类型的会议论坛。其次，俄罗斯十分重视上海合作组织。上海合作组织是进入 21 世纪后在中俄的共同倡导下成立的地区性合作组织。对于俄罗斯来说，随着亚太地区在国际上地位的不断提升，强化与上海合作组织的合作具有特殊的意义。相比其他国家，俄罗斯与中国的区域合作与双边互动极为频繁。中俄在区域层面共同成立上海合作组织，并在该框架内不断强化两国在军事、政治、经济、科技、能源、交通等领域的有效合作。最后，俄罗斯十分看重东盟和东亚峰会等区域合作组织。在亚太地区，俄罗斯不但积极参与现有的国际机制合作，而且积极构建多边对话平台以推动亚太局势朝有利于俄罗斯的方向发展。

第三节　俄罗斯软实力外交面临的挑战

一　俄罗斯面临的外交困境

1. 国际舆论环境恶劣

在国际竞争日趋激烈的今天，国际舆论环境对一个国家的生存和发展越来越重要。在当今的国际社会，以美国为首的西方国家仍然牢牢掌握着国际舆论的话语权，在对外传播中占据优势地位。

由于历史的原因和"战略互疑"的存在，西方国家和俄罗斯互不信任。西方国家在国际舆论环境中的优势地位导致俄罗斯的国际舆论环境恶劣。在西方人的心目中，沙皇俄国一直是一幅落后、专制、野蛮和热衷于侵略扩张的形象；冷战时期，西方媒体更是对苏联进行丑化；苏联解体后的今天，西方国家对俄罗斯仍然抱着警惕和不信任的态度，认为俄罗斯的政治文化专制，国内缺乏民主。针对普京提出的"主权民主"政治理念，西方学者指责其作用之一是给加强对内统治披上合法的外衣，避免国际上的指责；其二是挑战西方的民主和人权。在独联体地区发生"颜色革命"期间，西方国家更是肆意散布丑化、扭曲俄罗斯国家形象的信息。俄罗斯国内的腐败问题也使其在国际社会饱受诟病。在国际舆论环境中，西方国家严重损害了俄罗斯的国家利益和国家形象。开展软实力外交，对一个国家实现长远的发展大有裨益。近年来，俄罗斯为了创造良好的国际舆论环境做了很大的努力，取得了一定效果。但是，无论是在传统媒体领域还是在当今的新媒体领域，西方国家在国际舆论的对外转播中都占据着优势地位和掌握着主动权。俄罗斯面临的舆论环境非常恶劣，开展软实力外交迫在眉睫。

2. 以经济实力为主的硬实力削弱

在约瑟夫·奈看来，软实力和硬实力两者不是彼此孤立的，而是相辅相成的。一国强大的经济和军事实力可以为软实力的发展提供坚实的物质基础，同时也是一国在国际社会上吸引力的来源，而硬实力的丧失，如经济低迷、军事力量衰弱，不仅会使一国参与国际议程的能力丧失，而且会使其吸引力下降。当前，俄罗斯的经济颓势和国际上油价的不断下跌极大地制约了其软实力的发展，硬实力不足给俄罗斯软实力外交的发展带来了严峻的挑战。

在前两届总统任期内，普京使俄罗斯实现了年均 7.2% 的高速增长。然而自从普京于 2012 年第三次就任总统以来，俄罗斯经济的增长速度明显放缓。到了 2013 年，俄罗斯的经济状况更是不容乐观，步入低速发展轨道。2014 年以来，俄罗斯的经济出现颓势，通货膨胀严重，以经济实力为代表的硬实力的不足极大地制约了俄罗斯软实力的发展，减弱了其软实力外交的效果。在俄罗斯的学者和政治精英看来，应该优先发展本国的经济实力等硬实力，从而为俄罗斯的软实力积累资源。近年来爆发的国际金融危机和能源市场的变化，再加上西方国家的制裁，对严重依赖石油出口的俄罗斯造成了非常不利的影响。2015 年是俄罗斯内外交困的一年。2015 年 9 月，俄罗斯开始了对叙利亚境内的国际恐怖主义势力的军事打击行动。俄罗斯在叙利亚采取行动，一方面是反恐的需要，另一方面也出于借此改变俄美关系的政治目的。但是结果不尽如人意，借中东战略来改善与西方的关系充满很大的不确定性，目前难以有实质性的突破。经济上的疲软、能源优势的丧失、国家安全的威胁，这些硬实力方面的不利因素都将制约俄罗斯软实力的发展。

3. 西方国家的制裁不断升级

西方国家的制裁给俄罗斯软实力外交的发展带来了严峻的挑战。俄罗斯软实力外交的持续性受乌克兰危机后国际局势的影响。由于西方国家的全面制裁，俄罗斯不仅经济发展迟缓，而且在国际上的影响力也进一步降低。普京执政下的俄罗斯面临严重的经济困境和外交孤立局面，俄罗斯无法拥有良好的国内和国际环境来发展软实力。

欧美的制裁使俄罗斯在经济上遭遇重大挑战。欧美对俄罗斯实施制裁的一揽子计划主要集中于 4 个领域：一是冻结相关人员的资产；二是禁止对俄罗斯出口军事技术装备；三是禁止向俄罗斯石油工业提供特种技术设备；四是封闭俄罗斯企业和金融机构进入全球主要金融市场的通道。[1] 随

---

[1]　马鑫、许钊颖：《美国对俄罗斯的金融制裁》，《美国研究》2015 年第 5 期。

着时间的推移，制裁不断加码。在欧美制裁下，俄罗斯的大型能源、金融公司以及国防企业融资困难，国际油价持续低位运行更使情况雪上加霜，卢布贬值严重和资本外逃速度加快，这加剧了俄罗斯的通货膨胀，使俄罗斯的经济发展速度放缓。在这种情况下，为了解决通货膨胀的问题，俄罗斯政府又提高了基准利率，这反过来又抑制了经济增长。俄罗斯的经济情况不断恶化。据相关统计，西方制裁和过低的油价等一系列因素叠加起来，使俄罗斯经济陷入自2009年以来最严重的衰退之中，2015年GDP降幅达3.8%，卢布汇率更是暴跌130%以上。①

与此同时，俄罗斯在国际社会上遭到了欧美的孤立。在当今日趋激烈的国际竞争中，西方国家占据着主导地位，它们不但拥有坚实的物质基础，掌握国际话语权，而且主导国际规则和国际机制的制定。在当今的国际体系中，俄罗斯被挤到边缘位置，国家影响大大削弱。事实上，欧美的制裁严重损害了俄罗斯的国家利益，在缺乏良好国际环境的背景下，俄罗斯要想发展软实力是非常困难的。

二 俄罗斯软实力外交存在的不足

1. 俄罗斯软实力外交观念存在误区

当今国际竞争越来越激烈，趋向于综合国力的竞争，不仅体现在经济、军事等硬实力的竞争上，而且还体现在意识形态、文化、国民素质、国家凝聚力等软实力的竞争上。软实力外交作为实现对外战略任务的工具受到了越来越多国家的青睐，实现软实力和外交有效的结合被许多国家提上国家议程。

2008年，俄罗斯政府成立俄罗斯国际合作署，大大促进了俄罗斯软实力外交的开展。俄罗斯为提升本国的软实力做出了很大的努力，取得了一定的成绩，在改善国家形象、缓解独联体地区疏俄亲美的离心倾向方面，起到了一定的作用。但是，在软实力外交的理念认知上，俄罗斯仍然存在着不小的误区，这严重制约了俄罗斯软实力建设的深化。一方面，由

---

① "Оперативный мониторинг экономической ситуации в России ", тенденции и вызовысоциально-экономического развития. № 17 （ Декабрь ） 2015г, http：//www. vedi. ru/macro_ r/IEP_ Moni-tor_ 2015 – 17 – december. pdf.

于"偏硬轻软"的历史惯性,俄罗斯对软权力的作用不够重视。历史上的俄国,过于偏重使用硬实力。甚至是在软实力发展比较好的苏联时期,俄罗斯加强软实力建设的方式也是通过以经济和军事实力为代表的硬实力输出苏联模式和意识形态,走的是单向援助模式。虽然软实力的概念早在冷战结束前就已提出,但在俄罗斯国内一直鲜少被提及。近年来,俄罗斯很重视软实力的建设,正在努力摆脱苏联原有的软实力输出模式,期望通过整合原有资源、精简机构、调整国家监管职能等手段,在巩固和统一国内文化认同的基础上,对外积极发展公共外交和国际发展援助计划,以改善俄罗斯的国际形象,提升国家软实力。但是从俄罗斯软实力外交的实践来看,其更多的是把软实力作为硬实力的补充,一直没有从"偏硬轻软"的模式中走出来。另一方面,俄罗斯国内对软实力的理解不甚明晰。俄罗斯学者指出,俄罗斯人对软实力的理解过于简单:或者认为软实力政策就是一种间接拉拢同伴的"半硬性"做法,或者干脆将软实力政策看成举办音乐会、展览等纯"软性"措施。[①] 这些观念误区阻碍了俄罗斯软实力外交向高水平的发展,导致俄罗斯软实力外交的效果并不是特别理想。在国际社会上,俄罗斯的国家形象也一直没有恢复到苏联时期的水平。乌克兰危机爆发后,特别是克里米亚加入俄罗斯联邦以来,俄罗斯受到了西方国家的严厉制裁,在西方世界的国家形象更是一落千丈。

2. 俄罗斯软实力外交的实施主体单一

经过多年的努力,俄罗斯软实力外交的主体逐渐呈现出多元化的趋势。除了俄罗斯官方以外,非政府组织也开始参与其中,但就目前来说,俄罗斯政府仍然是软实力外交的主力军。俄罗斯对软实力的理解具有自身的特色。从 2013 年版《俄罗斯对外政策构想》中软实力的定义可以看出,俄罗斯政府对软实力的定位是以国家或政府为主导,以民众或社会为辅助。美国在对外交往中,除重视发挥政府机构的作用外,还很重视通过各种非政府组织或民间机构向全球推广美国的价值观念和意识形态。美国开展软实力外交最值得借鉴的地方在于,一是参与主体的多元化,二是活

---

① Взгляд Косачева на "мягкую силу" России. 4 ноября2012года, http://russkg.ru/index.php? option = com_ content&view = article&id = 3217: ——q-q-&catid = 66:2012 – 01 – 16 – 18 – 21 – 45&Itemid = 1.

动形式的多样化。美国在独联体国家的"颜色革命"之所以取得了很大的胜利，与美国非政府组织的策划和组织密不可分。美国为海外非政府组织的发展提供了大量的资金和政策支持，像自由之家、美国民主体制中心等非政府组织的存在极大地提升了美国的影响力，有助于美国掌握国际舆论，以及在全球扩大势力范围。约瑟夫·奈在2013年发表的关于中国和俄罗斯软实力问题的文章中指出，过于强调国家对软实力建设的指挥作用和忽视民间社会的力量是中俄当前软实力发展的弊病。①

普京执政以来，俄罗斯在软实力建设上做出了很大的努力，不仅大力推进人文交流，而且积极参与和推动国际机制合作。然而，这些活动都直接或间接地由俄罗斯政府发起或推动。以瓦尔代国际辩论俱乐部为例，虽然其对外宣称自己为公正的、独立的非营利性机构，起到的是平台的交流和合作作用，但是瓦尔代会议呈现出浓厚的官方色彩。瓦尔代会议期间，俄罗斯政府除了组织国内学者与世界上研究俄罗斯问题的专家学者进行交流外，还会安排俄罗斯官员参与会议，不但如此，普京也会亲自参与其中，并回答与会代表人员的提问，这说明瓦尔代会议与俄罗斯官方的关系很密切。事实上，依靠政府进行宣传的可信度非常低。而俄罗斯其他负责发展软实力的机构，如国际合作署、国际形象委员会、"俄罗斯世界"基金会都是隶属于俄罗斯外交部或者与外交部关系比较密切的组织，俄罗斯在发展软实力上对非政府组织的重视程度还不够。

3. 俄罗斯的对外传播手段简单

自普京执政以来，俄罗斯加强了对媒介的管理和运用。在对外传播上，俄罗斯取得了很大的成果，特别是在乌克兰危机中，俄罗斯媒体的报道打破了西方国家对信息的垄断，在一定程度上赢得了国际社会民众的同情。

然而，俄罗斯在媒介的管理上也存在着一些问题。俄罗斯的对外传播方式更多是单向性的，缺乏双向的传播方式。一方面，俄罗斯的信息大多

---

① Joseph S. Nye, Jr., "What China and Russia Don't Get About Soft Power", April 29, 2013. http：//www. foreignpolicy. com/articles/2013/04/29/what_ china_ and_ russia_ don_ t_ get_ about_ soft_ power.

倚重本国媒体的传播，对西方国家而言，其接受俄罗斯信息的渠道不够通畅。在便利性上，俄罗斯对境外媒体提供的帮助也不够，外媒在俄罗斯的登记手续非常烦琐，导致外媒直接在俄罗斯获取信息非常困难，国际社会认为俄罗斯的信息传播存在不开放和不透明的缺陷。另一方面，俄罗斯的对外传播过多地侧重宣传本身与传播策略的运用，既缺乏与本国民众的互动和交流，又缺乏与国际社会的互动。传统上，信息传播往往以一国政府为主体，通过自上而下的等级制进行，当今的时代是新媒体时代，一个国家的政府仅依赖垂直式的传播方式是不够的，还必须重视与本国民众的互动和交流。然而，俄罗斯政府对新媒体的使用却更多的是将它作为信息发布和分享的平台，缺少和民众的沟通。在国际社会上，类似"今日俄罗斯"这样的俄罗斯媒体更多的是采取单面宣传策略，通过传播反西方的观点甚至是贬低西方国家形象的手段来达到宣传俄罗斯国家形象的目的，而不是在表达己方观点的同时列出对立方的观点。事实上，通过讨论互动有助于加深俄罗斯民众对自身国家的了解，同时增加国外民众对俄罗斯的好感。

三　对俄罗斯软实力外交的建议

1. 加强国家形象的品牌建设

国家形象是一国重要的无形资产。而品牌概念常见于经济学领域，国际关系学中国家的品牌除了包括知名的企业品牌外，还可以延伸到国家形象的建构上。好的品牌有助于国家提高知名度，树立良好的国际形象。俄罗斯在国际社会的舞台上，既缺乏能代表国家形象的文化品牌，又缺乏享誉全球的经济品牌。因此，俄罗斯应加强国家形象的品牌建设。

在文化产品上，俄罗斯的文化还停留在产生吸引力的初步阶段，没有上升到对人们的心理和行为产生影响的影响力阶段。[①] 就俄罗斯最有优势的文化形象而言，俄罗斯的文学作品、芭蕾舞、独特的东正教建筑都是很好的文化资源，然而，俄罗斯没有很好地将自己的优势发挥出来。一提到

---

① 　许华：《俄罗斯国家形象与软实力》，《俄罗斯东欧中亚研究》2013 年第 3 期。

俄罗斯，国际社会并没有对俄罗斯的文化形成一个整体的印象，呈现的基本上是零碎化的特点，甚至比较负面。软实力外交的目的是要展示一个民主、自由、进步的国家形象，但是首要的是让世界了解一个真实的俄罗斯。对此，俄罗斯政府可以集思广益，创造出既能承载俄罗斯文化内涵，又能在国际社会上被广泛接受的代表国家形象的标志物，产生一想到标志物就能联想到俄罗斯的效果。俄罗斯应该加强经济产品的品牌建设，使俄罗斯的企业走出去。此外，俄罗斯政府要发挥名人效应为软实力外交活动造势。为了在国际社会上获得更多的支持，在维护国家利益的基础上尽量"软化"，积极改善俄罗斯的国家形象。

2. 鼓励民间力量参与软实力建设

民间力量是相对于政府的一个概念，涵盖面广，除了包括非政府组织、基金会外，还包括海外留学生、知名学者、宗教领袖等。民间力量已经逐渐成为国际社会上一支很重要的力量，它还具有独特的优势，在向国际社会传达声音时，往往比官方更具有亲和力和说服力。

长期以来，美国、英国、法国等发达国家开展软实力外交，成果显著。它们倾向于以本国的经济、教育、科技、文化资源为依托，逐渐探索出一条由政府出资、"第三部门"组织管理、多方参与的道路。大量具体琐碎的工作通常委托给"第三部门"运作，比如公关公司、高等院校等，同时普通民众和非政府组织也参与其中，向世界传达它们国家的意志并开展活动。美国民主基金会策动独联体国家的"颜色革命"就是一个案例。然而，在软实力外交的实践层面，俄罗斯主要依靠政府来推动。俄罗斯目前对非政府组织严格限制，导致非政府组织不但数量少，而且在国际社会上的影响力不够。要改变目前的状况，俄罗斯要推动本国非政府组织参与国际活动，着力培育能对国际社会施加一定影响的非政府组织。首先，俄罗斯要重视非政府组织的作用，提高非政府组织的地位。其次，要完善与非政府组织相关的法律法规，一方面为其提供发展空间，另一方面加强对其的监督管理，促使其健康发展。最后，在社交媒体的国家管控上，俄罗斯政府可以适当"缺位"，引入一些积极的非官方因素，有选择性地创建一批适合非政府组织、社会组织和私人交流和互动的平台，同时在平台上重点培养核心受众并使其担当"意见领袖"，成为社交网络的"二级传播者"。① 针对网友的评论快速进行回复，把线上和线下的活动很好地结合起来。

3. 注重软实力外交效果的评估和反馈

软实力外交的主要任务应和阿列克谢·多林斯基（A. Dolinsky）提到的公共外交的主要任务类似，"一是使外国受众了解本国政府和社会的观点，二是得到反馈，三是根据反馈来修正战略"。② 目前来看，俄罗斯的软实力外交更多的是把注意力放在了政策工具的使用上，而对软实力外交的效果评估和反馈却较少关注。

为什么俄罗斯的主权民主被西方学者视为专制的代名词？花巨资打造的国家传媒却在国际社会上缺乏公信力？这不能不引起俄罗斯政府的反思。就俄罗斯丰富的文化软实力资源来看，俄罗斯文化在世界的排名靠前，然而，俄罗斯的软实力外交没有把这种具有吸引力和说服力的文化软实力资源调动起来，关注的却是具有较大难度的政策消息的发布，导致软实力外交效果不佳。

因此，在当前阶段，俄罗斯应提升政府软实力外交活动的议程设置能力，包括国家形象的整体定位、国家核心价值理念的传达、运行机制的组织、效果的评估反馈等。针对软实力外交的阶段性目标和具体的手段措施，应在此框架内根据具体的情况不断进行调整。需要注意的是，俄罗斯要适当修改自己的话语体系。俄罗斯应将自己的观点转化为国际社会的主流话语，提高构建和参与国际机制的能力，为了进一步传播本国的话语，俄罗斯在捍卫国家利益的基础上，也要站在受众的角度耐心地解释自己的观点、立场和看法。注重积极发挥非政府组织、国际机构、跨国公司的作用来达到本国的外交目标，这样才有可能获得国际社会的认同、理解和支持。在实施软实力外交的过程中，俄罗斯要注重对软实力外交效果的评估和反馈，把软实力和俄罗斯的外交政策更有效地结合起来，发挥俄罗斯这个国家整体的能量，从而进一步提高自己的国际地位和威望。

---

① 赵鸿燕、刘超：《俄罗斯公共外交的传播瓶颈与未来发展路径》，《国际问题研究》2013年第4期。

② 〔俄〕斯韦特兰娜·克里沃希日、陈维：《公共外交的东方路径？——中俄公共外交发展比较》，《公共外交季刊》2015年第3期。

第四章

普京执政以来俄罗斯的公共外交

普京执政以来，俄罗斯为改善国家形象并扩大全球影响力，加大推行公共外交力度，力争改变外国公众对俄罗斯的片面印象，重塑俄罗斯的正面形象，促使外国政府与公众更全面地知晓与认同俄罗斯的外交政策。俄罗斯为提升其影响力，加快了改善公共外交的步伐，成立非政府组织机构，拓展公共关系并加强媒体宣传。针对西方社会的公共外交政策也有所调整，以减少西方国家对俄罗斯的敌视。

第一节　普京执政后俄罗斯公共外交战略的特征

一　公共外交在俄罗斯外交战略中得到强化

普京执政后，公共外交逐渐受到重视。2000 年俄罗斯的外交政策中首次提到公共外交，任务是促使海外形成对俄罗斯的正面看法。[1] 2004 年，普京在驻外使节与代表大会上指出，使馆和其他驻外办事机构应在历史、文化、国内和外交政策以及当今发展等方面积极塑造俄罗斯的良好形象，以维护俄罗斯的立场。[2] 2008 年，公共外交在俄罗斯的地位

---

[1]　I. Sh. Shamugiya, "Russia's Public Diplomacy: Origin and Development", see from http://www.scienceforum.ru/2016/pdf/26228.pdf.

[2]　万青松、王树春:《俄罗斯的软实力外交评析》,《国际展望》2013 年第 3 期。

日益凸显。2012 年普京再次当选总统后，加大了在公共外交上的投入。俄罗斯政府开展多种形式的公共外交活动，调整公共外交的政策与战略，并获得了一定的成效。2013 年 2 月，俄罗斯国家对外政策基础性文件——新版《俄罗斯联邦外交政策概念》出台，强调使用现代方法处理外交事务，包括开展经济外交、注入软实力因素、主导全球信息流，同时关注俄罗斯公民和海外同胞的权益。这标志着俄罗斯外交战略步入一个新阶段，显示出公共外交成为俄罗斯政府未来的工作重心之一。[①]

二　俄罗斯公共外交组织趋向多样化

俄罗斯现在负责公共外交的主要机构是外交部、教育部及其下属机构，它们是俄罗斯公共外交的主导力量，非营利组织和智库的参与有所增强，大众媒体的表现也比较突出。可以看出，俄罗斯公共外交的组织体制接近多部门协同型体制，形成了政府部门、智库和媒体相互促进的三级组织。

1. 政府部门负责公共外交战略的制定与修订

梅德韦杰夫任总统期间，俄罗斯公共外交有了新进展。2008 年 9 月，"苏维埃社会友谊联盟"被重命名为"俄罗斯国合署"，这一名称的变化显示更多的公共外交资源将直接面向独联体国家。该组织附属在外交部和信息与新闻部之下，旨在使俄罗斯丰富的物质和精神文化遗产得到最大限度的弘扬。[②] 其基本职能是促进俄罗斯联邦与后苏联空间中独联体国家之间在文化、经济领域的交流，并由俄罗斯国家杜马国际事务委员会前主席康斯坦丁·卡萨切夫担任署长。该组织在推进人文交流方面十分活跃，包括推进友好城市之间的交流以及与其他国家的各类友好协会的交流。[③]

---

① 赵鸿燕、刘超：《俄罗斯公共外交的传播瓶颈与未来发展路径》，《国际问题研究》2013 年第 4 期。

② Sinikukka Saari, "Russia's Post-Orange Revolution Strategies to Increase its Influence in Former Soviet Republics: Public Diplomacy po russkii", in *Europe-Aisa Study*, Vol. 66, No. 1, January 2014, pp. 50 – 66.

③ 〔俄〕斯韦特兰娜·克里沃希日：《公共外交的东方路径？——中俄公共外交发展比较》，《公共外交季刊》2015 年第 3 期。

2015 年 3 月，普京任命柳博芙·格列博娃担任俄罗斯国合署的署长，以便于更好地传播俄罗斯的国际形象。

2. 公共外交智库主要从文化、教育、科研等方面对外进行交流与合作

2007 年 7 月，普京亲自授权成立的俄罗斯世界基金会是俄罗斯公共外交的重要智库。与以往比较强硬的方式相比，它反映了温和的外交手法。俄罗斯世界基金会重点在独联体国家推广，起初是俄罗斯知识分子讨论的一个政治性概念，但最终获得了俄罗斯政治精英们的赞同。该基金会名称本意是集体、和平、世界，因此，基金会通过支持、加强和鼓励俄罗斯语言、传统价值观以及文化的传播，促进国家间的了解，增强俄罗斯海外侨胞与祖国家园的联系。俄罗斯世界基金会与俄罗斯外交部、教育科技部紧密协调，每年联邦政府从国家预算中为该基金会拨款 2000 万美元。此后，为了促进俄罗斯的语言和文化发展，俄罗斯在 44 个国家开设了俄语中心。该基金会也为个人项目和非政府组织提供资助，为俄罗斯创造了良好的社会舆论环境，加强了俄罗斯海内外侨胞的联系。[①] 俄罗斯世界基金会是自家与舶来的统一与融合。一方面，它效仿了英国文化协会、德国歌德学院这样的西方国际文化关系机构，来促进俄罗斯语言和文化的推广；另一方面，它获得了海内外侨胞团体的支持，有利于地缘政治目标的实现。俄罗斯世界基金会和俄罗斯国合署的职能有重叠之处，但两大机构在国内外一系列的研讨会、圆桌论坛、交流活动上十分默契。

3. 俄罗斯公共外交媒体以宣传俄罗斯国家形象与推广俄罗斯文化为主要任务，近来加快了国际化的步伐

2015 年 12 月 2 日有媒体报道称，统一俄罗斯党最高委员会主席鲍里斯·格雷兹洛夫呼吁组建中俄联合国际新闻通讯社。[②] 这个项目在 2016 年启动，通讯社将分别在中俄两国工作。俄罗斯通过中国奉行的国际和

---

① Sinikukka Saari, "Russia's Post-Orange Revolution Strategies to Increase its Influence in Former Soviet Republics: Public Diplomacy po russkii", in *Europe-Aisa Study*, Vol. 66, No. 1, January 2014, pp. 50 – 66.

② 柳玉鹏、白云怡：《中俄合作挑战西方话语权？专家：美国肯定不开心》，环球网，http://mil. huanqiu. com/observation/2015 – 12/8102137. html。

平、和谐的外交政策，以中俄联合国际通讯社这一公共传媒，来减少与西方的文明冲突。俄罗斯与中国共建联合国际通讯社是中俄文明共同向世界传输的开始，这会给俄罗斯的公共外交带来正面效应。

三 针对西方国家和独联体国家的公共外交策略不同

普京执政后，俄罗斯的公共外交策略从苏联时期以隐蔽方式为主转变为以非政府组织外交为主。俄罗斯公共外交呈现出两条明显不同的主线：一条主要针对西方国家，另一条则主要针对独联体国家包括波罗的海诸国。

1. 对西方国家采取吸引与说服的策略

普京执政后，俄罗斯投入大量资金开展各种形式的公共外交活动。俄罗斯努力完善国际广播新闻服务，加强与国外教育文化机构之间的联系、交流与合作，加大对国际出版的宣传力度，建立国外亲俄的智库，希望对西方的选举以及重要团体的决策产生影响。目的在于消除西方世界对俄罗斯的固有敌意和误解，树立一个积极正面的形象。

俄罗斯在国际广播报道方面做出了重大努力。投入大量资金完成新闻社的现代化建设，创建英文国际电视频道"今日俄罗斯"。"今日俄罗斯"的开办耗费3000万美元，核心团队是年轻的俄罗斯专业媒体人士以及外国记者，是俄罗斯国营的有线和卫星电视网络，面向国际公众，用英语、阿拉伯语、西班牙语三种语言，以俄罗斯的视角和观点报道国际和国内时事，介绍俄罗斯在各种国际问题中的立场和观点，是美国收视率仅次于BBC世界新闻的外国频道。在全球100多个国家拥有6.3亿名观众，并跻身美国最受欢迎外国电视频道，成为视频网站YouTube历史上首个点击量过百万的电视新闻频道。

俄罗斯先后建立了多家智库，希望能够对西方政治活动和政治决策产生影响，树立俄罗斯良好的国际形象。瓦尔代国际辩论俱乐部成立于2004年，此论坛每年邀请世界知名的专家学者、政治家等各领域名人与俄罗斯总统、政治精英们见面谈话。它的目标尤为明确，在俄罗斯针对西方的公共外交所做出的努力中，就声誉度来说，瓦尔代国际辩论俱乐部是最成功的。俄罗斯还积极与西方知名公关公司合作，在2006年圣彼得堡举办的八国峰会上，俄罗斯聘用了美国公关公司巨头凯彻姆（Ketchum），借此实现与西方媒体更有效的沟通，并讲述"俄罗斯故事"。凯彻姆网站显示，它们的努力让峰会的正面报道增加了一倍。2007 年，俄罗斯在莫斯科设立了民主合作机构，此机构的目的是坚定俄罗斯的民主立场，揭示西方违反民主和人权的原则。① 此后，俄罗斯分别在纽约、巴黎开设了民主合作机构的办事处。2010 年，俄罗斯又成立两个著名的公共外交机构，一个是以 19 世纪的外交家戈尔恰科夫命名的戈尔恰科夫公共外交基金会，另一个是国际事务理事会。这两个机构主要面向西方大众。戈尔恰科夫公共外交基金会为各种非政府组织提供资助，旨在为非政府组织指引正确的方向，促进非政府组织积极参与国际合作。② 国际事务理事会由俄罗斯前外交部部长伊戈尔·谢尔盖耶维奇·伊万诺夫负责，主要为俄罗斯研究提供资金、发表文章、开展各类活动，目标是促进俄罗斯学者与国外专家、民间社会团体的合作。

俄罗斯针对西方的公共外交政策似乎是西方国家公共外交与残存的苏联文化外交的一种奇妙结合。俄罗斯不遗余力地向西方描绘俄罗斯国家和国民文雅、积极向上、团结凝聚的图景。俄罗斯对上述相关机构的改革，不仅是使俄罗斯对外形象更加多元化的一种尝试，也是向西方公共外交政策靠拢的一种尝试。然而，迄今为止，俄罗斯公共外交在实际中屡遭瓶颈，不但没有显著改善俄罗斯的负面形象，甚至被曲解为"试图开启新一轮冷战，重新恢复苏联势力"。③

2. 对独联体国家采取"操控"但同时弱化意识形态的策略

普京执政以来，俄罗斯公共外交的优先战略方向仍然是独联体国家，针对独联体国家的公共外交政策日益增加。近年来，俄罗斯公共外交中针对独联体国家的资金和机制建设比西方国家要多得多。2005 年 2 月，普京成立了隶属于俄罗斯联邦总统办公厅的对外地区文化合作局，任命知名政治家科列诺夫为局长。尽管名称上没有明确标示，但此部门主要针对的

① "Interview with Anatoly Kucherena", in *Russia Today*, January 17, 2008, see from http：// rt. com /politics/interview-with-anatoly-kucherena-2008-01-17/.

② I. Sh. Shamugiya, "Russia's Public Diplomacy：Origin and Development", see from http：// www. scienceforum. ru/2016/pdf/26228. pdf.

③ 赵鸿燕、刘超：《俄罗斯公共外交的传播瓶颈与未来发展路径》，《国际问题研究》2013 年第 4 期。

是独联体国家。以前此类文化合作问题由外交部处理，但由于其具有不可忽视的重要性，所以需要成立一个专门的部门来协调。科列诺夫首先实施了在周边邻国地区加强并扩大俄罗斯政治参与的新政策，同时加大了对亲俄的青年团体、侨民组织，以及为俄罗斯在独联体国家提供信息的研究中心和智库的帮助。对外地区文化合作局近年来在周边国家开展历史文化交流，推广俄语，成为俄罗斯公共外交的重中之重。俄罗斯还有小部分政治精英充当着"政策企业家"的角色，继续完善俄罗斯对独联体国家的政策。最典型的莫过于莫斯科的前任市长尤里·米哈伊洛维奇·卢日科夫以及他所领导的莫斯科地方政府对独联体国家奉行的政策，克里姆林宫以及国家杜马对其政策表示无条件的支持。自1996年11月，卢日科夫就已成立"莫斯科－克里米亚经济和人道主义发展基金会"，来加强莫斯科政府与克里米亚的密切合作。2005年，莫斯科市政府批准了与独联体国家2006～2008年的合作计划，该项目重点包括对非政府组织提供经济和法律援助、俄语教育和医疗方面的帮助，并促进经济交流。①

俄罗斯针对独联体国家的公共外交政策主要有四个方面。一是政治参与。俄罗斯不再是和单一或几个而是全方位地与亲俄盟友构建关系以维护自身利益。其他措施包括抚慰亲俄政党、增强对外政治的控制力、帮助亲俄势力参加竞选。二是非政府组织外交。主要是设立和支援国外亲俄的团体、少数民族、独立派组织以及智库。三是建立自己的国际频道，加强国内媒体与国外媒体的交流与合作。四是致力于文化的交流合作，利用国外公关公司宣传与俄语以及俄罗斯历史相关的活动、论坛。以上这些政策以俄语为辅助工具，恢复俄语和俄罗斯文化在近邻地区的影响力。同时，公共外交不仅涉及文化领域，也包括经济领域、能源领域。

因此，俄罗斯对周边地区的公共外交既有国际出版、广播、文化外交、国际会议这些公开的外交方式，也有情报传播等隐蔽的外交方式。普京执政时期，俄罗斯的公共外交与苏联的公共外交有不同之处。首先，回避了意识形态方面的内容。其次，实施领导者不仅是国家最高权力机构，

---

① T. Malmiof, "The Russian Population in Latvia-Puppets of Moscow?", *FOI Report*, No. 5, 2006, p. 70, http: //www2. foi. se/rapp/foir1975. pdf.

而且有其他关键人物扮演着重要作用。最后，俄罗斯对独联体国家调整后的公共外交政策是以海外侨胞（俄罗斯族）作为在苏联地区获得影响力的工具。从对俄语相关奖学金的支持到对与俄罗斯历史息息相关的问题的重视，可以看出在独联体国家境内的俄罗斯族人有着不可忽视的作用。

第二节　俄罗斯公共外交的启示

公共外交是以沟通、劝说机制为基础，以构建国家正面形象为目标，以思想、文化和制度的吸引力为支柱的外交形式，这是一种长期运作的工具。普京执政时期俄罗斯公共外交虽然在某些情况下并没有完全取得期望的效果，但总的来说，这一时期的公共外交为俄罗斯创造了有利的国际环境。因此，对中国的公共外交机制建设和发展具有以下几点启示。

一　突出扩大文化多元化和平等参与的理念

独联体国家是俄罗斯公共外交的立足点，俄罗斯在该地区具有文化、语言、历史辐射的优势。俄罗斯的流行文化、媒体传播在独联体国家一直占据主导地位。在这一优势基础上，与这些国家进行多民族文化交流互动，建立更加公平、开放的市场原则，保障在俄罗斯的雇工的合法地位，按规范标准和协议承诺增进互利合作，那么俄罗斯在这些国家的影响力将无可取代。尽管独联体国家受西方影响很大，但实际上，它们从来没有像中欧和波罗的海诸国那样，坚定无疑地加入欧盟，[①]独联体国家有权选择亲西方还是亲俄。未来，俄罗斯仍会把发展与独联体国家的关系作为优先方向，通过全力构建"欧亚联盟"，努力成为"多极世界的真正一极"。俄罗斯对独联体国家公共外交策略的改进，为中国对周边国家公共外交尤其是对亚洲儒家文化圈国家的公共外交提供了宝贵的经验。

二　通过加强新媒体建设提升国家的国际形象

公共外交首先要让世界了解一个真实的俄罗斯。在西方国家具有国际

---

① A. Wilson, "Eastern Europe's Balancing Act", *Current History*, Vol. 109, No. 729, 2010, p. 296.

话语权，而俄罗斯的现实国家形象不被认可的背景下，俄罗斯借助软实力，采用设立新媒体形式、主导全球信息流等现代方式推广本国的文化和价值观，以改变西方国家对俄罗斯的固有印象。以"今日俄罗斯"、《生意人报》等为代表的新媒体异军突起，成为与西方媒体对阵的堡垒。俄罗斯国合署还与相关部门合作制定一份旨在扩大俄罗斯全球人文影响力的综合战略方案，通过加强与海外俄侨的联系，推广俄罗斯语言和文化，促进国际发展，改变俄罗斯的国际形象。同时，俄罗斯在媒体宣传中通过调整话语体系，将自己的观点转化为国际社会的主流话语，提高构建和参与国际机制的能力，以努力避免俄罗斯的国际身份被固化。俄罗斯在加强新媒体建设、提高国家形象方面做出了有益的探索，可为中国创新公共外交在方式提供参考。

三　通过评估和反馈外交效果来调整外交政策

公共外交的主要任务，一是使外国受众了解本国政府和社会的观点，二是得到反馈，三是根据反馈来修正战略。[1] 俄罗斯的文化资源比较丰富，然而，俄罗斯公共外交没有把具有吸引力和说服力的文化软实力调动起来，主要把公共外交作为一种政策性的工具。南非国际事务研究所副研究员汤姆·惠勒（Tom Wheeler）说："在非洲，从各大媒体都可以看到俄罗斯的政治图景，比如普京选举等。然而，我几乎回忆不起任何有关俄罗斯文化外交的事务。"[2] 这说明，俄罗斯公共外交主要是政策消息的发布，对公共外交的效果评估和反馈关注较少，开展公共外交的效果很不均衡。因此，中国应该有针对性地制定公共外交的阶段性目标和具体的手段措施，依据反馈的具体情况不断进行调整，把公共外交和总体外交政策更有效地结合起来，发挥国家整体的力量，进一步提高国家的国际地位和威望。

---

① 〔俄〕斯韦特兰娜·克里沃希日、陈维：《公共外交的东方路径？——中俄公共外交发展比较》，《公共外交季刊》2015 年第 3 期。

② Kester kenn Klomegah, "Promoting Russia's Culture in Africa", August 9, 2012, http：// rbth. com/articles/2012/08/09/promoting_ russias_ culture_ in_ africa_ 17207. html.

第五章

普京的欧亚联盟战略

2011 年 10 月 3 日，普京作为总统参选人，在《消息报》上发表署名文章，提出了在独联体地区建立欧亚经济联盟，并最终使之发展成为欧亚联盟的区域一体化构想。2012 年 5 月，普京开始了其俄罗斯总统的第三任期后，迅速开展与独联体各国更密切的外交往来，推动欧亚联盟战略的实施。

从现实层面看，在全球化的大背景下，区域合作是大势所趋，欧亚联盟是普京顺应形势，为俄罗斯修筑的加强对盟国影响、恢复大国地位之路。虽然提出时以经济联盟定位，但是最终发展目标是成立综合政治、经济、安全、文化等因素的国家联盟。普京表示"这不是要以某种形式重建苏联"，新的联盟将树立新的价值观以及政治经济原则，"我们提出的是强大的超国家联盟模式，它能够成为当今世界的一极，并在欧洲和亚太地区之间发挥有效的纽带作用"。① 建成之后的欧亚联盟，利用其地跨亚欧大陆的地缘优势，在欧洲可以加强与欧盟的经济互动，在亚洲可以与上合组织、亚太经合组织及丝绸之路经济带沿线国家和地区密切合作，同时整合欧洲和亚太各方资源，成为连接欧亚的纽带，不断扩大俄罗斯的影响力和势力范围。

从理论层面看，虽然欧亚联盟这一战略自提出之时即被相关学者关

---

① 《普京缘何倡议组建"欧亚联盟"？》，http：//news. xinhuanet. com/world/2011－10/07/c_122123216. htm。

注，但从研究成果看，仍更倾向于对独联体一体化的研究，对发展现状的研究系统性不强甚至存在主观色彩。因此，从理论、历史和现实的角度入手，全面梳理欧亚联盟产生和发展的脉络，对其发展现状进行客观分析，可以对其有一个全方位的认识。

第一节 欧亚联盟战略提出的背景

一 欧亚联盟战略提出的现实条件

1. "独联体"各国联系紧密

独联体各成员国不仅地理位置相邻，而且拥有共同的历史背景和文化背景，如今的经济联系也非常密切，有很大的相似性，因此，实现一体化的条件很充分。虽然对于苏联曾经的存在和意义，独联体各国的态度和观点并不统一，但是苏联当时确实发挥了相当大的作用，对世界产生了方方面面的影响，打在其成员国身上的烙印短期内不会消失。因此，在政治和经济方面，独联体各成员国之间仍然保持着很高的关联度，而且在基础设施方面，无论是能源运输还是交通通信，也都存在共用的情况。与此同时，在俄罗斯工作的独联体国家的移民数量逐年增多，俄罗斯每年 GDP 的 3% ~ 5% 是他们工作的成果。他们的收入占塔吉克斯坦 GDP 的一半，占吉尔吉斯斯坦和摩尔多瓦 GDP 的 30%。俄语和俄罗斯文化是维系欧亚大陆各族人民的天然纽带。对大多数独联体国家人民来说，俄语是母语或第二母语，甚至在有些独联体国家中熟练掌握俄语的居民比例高达 70%。[①] 在俄罗斯以外的独联体各国的居民中，有 2000 万人是俄罗斯族，在加强俄罗斯和独联体国家的联系方面，他们起到了不容忽视的作用。近几年，俄罗斯越来越重视向独联体地区扩大其影响力，并大力推行境外同胞政策，维护其文化和语言的自主性。此外，俄罗斯还设立了推广俄语和俄罗斯文化的部门，以恢复俄语和俄罗斯文化对独联体国家的吸引力，从

---

① 宋志芹:《普京建立欧亚联盟计划的动因和变数分析》,《西伯利亚研究》2013 年第 2 期。

而联盟内部的向心力在不断增强。

2.俄罗斯经济复苏和发展

普京自 2000 年担任俄罗斯总统以来，采取了切实有效的经济政策，使俄罗斯经济得到复苏。两个任期后，俄罗斯居民收入增加 1.5 倍，失业率降低 50%，国民生产总值提高 72%，人均国民生产总值达到 2 万美元，进出口交易总额是之前的 5 倍，外资引进额是之前的 7 倍。俄罗斯外汇储备大幅增加，国家外债比例降至历史最低水平，居民人均收入增多，跻身高收入国家行列。

有了经济实力的提升做基础，俄罗斯在整合欧亚地区资源方面有了更大的余力和发言权。在军事方面，加大军事研发投入，重点突出集体安全条约组织的作用，以快速反应部队为关键点，扩大国家间的国防军事合作，部署安全战略，以维护地区稳定局势。在经济方面，以白俄罗斯和哈萨克斯坦为合作伙伴，建立自由贸易区、关税同盟和欧亚经济共同体。在欧亚经济共同体内削减商品关税，打通能源运输渠道，为资本、服务和劳动力的高度流通创造条件，并朝着货币的统一方向努力。另外，经济的支撑也为高新技术和航天科技的研发交流提供了保障。由此可见，俄罗斯经济的恢复和发展奠定了其整合独联体地区的经济基础。

3.西方国家调整全球战略

从 2008 年"梅普组合"到普京再次任总统这段时期，世界政治经济格局发生了深刻的变化。全球经济经历了严重的危机，西方主要发达国家经济增长迟滞，通货紧缩和流动性紧缺问题严重。欧洲更是深陷主权债务危机，使欧盟的一体化也面临巨大危机。

在国际安全方面，2013 年，奥巴马在连任后的首份国情咨文中提出，将陆续撤离驻阿富汗美军，在 2014 年底结束阿富汗战争。之后，美国和阿富汗将在双边安全协议的基础上建立双边关系，美方将帮助训练阿富汗部队并提供装备，同时在阿富汗境内进行反恐行动，务求阻止"基地"组织再生祸端。不同于西方各国的处境，作为当时金砖国家之一的俄罗斯，尽管在金融危机初期也遭受打击，但其总体发展稳定。不仅避免将实质性的军事力量投入非核心区域，而且更多地运用"巧实力"强调大国间的协调，把盟友置于前台，令其充分发挥前沿干预和防御作用。除此之外，以金砖国家为代表的新兴国家快速崛起，在一定程度上推动了国际关系的民主化和世界格局的多极化。

俄罗斯对独联体地区态度转变的标志事件是 2008 年俄罗斯和格鲁吉亚发生的战争，也是俄罗斯在独联体的角色从被动应对到主动应对的转折点。北约的东扩步伐在俄格战争后暂停了，在东欧部署反导系统的战略也放缓，俄美关系得以重启。奥巴马政府上台后部署美国亚太新战略，将战略重心转移至亚洲和太平洋地区，从压制俄罗斯转为制衡中国。奥巴马在其第二个总统任期时，提出亚太"再平衡"战略。在此情况下，俄罗斯在欧亚面对的战略压力暂时得到缓解。

二　普京提出欧亚联盟的战略意图

1. 维护俄罗斯在独联体地区的战略利益

对俄罗斯而言，独联体地区的战略意义尤为重要。在冷战结束之初，俄罗斯在外交策略上倾向于西方阵营，把独联体的其他加盟国当作负担。之后西方大国逐步挤压俄罗斯战略空间的意图被俄罗斯认清，于是俄罗斯开始重新重视传统势力范围。《俄罗斯联邦对外政策构想》明确提出，俄罗斯对外政策的优先方向是开展与独联体国家的多边和双边合作。[①] 显而易见，俄罗斯计划借对独联体的整合实现其欧亚强国梦想。俄罗斯在这一地区的着眼点是：通过掌控欧亚地区的能源渠道提升俄罗斯的影响力；推动国防军事、航空航天技术领域的交流与合作；开拓国际市场；促进工业制造业部门的合作；吸引精英人才，高效利用地区人力资源；建立共同的经济发展空间；大力挖掘地区发展空间；实现俄罗斯成为欧亚强国的梦想。同时，为了整合独联体地区，俄罗斯还运用经济手段对一些独联体国家进行干预，将其并入俄罗斯的势力范围。

俄罗斯之外的独联体成员国，尽管经济总量相对较小，却拥有很丰富的自然资源，尤其是能源资源。独联体国家经济结构很相似，发展速度比较缓慢，贸易往来空间越来越小，因此独联体内部的贸易往来明显不如与

① 李新：《普京欧亚联盟设想：背景、目标及其可能性》，《现代国际关系》2011 年第 11 期。

外部国家的贸易往来活跃。欧盟、美国和中国是俄罗斯在独联体市场上的主要竞争对手，印度、土耳其等国也陆续加入了竞争。同俄罗斯一样，苏联解体后欧盟也开始拉拢独联体各国，试图增强在该地区的影响力，赢得战略利益。为此，欧盟先后推出了"联合行动计划"、"欧洲邻国政策"和"东方伙伴计划"，密切与独联体国家的联系。而美国则在掌控独联体国家的石油、天然气方面采取行动，哈萨克斯坦和阿塞拜疆的石油、天然气部门已在其掌控之下。同时，中国也成为独联体成员国发展对外经济关系的重要对象。

2. 恢复俄罗斯的文化影响力

自苏联解体，俄罗斯在欧亚地区的文化影响力大大下降。普京的欧亚联盟作为人文联盟，有利于恢复其在传统文化上的地位，而共同的文化根源就像一根天然的纽带，可以帮助联盟实现长远的合作和发展。俄语和俄罗斯的传统文化曾在欧亚大陆上辉煌了百年，无论是在俄罗斯帝国时期还是在苏联时期，俄语都被定为官方语言。语言是文化的载体和反映，所以俄语所承载的俄罗斯文化自然也成为当时的主流文化，对欧亚地区的大多数民族产生了重要的影响，所以苏联虽然民族众多，却能在国家意识方面达成统一。1991年，随着苏联的解体，欧亚各国纷纷开始采取各种措施来削弱俄语和俄罗斯文化的影响，比如减少俄语的教学时间，有的国家甚至取消了俄语教学。其后果就是年轻人的俄语水平大不如前，对俄罗斯文化的熟悉程度也逐渐降低。面对这样的状况，俄罗斯政府的不安感与日俱增。在2005年，俄罗斯政府方面就成立了"对外地区间联系和文化联系局"。为了进一步推广俄语和俄罗斯文化，扩大在欧亚地区的传播和影响力，俄罗斯政府还建立了"俄语世界"基金会，负责对外俄语教学，以语言的传播带动文化的传播。不仅如此，俄罗斯还积极地与欧亚其他国家在科教领域开展合作，携手建立共同的文化空间，增强俄罗斯文化的感召力。

3. 重塑俄罗斯的世界大国地位

根据普京对欧亚联盟战略的设定，不难看出他的战略意图，他希望借助欧亚联盟在全世界范围内重塑俄罗斯的大国形象，以使俄罗斯在多极世界中成为参与规则和秩序制定的重要力量。

作为世界上国土面积最大的国家，俄罗斯横跨欧亚两大洲。东面是日益成为世界聚焦点的亚太地区，且与实力和影响力迅速提升的发展中大国中国紧邻；西面是欧盟，如今欧盟饱受欧债危机的困扰，可以说是自身难保，同时欧盟对俄罗斯始终持怀疑的态度。俄罗斯夹在二者中间却倍感孤立，加之俄罗斯长久以来就有强国意识，这就使其既不会成为亚太地区的一员也不会做欧盟的随从。所以，俄罗斯要想避免在未来的世界格局中被孤立、被边缘化，就必须积极与独联体国家共同构建区域一体化，改变被动和弱势的状态，以积极和强势的姿态面对世界日新月异的变革和挑战。因此，俄罗斯需要抓住独联体国家迫切需要实现自身经济结构的优化、早日改变其世界经济原料附属国地位这一有利时机，加强与这些国家的多层次经济合作，以取得共赢的成果。除了可以在经济方面取得双赢，还能使独联体国家相互之间的向心力增强，便于由经济一体化开始，逐步实现政治经济和军事的高度一体化，逐步达成俄罗斯的强国目标。

第二节　欧亚联盟的主要目标及发展现状

一　欧亚联盟的目标

2011 年 10 月 3 日，普京以总统参选人身份发表文章——《欧亚新的一体化计划：未来诞生于今天》，哈萨克斯坦和白俄罗斯对此表示支持，两国领导人随即发文表明支持普京提出的欧亚地区一体化战略。

普京欧亚联盟战略明确提出以成员国经济利益为优先发展方向，遵守自愿、平等、主权独立原则，同时确认了构建的是超国家机构，并非要让渡主权。总结起来，普京的欧亚联盟战略构想大致包含以下三方面目标。

1. 建立超国家联合体

普京的欧亚联盟并不是对苏联的复制，它只是新的一体化机制，这个"新"表现在欧亚联盟是在新的价值观和新的政治经济基础上建立起来的。确切地说，欧亚联盟将会是超国家联合体，它是连接欧洲和亚太地区的纽带，在当代这个多极的世界格局中，它也是重要的一极。欧亚联盟，从建立的背景来看，它符合时代要求；从建立的基础来看，它建立在新的价值观和政治经济基础之上；从原则上看，它希望联盟中的各国能够实现互利共赢。通过融合各成员国的自然资源、资本、劳动力，可以使欧亚联盟的优势得到大大的提升，以更强势的姿态参与世界工业技术、投资就业、高科技等领域的竞争。同时，欧亚联盟也会携手欧盟、美国、中国、亚太经合组织等国家和国际组织，共同维护世界的和平稳定、繁荣发展。目前，欧亚联盟各成员国之间的合作主要集中在经济方面，特别是关税同盟。但欧亚联盟不会局限在经济领域，随着经济一体化的发展成熟，政治和军事一体化自然会逐渐被带动起来。

2. 成为连接欧洲和亚太的纽带

早在 2003 年，俄罗斯与欧盟就建立共同经济空间和协调经济活动达成协议。普京曾主张以开展自由贸易和开放市场的原则，建立横跨欧亚的大欧洲经济共同体，通过这一经济一体化机构，改变欧亚大陆的地缘政治和经济格局。

俄罗斯方面认定欧亚联盟是属于大欧洲范围的，是其重要组成部分，将充分遵循大欧洲的市场规则，发扬民主和自由。独联体国家横跨欧亚大陆，正是这得天独厚的地理位置，赋予了它们特殊的战略意义。也正因如此，它们成为美国和其他西方国家进行渗透并争夺的对象。独联体地区的各个国家自身基础相对薄弱，加之后来苏联解体对其造成了一定程度的冲击，这内外两方面因素都影响了独联体地区的发展，并给其带来重重矛盾。虽然当今世界的发展依旧受欧洲传统势力主导，但亚太地区的新型力量正在迅速崛起，而独联体作为连接两者的纽带，到底是走向"独"还是"联"又一次成为人们关注的焦点。

3. 赢得举足轻重的国际地位

普京希望欧亚联盟建成后，能够与欧盟进行直接谈判，这样可以加快欧亚联盟成员国融入欧洲的进程。之所以要建立欧亚联盟，就是要利用其特殊的地理位置，将独联体各成员国所具备的资源条件、发展空间融合起来。经过如此整合，那些相对弱小又分散的力量就能聚集在一起，并产生强大的能量。这股能量能为这些成员国各自的发展注入新的动力，更能让欧亚联盟在国际格局中占据重要地位。

普京曾公开表示，欧亚联盟的目标并非简单地融入世界体系，而是要参与决策进程和制定游戏规则。这就是说，欧亚联盟的目的就是建立一体化机制，该一体化机制的主导者是俄罗斯，以独联体国家为主要力量，发展目标就是要与以美国为首的西方相抗衡，成为这个多极世界格局中的重要一极，从而影响世界进程。

俄方提出，要想建成欧亚联盟，单靠俄罗斯自己是不可能的，各成员国必须团结起来，只有依靠集体的力量，欧亚联盟才能建立起来，才能成为重要的一极，带动世界经济实现繁荣发展，使文明取得更大进步，使各成员国共同走向富强。

二　欧亚联盟的发展历程

俄罗斯、白俄罗斯、哈萨克斯坦三国认为欧亚联盟建立的条件是统一的经济基础和关税同盟。欧亚联盟的核心是俄罗斯，主力是俄罗斯、白俄罗斯、哈萨克斯坦三国，辅助是塔吉克斯塔、吉尔吉斯斯坦，依托俄罗斯的大国地位，将区域经济一体化推向更高的水平和更深的层次。欧亚联盟存在的目的是成为地区独立的力量中心和世界强大的一极。

对欧亚联盟战略的推进起到最重要作用的是俄罗斯、白俄罗斯和哈萨克斯坦三国，它们以俄白联盟和俄白哈关税同盟为基础，以欧亚经济共同体为参照，注意借鉴其他地区一体化组织的经验并吸取教训，综合考虑国土范围、人口数量和质量、经济发展水平、技术水平、资源禀赋、综合实力和国际影响力等多种因素，认同俄罗斯在欧亚一体化进程中的领导地位。欧亚联盟的性质是一个超国家联合体，需要其成员国进行经济、军事、政治、人文、海关以及文化空间上的合作，用一种新的方案来实现欧亚地区国家的一体化。

1. 从最初构想到正式提出

1994 年 3 月，纳扎尔巴耶夫作为哈萨克斯坦总统最早提出了建立欧亚联盟的设想，在纳扎尔巴耶夫最初的设想中，哈萨克斯坦、俄罗斯、白俄罗斯三国以及塔吉克斯坦、吉尔吉斯斯坦应率先加入欧亚联盟，然后吸收乌克兰、乌兹别克斯坦和亚美尼亚加入联盟，最后甚至一些存在争议的地区，如南奥塞梯、阿布哈兹等地区也可加入欧亚联盟。纳扎尔巴耶夫认为可以设立一系列的执行机构来保障欧亚联盟的顺利运行，这些机构包括政府首脑和国家元首委员会、国家间执行委员会、国家议会、国家间教科文委员会以及国家通讯处等。虽然关于欧亚联盟的设想很好，但是当时不具备实施的条件，所以纳扎尔巴耶夫提出的方案在不久后变成了一纸空文，无人问津。

2011年10月3日，总统参选人、时任俄罗斯总理的普京在俄罗斯权威报纸《消息报》上发表署名文章，这是欧亚联盟战略构想的正式提出。此文一经刊发，迅速引起了俄罗斯甚至世界范围内社会各界的广泛关注和探讨。白俄罗斯和哈萨克斯坦随后表明立场，表示了对普京提出的新的区域一体化构想的支持，并对其前景充满信心。白俄罗斯总统卢卡申科于10月17日发表了题为《关于我们的一体化命运》的文章；10月25日，哈萨克斯坦总统纳扎尔巴耶夫也在《消息报》上发表了题为《欧亚联盟：由构想到未来》的文章。由此，普京提出的欧亚联盟战略正式启航。

2."四步走"战略的实施

1994年纳扎尔巴耶夫提出的构想更像是一张蓝图，绘制出来就是为了制定各种时间进程。直到2011年，俄罗斯总统普京再次倡议建立欧亚联盟，欧亚联盟似乎才真正启动。但是我们应该看到，俄罗斯独联体政策所追求的远大目标就是要建立以俄罗斯为主导的欧亚联盟，一直以来该目标虽然没有被明确地提及，但由于独联体一体化进程的逐步推进，相关机制的建设进程其实早已启动。也就是说，独联体一体化的进程与欧亚联盟的进程在实质上是一样的，到现在为止所有已经建成的相关一体化机制都是欧亚联盟的重要组成部分。

为了使独联体地区更好地融合在一起，俄罗斯制定了"四步走"战略，概括来说就是先建立欧亚经济共同体，然后以此为基础结成关税同盟，该同盟的建立有利于实现统一的市场，最终统一的市场将逐步演变为欧亚经济联盟，这就为最终欧亚联盟的形成奠定了坚实的基础。这"四步走"战略将逐步带动独联体地区重新走向一体化。

1996年，俄罗斯、白俄罗斯、哈萨克斯坦和吉尔吉斯斯坦建立了关税同盟，该同盟进一步促进了4个国家在经济领域内的合作，欧亚经济共同体便起源于此。2001年5月31日，欧亚经济共同体宣布正式成立。

2005 年 10 月，乌兹别克斯坦申请加入。① 欧亚经济共同体的目的是让各成员国在经济上实现一体化，其宗旨是，首先以建立关税同盟为基础，发展统一货币市场和劳动力市场，然后建立统一的经济空间，最后发展成为欧亚经济联盟，为建立欧亚联盟打下坚实的基础。其主要任务如下：在经济方面，联盟内的各成员国之间，在贸易方面拥有更大的自由，同时统一关税和非关税调解体系，以及外汇调解和监管机制，逐步建立商品和服务贸易市场相互准入原则；在交通方面，统一交通服务市场和交通运输体系；在能源方面，统一各国法律制度，以便为成员国之间进行相互投资营造一个平等的环境，为企业创造平等的生产经营条件，从而建立共同的能源市场。2014 年 10 月 10 日，在明斯克欧亚经济共同体各成员国签署了有关撤销欧亚经济共同体的协议。2015 年 1 月 1 日，随着欧亚经济联盟的启动，欧亚经济共同体被取代，所有的机构停止运作。

2007 年 10 月，俄罗斯、白俄罗斯、哈萨克斯坦签署了新的《关税同盟条约》，2009 年《海关法》签署，三国关税同盟正式成立。从 2010 年 1 月开始，用政策统一关税税率、优惠和限额使用等相关项目，并且统一规定禁止或限制向第三国进出口的商品清单。同年 7 月，《海关法》正式生效，这标志着三国关税同盟的运行开始起步。在此成熟条件下，三国关税同盟作为欧亚次区域经济组织形成。它的建立促进了三国迈向统一经济空间，同时也为欧亚经济联盟的建立打下了良好的基础。

2012 年 1 月 1 日，俄罗斯、白俄罗斯、哈萨克斯坦三国正式启动统一经济空间。早在 1999 年，《关于关税同盟和统一经济空间的协议》就已由欧亚经济共同体各成员国签署完成。这份协议规定了其各项规章以遵循市场原则为前提，成员国遵守统一的法规，建立统一的基础设施，通过协商一致原则制定相关经济政策，包括信贷、税收、关税和外汇管理等方面，以保障地区内商品、服务、劳动力以及资本的自由流动。设立欧亚经济共同体国家间委员会、政府首脑委员会作为领导机构，并建立了关税同盟和统一经济空间的机构，由欧亚经济共同体一体化委员会具体负责。在此基础上，三国还将努力实现能源市场、货币和中央银行的统一。

---

① 2008 年 10 月，乌兹别克斯坦宣布暂停其在该组织的工作。

2014 年 5 月 29 日，俄罗斯、白俄罗斯、哈萨克斯坦三国总统出席了欧亚经济委员会最高理事会会议，共同签署了《欧亚经济联盟条约》。2015 年 1 月 1 日，欧亚经济联盟正式启动。除了这三个成员国之外，1 月 2 日亚美尼亚成为第四个成员国，2015 年 5 月吉尔吉斯斯坦也成为成员国。预计到 2025 年，俄罗斯、白俄罗斯、哈萨克斯坦三国将实现资金、劳动力、商品和服务的自由流动，其终极目标是建立一个拥有 1.7 亿人口的统一市场，形成类似欧盟的经济联盟。需要注意的是，欧亚经济联盟并非普京所提的最终要建立的欧亚联盟。

三 促进欧亚联盟建成的推动因素

1. 关税同盟使其吸引力增强

从 2000 年起，独联体地区经济表现活跃，经济发展速度在世界范围内处于领先地位。数据显示，2008 年欧亚经济共同体的经济规模是 2000 年的 1.68 倍，平均每年增加将近 7%，投资额也在逐年递增，增速达 13.7%。此外，独联体国家对外贸易取得了突破性进展，2005 年独联体贸易额达到 5000 亿美元，2010 年的贸易额增至 9336.3 亿美元。①

2008 年金融危机爆发后，如何遏制金融危机的蔓延、恢复经济发展，是各国亟须解决的问题。金融危机后大约两年，关税同盟成员国运用关税同盟提供的政策便利，通过切实有效的措施，阻止了金融危机对本国经济的进一步影响。从对外贸易来看，与 2010 年相比，2011 年前 8 个月关税同盟成员国的对外贸易总额比 2010 年增长了 37.2%。从成员国内部贸易情况看，与 2010 年上半年相比，2011 年上半年关税同盟国家相互贸易增长了 40.5%。2010 年下半年到 2011 年上半年，成员国相互间贸易额同比增长 32.5%，达 1083.2 亿美元。② 事实证明，关税同盟对推动成员国的经济增长和福利增加起到了切实有效的作用，这样的情况也引起了尚未加入关税同盟的独联体国家的关注，让尚处在观察期的国家增强了加入区域

---

① 关税同盟官方网站公布的统计资料，参见 http：//www.tsouz.ru/db/stat/Pages/default.aspx，2014 年 12 月 22 日。

② 关税同盟官方网站公布的统计资料，参见 http：//www.tsouz.ru/db/stat/Pages/default.aspx，2014 年 12 月 22 日。

经济一体化的意愿。

2.区域内各国对一体化需求加大

到目前为止，全世界的一体化组织有200多个，规模各不相同。参与区域一体化有很多优势，它有利于进一步提升国家的经济竞争力，将本国市场扩大，开发出新的就业机会和合作机会，并且能够增强抵御各项危机的能力，实现共赢，只有通过合作才能够在竞争激烈、矛盾复杂的国际环境下寻求发展。因此，各国都对一体化建设表现出积极的态度，加入各种区域一体化组织。

独联体国家的陆地面积占全世界的17%，自然资源丰富，其在实现区域一体化方面拥有巨大的资源优势。独联体是位列世界第三的地区性组织，从经济潜力方面看，仅次于欧盟和北美自贸区，是世界上最具发展前景的市场。①

俄罗斯作为本地区实力最强且最大的国家，一直在强有力地推动独联体一体化的发展进程。因此，一些独联体国家从自身角度看，认同俄罗斯对于帮助本国提高经济发展水平和维护本国安全发挥着举足轻重的作用。从俄罗斯的角度看，独联体地区是其传统势力范围，实施大国战略必须以此为基础。从20世纪90年代起到现在，俄罗斯一直在为整合独联体做出积极努力。从低层次少数国家的一体化到高水平整个地区的一体化，俄罗斯都予以关注并参与其中。

近些年来虽然独联体地区各国的政治、经济发展逐渐呈现多元化的趋势，但是一体化组织的吸引力在加强。各国清楚地认识到，俄罗斯可以凭借其经济实力、广阔的市场、资金和技术优势、先进的基础设施以及广泛的对外交往和联系，带动独联体国家融入世界经济秩序，帮助各国享受世界经济发展的成果，并进一步提高自身经济水平。特别是受到2008年全球金融危机的影响，各国经济受严重打击后，大多数独联体国家意识到，必须通过一个一体化组织形成强大的抵抗力，来抵御金融风险对本国经济的侵袭，因此对于一体化的未来发展表现出积极的态度。

---

① 宋志芹：《普京建立欧亚联盟计划的动因和变数分析》，《西伯利亚研究》2013年第1期。

3. 俄罗斯保持地区经济主导地位

在独联体地区，经济的主导权一直由俄罗斯把持，俄罗斯一国的国内生产总值高达欧亚经济共同体国家和关税同盟成员国之和的90%。

2008年，在全球金融危机的影响下，国际市场半成品和工业原料价格迅速下跌，使经济依赖能源资源出口程度高的独联体地区经济发展面临很大风险，在此情况下，各国政府清楚地认识到要使地区经济均衡、长远发展，必须提高对俄罗斯市场的重视程度。同时，俄罗斯方面没有固守之前的政策模式，而是审时度势地调整推动欧亚经济一体化的战略：首先，转移工作重心，改变之前政府绝对主导的方式，逐渐将权力下放到企业，给企业更多主导权，鼓励企业根据形势进行市场选择，推进企业层面的一体化；其次，不再继续在"天然气战""石油战"上纠结，而是多方面地开发经济资源；再次，为了缓和与区域外竞争对手的矛盾，俄罗斯逐步提升与独联体国家的经济交往层次和水平，不再停留在双边对话，而是加入关税同盟和统一经济空间框架；最后，与区域外存在竞争关系的国家的经济往来也日益频繁，多边合作开展迅速，已经实施建设了多个大型项目。

4. 普京的强国思想

普京任俄罗斯总统时期，凭借强有力的政策手段，通过在政治、经济、外交等领域采取切实而有效的措施，使俄罗斯由乱而治。俄罗斯的经济逐步走出困境，取得了恢复和发展，人民的生活质量和福利水平有了大幅度提高，同时，在国际舞台，俄罗斯作为大国，其影响力也在逐渐扩大。

欧亚联盟的战略构想代表了俄罗斯当今社会的主流思想，既与普京的强国思想相吻合，又符合大多数俄罗斯人民的愿望。在国际金融危机的影响下，西方国家经济损失严重，进而进行了政策调整和战略重心的转移，导致世界力量对比发生变化，这是欧亚联盟战略提出的契机。普京希望欧亚联盟能够形成一个新的力量中心，尽可能地挖掘和实现地缘政治和地缘经济利益，进而达成其富国强民的目标，这也符合普京的治国理念，俄罗斯普通民众中的大部分也非常认可这一战略方案，认为联盟的建成可以带领俄罗斯重新崛起。不仅如此，俄罗斯议会上下两院对欧亚联盟的战略构想也表示响应，议会还为此召开了研讨会，邀请了俄罗斯政界人士、社会精英、国际组织代表以及国际友人对此展开探讨，详细分析实现战略构想的最佳方案。各方代表认为，建立欧亚联盟具有现实意义，将为独联体各国打开机遇之门，其建立的条件已经具备，但就目前情况看，建议指出不要急于扩员，要吸取当今欧盟的教训，稳步推进欧亚一体化。甚至有专家认为，欧亚联盟是俄罗斯民族能够生存下去的重要形式。[①]由此可见，俄罗斯各界对普京欧亚联盟的战略构想表示肯定和支持，这显示了普京对俄罗斯国内民众、政治集团和精英集团的号召力，为欧亚联盟的推进打下了坚实的社会基础和政治基础。

四　影响欧亚联盟建成的阻碍因素

不同的人对欧亚联盟构想的前景看法不同，乐观的人持积极态度，而悲观的人持消极态度。事物发展的成败由很多因素决定，然而最重要的因素是其薄弱环节。欧亚联盟最终能否达成在很大程度上取决于其制约因素，这些因素中不能忽略的是当前独联体国家与俄罗斯不同的外交倾向、俄罗斯目前的经济发展态势、西方国家的阻挠以及今后一段时期乌克兰局势的走向等。

1. 独联体国家的外交倾向存在分歧

欧亚联盟能否顺利、快速地推进，取决于俄罗斯、哈萨克斯坦和白俄罗斯的外交政策取向。如果它们的外交政策取向趋同，则能够顺利进行，反之则不然。然而每个国家都有其独特的外交政策取向，俄罗斯、哈萨克斯坦、白俄罗斯这三个国家也不例外。因此欧亚联盟很有可能受到这一因素的影响而不能快速推进。俄罗斯倾向于将政治与经济放在一起考虑。原因在于，苏联解体后，独联体充当了各国间对话交流的平台，但这种交流渠道显然不能满足俄罗斯的对外战略需求，所以要想实现俄罗斯的强国梦，就一定要建立一个一体化机制，既能紧密联系又能高效运转。

一直以来俄罗斯都注重平衡外交。早在20世纪90年代，叶利钦和普里马科夫就提出了要构建轴心关系，包括莫斯科与巴黎、柏林，莫斯科与北京、新德里。普京上台执政以后，对平衡外交的理解更深刻，发展也更

---

① 王树春、万青松：《试论欧亚联盟的未来前景》，《俄罗斯研究》2012年第2期。

快。突出表现在，俄罗斯主张平衡外交，从全世界来看，力求兼顾欧亚、兼顾东西方。在西方，保持与美国和欧盟关系的平衡；注重发展与亚洲国家的外交，主要包括中国、日本、印度等。俄罗斯平衡外交战略在梅德韦杰夫执政期间得到更深入的发展，他的外交政策非常实用，显著特征是"东倾西向"。① 随着世界政治经济的重心东移，美国的战略中心也向亚洲倾斜，目标日益明显。国际战略形势不是一成不变的，以中国为首的一些新兴大国的崛起、金融危机的爆发，都影响着国际战略形势，如何调节东西、欧亚、俄美、中俄之间的关系，实现欧亚大陆再平衡，在这一外交政策问题上，俄罗斯政府不能逃避，只能随势而变，找到新的支点，使其对外战略再次达到平衡，而这个支点就是欧亚联盟的战略部署。这种联盟如若最终能够形成，将有助于进一步提升俄罗斯的地缘政治地位，给俄罗斯外交所奉行的"再平衡"战略打下坚实的基础。

哈萨克斯坦的外交战略与俄罗斯不同，它认为过多地参与欧亚一体化进程是不理智的，认为这将导致让渡自己的政治主权，从而使本国外交和国际合作的空间受到挤压。哈萨克斯坦认为，利益最大化才是终极目标。白俄罗斯与俄罗斯和哈萨克斯坦又不相同，因为白俄罗斯的经济实力不是很强，一直以来都是倾向于靠拢俄罗斯、靠拢独联体，其"一边倒"的外交政策与俄罗斯所需要的主导力量还有一定的距离。因此，在欧亚一体化这一问题上，哈萨克斯坦和白俄罗斯与俄罗斯有些距离。

2. 俄罗斯的经济推动力有限

欧亚联盟的发展需要核心动力的支持，俄罗斯的综合实力是其中的源泉。地区一体化的发展必须有主导大国的积极拉动和大力投入，因此，占主导地位的大国的经济实力就尤为重要。但是，从目前情况看，俄罗斯现有的经济实力还不够强大，可能会成为一体化的制约因素。2012 年俄罗斯的经济以 3.5% 的幅度增长，然而 2013 年俄罗斯的经济增幅却没之前乐观。除此之外，一体化发展需要巨大投入，而普京新任期面临着对内调整经济结构、对外进行远东开发等艰巨任务，俄罗斯究竟能投入多少财力到欧亚经济一体化之中还无法下定论。尽管俄罗斯推进一体化的手段很

---

① 李兴：《俄罗斯梅普组合的"东倾西向"外交》，《新视野》2011 年第 3 期。

多，但过去的施压方式已无法带来新的收益，必须用市场原则解决经济问题，否则地区一体化的健康发展就没有保障。

虽然俄罗斯在独联体地区起着举足轻重的作用，但俄罗斯在实现欧亚联盟的战略构想上受到很多牵制，主要因素是在世界多极化发展的今天，俄罗斯已经不是这一地区国家的唯一战略伙伴了，俄罗斯与这些国家的经济利益联系不再那么紧密，俄罗斯经济资源的吸引力对这一地区的国家而言也显得有些不足。比如，在某些商品的出口市场方面，俄罗斯与这些国家由于出口结构相似，常常不是以伙伴而是以竞争对手的关系出现，无形中可能会放大彼此之间的矛盾。同时，俄罗斯在某些地区和独联体国家间紧张的政治关系没有得到缓和，不但会影响投资合作、加剧贸易壁垒，而且不利于欧亚共同体的达成。从前俄罗斯对该地区经济政策的主要手段是能源杠杆，目前这种杠杆的作用正在减弱，主要原因在于能源供应多元化进程不断推进，当地区价格接近或达到国际市场价格时，势必削弱俄罗斯能源杠杆的作用。在资金方面，俄罗斯在独联体地区的资金杠杆作用原本就弱于能源杠杆作用，在危机期间，区域外国际金融机构向地区内部提供了大量资金，使得区域外金融机构的影响力明显加强，这意味着俄罗斯的资金影响力在危机后可能会被进一步削弱。

3. 西方国家设置障碍

独联体成立至今，西方国家的势力不断深入，其中美国最为突出。美国、北约和欧盟不惜斥巨资对独联体国家的经济和军事进行援助，进而增强影响力。北约于1994年制定了"和平伙伴关系计划"，旨在扩大北约对独联体地区的影响力；美国于2000年提出"大中亚计划"，旨在扩大自身在中亚的影响力，从2003年起，又在塞尔维亚、格鲁吉亚、乌克兰等国掀动"颜色革命"，以拉远独联体各国与俄罗斯的联系；欧盟于2009年开始实施"东部伙伴关系计划"，意在拉拢独联体国家加入欧盟的阵营。美欧等西方势力对独联体内部事务进行干预，同俄罗斯展开争夺。美国提出"新丝绸之路"计划，计划建立将南亚和中亚紧密连接的贸易区，并以阿富汗为中心，推进这一跨区域经济一体化，企图用密切中亚和南亚贸易联系的方式，将中亚彻底剥离出现有地缘板块。

4. 乌克兰局势增添变数

从历史上来看，乌克兰和俄罗斯、白俄罗斯一样，都是斯拉夫民族，彼此间有民族传统作为纽带，因此，和其他独联体国家相比，俄罗斯、白俄罗斯、乌克兰的关系更为密切。在独联体国家中，乌克兰的经济实力紧随俄罗斯。作为独联体地区的两个大国，俄乌关系显得极为重要。俄罗斯和乌克兰的能源相互依赖程度相当高，乌克兰境内有绝大部分俄欧之间的天然气管道，而乌克兰的能源也严重依赖于从俄罗斯进口，可以说两国互相掌控着对方的能源渠道。

2010 年俄白哈关税同盟成立后，俄罗斯以天然气价格的优惠吸引乌克兰加入。然而，乌克兰政府仍然做出了"脱俄入欧"的战略选择。2012 年 3 月 30 日，乌克兰与欧盟签署欧盟准成员国协定，拉近与欧盟的关系。在同年 5 月的欧亚经济共同体峰会上，乌克兰再次宣布自己不会加入关税同盟，同时表明乌克兰成为欧亚经济共同体成员是违背宪法的。

乌克兰选择欧盟的决定对普京欧亚联盟战略的推进有重大影响。因为乌克兰如果最终与欧盟签署了正式协定，未来将有很大的可能性加入北约，这对普京的欧亚整合战略会是一个重大阻碍。乌克兰加入欧盟，意味着俄罗斯向西发展的战略空间被挤压。虽然俄罗斯批准克里米亚加入俄罗斯，但 2014 年乌克兰持续升级的危机导致西方的制裁力度不断加大，卢布贬值，俄罗斯的经济已经深陷泥潭，势必将制约莫斯科对欧亚联盟的"输血"能力。加之乌克兰大选中亲欧派的波罗申科当选，更增加了乌克兰入欧的可能性。这一局面，也反映了俄乌关系的紧张状况，乌克兰加入欧亚联盟的前景渺茫。

第三节　欧亚联盟影响下的中俄全面
战略协作伙伴关系

目前，关于俄罗斯力推欧亚联盟的举措将给中俄关系以及中国与该地区其他国家关系带来何种影响的问题，各方有不同观点，在俄罗斯和独联体其他国家也有不同的声音，集中在欧亚联盟与上海合作组织的发展、丝绸之路经济带发展等中国区域合作问题上。

一　欧亚联盟对上海合作组织的影响

由于俄罗斯主导的欧亚联盟是以建立超国家联合体为目标，因此在一体化程度上是上海合作组织无法比拟的。此外，从目前情况看，欧亚联盟发展所表现出来的推动力也强于上海合作组织。欧亚联盟的推进，势必影响到上海合作组织的发展和合作进程。

1. 相互竞争局面不可避免

2015 年 1 月成立的欧亚经济联盟将以更强的推动力促进区域经济一体化合作，俄罗斯、白俄罗斯和哈萨克斯坦三国的统一经济空间建设也在加紧实施，地区经济一体化组织内部以及内外互动呈现出生机勃勃的态势。

一方面，在目前欧亚联盟战略推进和实施的项目中，经济方面投入最大，多种经济合作方式广泛运用，成果十分显著。上海合作组织的中亚地区成员也包括在欧亚联盟之中，而同一地区和国家的经济资源有限，因此在开展经济合作时，作为两方成员国的国家难免会面临选择问题。另一方面，欧亚联盟在普京的大力推动下，经济合作方面取得的进展较大，多种合作形式的共同推进，对成员国产生更大的吸引力，这将给上海合作组织推行的经济合作项目带来竞争压力。

此外，也有人对俄罗斯的态度产生忧虑。俄罗斯作为欧亚联盟的主导国，为了促进联盟的最终实现，势必会对此投入更多精力，一旦俄罗斯出现政策倾斜，选择欧亚联盟作为主要扶持对象而忽视上海合作组织的合作项目，则上海合作组织的合作进程很可能因此而减缓甚至停滞不前。

由此可见，欧亚联盟和上海合作组织的竞争客观上难以避免，但这并不意味着欧亚联盟带来的影响就是消极的，良性的经济竞争可以促进上海合作组织进一步完善组织结构、提高合作水平，以保持对成员国的吸引力。另外，欧亚联盟和上海合作组织的定位也非常重要，如果双方都能将对方视为拓展合作空间、提高自身影响力、帮助自身实现战略目标的合作平台，理性面对竞争与挑战，抓住眼前的合作机遇，将能取得双赢的成果。

2. 安全领域合作空间加大

上海合作组织成员国在安全合作方面取得了突出成就。在中亚地区，主要表现在解决非传统安全问题上，包括打击"三股势力"——恐怖主义、分裂主义和极端主义，追踪跨国犯罪以及走私贩毒等。在反恐方面，上海合作组织和独联体集体安全条约组织实行的是互不干涉的运行机制，为了保持情报信息畅通，组织间又专门签订了协议，以便及时沟通交流。两个组织虽然没有在共同的机制内合作，但仍能保持高度的默契和配合，并且能取得一定进展，双方的安全目标保持高度一致，奠定了双方合作的基础，也是联系双方的牢固纽带。两个组织有各自的特点，行动时分工配合，在军用物资准备和指挥能力方面，独联体集体安全条约组织有更大优势，面对紧急情况能迅速调集人力物力。而在搜集情报和进行双边和多边合作方面，上海合作组织能发挥更大作用，因此在组织反恐预警和作战以及进行联合军演方面做出了更大贡献。在欧亚联盟继续推进的情况下，两个组织将继续利用自身优势展开合作。

所以，在安全合作方面，欧亚联盟与上海合作组织之间没有原则性矛盾也非竞争关系，可以更好地展开合作。只要两个组织以维护地区安全和稳定为目标，充分履行其职责和义务，秉持高度的责任感，就会在安全合作领域找到更多的契合点，打开合作空间，深化合作，共同为维护地区的安全稳定做出贡献。

3. 增加框架内经济一体化难度

欧亚联盟为推进区域经济一体化而设计推出了多层次的经济合作政策和方案，增加了其经济吸引力，这将为上海合作组织框架内经济一体化的推进带来挑战，进而影响到上海合作组织日后的发展。中国实施改革开放政策之后，积极开展对外经济合作，支持和倡导区域合作，参与的区域经济一体化项目取得了令人瞩目的成就。中国的经济发展，离不开对东亚和中亚地区经济的依托，这两个地区也成为中国推动区域经济合作的重要地区。在东亚，中国在东盟倡导的"10＋1""10＋3"会议机制中做出了重要贡献，同时，积极与日本和韩国进行三边会谈和合作。其中最能体现中国与东盟的密切经济关系的是于2010年成立的中国－东盟自由贸易区，这将载入双方经济合作史中。

在中亚地区，上海合作组织在区域经济一体化方面取得的成绩并不显著。2003年，中国提出了《上海合作组织成员国多边经贸合作纲要》，

并在组织成员国总理会议上得到批准通过。按照计划，上海合作组织到
2020 年将实现纲要目标，完成货物、资本、服务和技术的自由流动。然
而发展至今，组织成员国的经贸往来并没有按照合作纲要的指导继续深
入发展，经贸交流尚未跨越双边层次这一台阶。由此可见，上海合作组
织框架内的经济合作水平还很低，其一体化进程与欧亚联盟框架下的各
个经济合作组织相比，还落后很多。欧亚联盟的经济一体化推进速度和
水平将进一步提升，这必将影响上海合作组织框架内的经济一体化进
程。

二　欧亚联盟对丝绸之路经济带的影响

1. 中国提出丝绸之路经济带的考虑

当今的世界形势愈发复杂，经济社会发展面临的问题更加多样化，中
国的政治改革、经济改革到了关键点，在此情况下，国家安全问题显得尤
为重要和突出，稳定的边疆环境是中国社会经济发展的重要保证，而近年
来越来越突出的非传统安全问题，如经济安全、能源安全，也得到高度重
视。中国面临着复杂严峻的安全形势。其一，中国受到陆上和海上的双重
包围。以美国为首的西方国家联合中国的海上邻国，以领土争端、贸易矛
盾为由挑起事端，从海上挤压中国的战略空间。同时，美国借用反恐战争
及其"新丝绸之路战略"构建对中国的陆上包围。其二，"三股势力"带来
的安全威胁愈加严重。近年来，少数极端恐怖分子策划制造多起恶性恐怖
袭击案件，造成了严重的人员和财产损失，不仅破坏了边疆人民的社会生
活，也向全国其他地区渗透，给社会正常生活秩序造成了严重破坏。其三，
经济安全问题愈加突出。开展对外贸易、打开贸易通道尤为重要，中国的能
源运输问题迫切需要解决。一直以来，中国的能源运输都依赖于海上运输通
道，但是依靠这种单一的运输方式在出现特殊情况或突发状况时，会严重影
响能源运输和经济安全。由这些问题可知，我们必须改变原来防御性的、事
后性的国家安全战略，以解决近年来上升的国家安全新威胁问题。完善国家
安全体制和国家安全战略，确保国家安全，就要改变原来传统的安全战略，
促进国家安全战略由消极防御型向积极主动型转变，加大安全战略的主动性
和预防性，战略方式也要由单一型向单一型与综合型相协调转变。打造对

外开放升级版，创造开放新红利，① 中国要开创多元化的战略道路，打通海上和陆上战略通道，共同构建国家安全战略体系。

2013年9月7日，中国国家主席习近平在哈萨克斯坦发表重要演讲，提出共建丝绸之路经济带。② 中国西汉时期，张骞出使西域，打开了东西方的交流通道，开辟了丝绸之路；进入新世纪、新时代，中国努力使这条古老的交流交往之路重新焕发生机，不断扩大与丝绸之路沿线国家的合作，加深交往。主张共同构建丝绸之路经济带的意义还在于，打开西部开发的通道，促进中国的中西部发展。因此，要进一步促进中国区域平衡发展和改革开放，形成横贯东中西、联结南北方的对外经济走廊，就必须通过政治、经济、外交等多重手段推进丝绸之路经济带建设，形成全方位开放新格局。开创陆上通道畅通的新局势，需要将丝绸之路经济带建设融入中国经济升级版和安全战略升级版中，全面建设新型国家经济战略和国家安全战略体系。

2. 增加丝绸之路经济带推进难度

2015年1月1日，欧亚经济联盟正式签约成立，这一事件表明了联盟的建设迈出了重要步伐。从建立的水平和机制化程度看，欧亚经济联盟一体化程度较高，其机制和制度建设更加完善。中国提出共建丝绸之路经济带并未提及制度建设，也没有探讨机制构建问题，只是促进合作交流的倡议构想，与逐步按机制建成的欧亚经济联盟不在同样的层次之上，因此丝绸之路经济带建设不会对欧亚经济联盟构成威胁。

由于欧亚经济联盟在其成员国贸易中实行免关税政策，这导致中国与相关国家进行贸易时出口商品的成本相对成员国内部有所增加；经济联盟成员国统一政策和行动，也使其与中国进行贸易谈判时可以有更强势的态度和更大的回旋空间，可以在能源贸易等问题上讨价还价。由此可见欧亚经济联盟的建立，在一定时间段内，会影响到中国与中亚有些国家经济贸易往来的活跃程度。因此，在欧亚经济联盟推进势头强劲、取得成绩显著的情况下，中国丝绸之路经济带向西推进的进程会受到一定阻碍。

---

① 胡鞍钢、杨国良、鄢一龙：《打造开放升级版，创造开放新红利》，《国情报告》2013年第25期。

② 习近平：《弘扬人民友谊 共创美好未来》，《人民日报》2013年9月8日，第3版。

而俄罗斯方面对丝绸之路经济带和欧亚经济联盟的关系还有诸多疑虑，担心中国可能成为俄罗斯主导的欧亚一体化的强有力竞争者，担心丝绸之路经济带将会只面向中亚地区发展贸易，从而孤立俄罗斯，使俄罗斯面临被驱离出共同空间的威胁。例如，俄铁路经营公司对于丝绸之路经济带就持担忧态度，从铁路运行项目的角度来看，丝绸之路经济带的构建会使跨西伯利亚大铁路项目竞争加剧。如果丝绸之路经济带加大对交通的投入，新建成的高效运输渠道将会使很多使用现有大铁路的项目转移。与此同时，也有很多俄罗斯方面的人士担忧丝路经济带项目可能对俄罗斯的"北方海上之路"项目形成竞争。① 如果俄方将丝绸之路经济带在中亚的存在视为俄罗斯长期以来与中亚紧密联系的挑战，不可避免会采取措施与之展开竞争。

3.扩大丝绸之路经济带合作空间

从实质上看，丝绸之路经济带与欧亚经济联盟对接是中俄关系在地区合作层面的延伸，只要中俄两国能够合作，丝绸之路经济带项目和欧亚经济联盟就能够找到契合点。

从丝绸之路经济带建设的初衷看，其与欧亚经济联盟不是竞争和替代关系，不需要中亚国家做出选择。对于欧亚经济联盟的建立和发展，中国表示出积极关注的态度，对于其能在欧亚地区取得的作用表示期待，认为这一联盟的建立对促进区域多方合作能够起到积极推动作用，其顺利启航能够对地区安全的维护、地区经济一体化的发展以及区域文化交流起到良好的促进作用。同时，愿意与其展开多领域合作，共享区域协作的成果。2014 年 5 月 20 日中俄发表的联合声明已对此达成共识。欧亚联盟的绝大部分成员国同时也是上海合作组织的成员国和丝绸之路经济带沿途国。本着相互理解和相互支持的原则，支持俄罗斯建立独联体国际经济和金融中心的抱负，因为实现对方的抱负也是自身发展和战略实现的基础和条件。

欧亚经济联盟期望借助区域经济合作活跃经济氛围，带动区域国家经济的活跃度，通过多层次合作挖掘经济潜力，扩大投资和贸易往来，实现

---

① 〔俄〕王海运编《丝绸之路经济带构想的背景、潜在挑战和未来走势》，聂书岭译，《欧亚经济》2014 年第 4 期。

整体经济水平的提升。欧亚经济联盟如果能完成自身目标，将会大幅扩大市场化范围，改善经济合作环境，实现经济发展，提升整体经济水平，将为其与丝绸之路经济带在更广阔的空间实现更深层次的经济合作提供可能。

三 中国对欧亚联盟的认知及中俄关系

欧亚联盟的发展前景虽然不能完全确定，但"亚欧地区已经成为整个世界的重要发展引擎"，[①] 欧亚地区的发展形势对中国有着重要的影响，应高度关注。因此在评析欧亚联盟的提出背景、发展现状的同时，中国不能忽视其潜在影响，这样才能有预见性、有准备地面对欧亚联盟的发展并寻求互动合作。

1. 理性看待普京欧亚联盟的潜在影响

区域性一体化组织固然存在一定的排他性，比如内部优惠政策、贸易壁垒等，但是这种排他性不是完全的、一刀切的，一个区域一体化程度再高，也是需要展开对外交流合作的。甚至可以说，不能对外开放的一体化组织是没有发展的、不存在的。欧盟在一体化建设方面达到了相当高的程度，这与欧盟不断对外扩展合作范围是分不开的，这是基本经验。

欧亚联盟战略以欧盟为范本，致力于打造一个高度一体化的地区一体化组织，其开放性在战略提出之初就已确认。因此欧亚联盟具有排他性和开放性的双重特点。关于排他性的表现，欧亚联盟通过联盟内部实行特惠政策、专属协定、减免关税、贸易保护等措施，降低成员国的交易成本、准入条件，给非成员国带来难度。关于开放性，欧亚联盟会统一安排成员国内部资源的配置，制定内部机制，在给成员国带来便利和福利的同时，也给联盟外部的非成员国营造了一个便于开展合作的统一市场环境。所以，欧亚联盟在准入方面可能给中国设置高门槛，同时也会给中国提供一个开放的广阔市场。

欧亚联盟战略是俄罗斯等有关国家顺应世界发展潮流，为增强在国际

---

① 联合国开发计划署署长海伦·克拉克在第三届中国—亚欧博览会上的致辞，http://new. xinhuanet. com/world，2015 年 1 月 26 日。

社会的影响力、谋求区域发展、面对世界形势变化提出的积极主动的发展
战略。这表明，欧亚联盟不仅是开放性的，更是能够多重合作、互利共赢
的。所以，在看待欧亚联盟时，不能片面地把它看成排他性的竞争对手，
也不能过于乐观地将之视为合作伙伴，必须理性地加以评价和分析，同时
做好应对竞争和促进合作的双重准备，抓住机遇不畏挑战，求同存异，共
同谋求地区的稳定与发展。

2. 明确合作战略开展积极应对

对待欧亚联盟，"自我边缘化"的思维是万万不可取的，中国应以
合作共赢的态度，主动表达融入欧亚联盟的意愿。选择这种做法是出
于分享区域经济一体化利益的考虑。"中心"利益和"外围"利益是区
域经济一体化利益的两个主要层面，区域一体化组织内部成员国获得
的利益为"中心"利益，组织的非成员国由于区域一体化组织的存在
而获得的派生利益及外溢利益为"外围"利益。就中国与欧亚联盟的
关系而言，对外开放性是欧亚联盟的特性，中国若能利用好这一点，
即使不作为这一组织的成员国集中获取"中心"利益，也可以通过与
欧亚联盟合作的方式得到"外围"利益。从另一角度思考，各国及区
域经济组织非常看重中国市场，因此拒绝中国抛出的经济合作"橄榄
枝"是欧亚联盟不可能采取的行为。土耳其、越南等国较先意识到同
欧亚联盟合作的重要性，中国作为地区大国也应该意识到，若作为评
论者或者旁观者游离于欧亚联盟之外，不利于维护自身的利益；反之，
若能够以对话伙伴国或者观察员国的身份融入欧亚联盟，将有利于维
护中国的自身利益。

面向世界、面向中国是欧亚联盟发展的必然方向，而中国必须充分利
用这一契机面向欧亚联盟。中国必须以负责任大国的姿态处理好与欧亚联
盟的合作关系，要提高合作水平，中国需要考虑的方面很多，既要注意到
欧亚联盟这一组织的整体需求，又要注意到组织内不同成员国的需求。中
国要加强同俄罗斯的双边经济合作，深化与白俄罗斯及中亚等国的多边经
济合作。在方式方法上着重强调"创新"与"合作"，大力推动科技创新
合作、贸易创新合作及制度创新合作，在合作中从现实出发，重点抓住互
利项目，本着公开透明的原则，构建同欧亚联盟的"命运共同体"关系，

这不仅是对欧亚联盟建设的支持，也是为推进区域经济一体化进程、重构新的全球贸易体系贡献一股强大的力量。

3. 继续深化中俄全面战略协作伙伴关系

面对相邻地区正在建立的高层次一体化组织，一方面，中国可以将之看作发展中俄战略伙伴关系、深化两国战略协作的新领域，可以以此为平台展开多领域多层次合作，也可以通过协同行动为地区安全和稳定做出贡献；另一方面，中国也应该认识到，欧亚经济联盟等相关经济一体化机制，给中国与中亚国家的贸易合作带来了竞争压力，一定程度上阻碍了上合组织框架下的经济一体化进程和丝绸之路经济带的发展，在此情况下，中俄关系的发展面临一定考验。在上述积极和消极两方面因素的影响下，为了妥善解决可能带来的问题和矛盾，中国和俄罗斯应该始终坚持在中俄战略协作伙伴关系这一框架下，保持互动沟通，努力消除误解，减小分歧，协调立场，共同妥善解决出现的矛盾，以消除不良影响、扩大双方利益。中俄战略协作伙伴关系发展，不仅可以使中俄两国共创双赢局面，而且对于维护地区稳定和发展也发挥着重要作用。

长期以来，中国"视俄罗斯为中国最重要的战略协作伙伴，坚持对俄友好的方针不会改变，对优先发展中俄关系的战略定位不会改变，愿与俄共同维护好、发展好两国全面战略协作伙伴关系"。[①] 中俄战略协作伙伴关系是长期的、持久的、基础稳定的、极具发展前景的合作关系。无论是中国还是俄罗斯，都将对方视为重要的战略伙伴，两国都希望在现有基础上继续扩大和深化合作，进一步巩固和发展战略伙伴关系，促进中俄关系进一步发展，努力构建中俄全面战略协作伙伴关系。未来中俄两国应对双方关系继续保持高度重视，继续发扬平等互信、相互支持的态度，以赢得共同发展繁荣和世代友好。

2015年5月8日，中俄两国共同签署了《中华人民共和国与俄罗斯联邦关于丝绸之路经济带建设和欧亚经济联盟建设对接合作的联合声明》，这一声明的签署标志着丝绸之路经济带建设与欧亚经济联盟建设的

---

① 《习近平晤统俄党代表团：坚持对俄友好方针不会变》，中新社北京2012年12月19日电，中国新闻网，http://www.chinanews.com/gn/2012/12-19/4422406.shtml。

对接合作正式确定。2016 年 6 月 25 日，普京对中国进行国事访问时签署
的《中华人民共和国和俄罗斯联邦联合声明》再一次强调，对丝绸之路
经济带建设与欧亚经济联盟建设对接合作这一共识的落实具有重大意义。
中俄双方坚持在开放、透明和充分考虑彼此利益的基础上建立欧亚全面伙
伴关系。

第六章

乌克兰危机背景下的俄美关系

受乌克兰危机的影响，俄美关系正面临着一场严峻考验，俄罗斯对美国的政策也面临着新的调整。面对以美国为首的西方国家对俄罗斯进行的经济、外交、军事等领域的制裁和威慑，俄罗斯针锋相对，采取了一系列措施对美国进行反制裁，维护俄罗斯的国家利益。作为世界上综合实力最强大的两个国家，俄美关系一直是国际关系中至关重要的一环。自苏联解体以来，俄美关系经历了蜜月期、过渡期以及普京执政后的务实期，而乌克兰危机的爆发使俄美关系再次降至冰点，俄美关系中一直存在猜疑与不信任，双方之间的分歧、矛盾日益激烈。在现实主义外交思想的指引下俄美关系呈现更加务实的特点，这一特点在乌克兰危机爆发后更加明显。

第一节　冷战后到乌克兰危机前俄美关系演变

苏联解体后，国际形势发生重大变化。美国成为世界上唯一的超级大国，而俄罗斯却面临着综合实力下降、意识形态转变、社会不稳定、国际环境恶化等一系列国内外矛盾，俄美关系一直处于波动状态，先后经历了蜜月期、过渡期以及务实期三个阶段。

一　俄美关系的蜜月期

1. 俄罗斯对美国实行"一边倒"的外交政策

苏联解体初期，俄罗斯无论在内政还是外交上都陷入了空前困难的时期。叶利钦希望通过融入西方来扭转不利局面，一方面俄罗斯想借西方的经济援助来完成经济改革和社会转型；另一方面，俄罗斯希望通过融入西方，来恢复俄罗斯的大国地位，重振俄罗斯。因此，俄罗斯提出了完全亲西方的"一边倒"外交政策，"一边倒"外交政策包括以下核心内容。

首先，积极发展与美国以及其他西方国家的关系。叶利钦上任后连续出访西方国家，拓展与西方国家的双边关系，谋求加入西方的政治、经济体系。叶利钦在美国国会发表演讲时说道："俄罗斯如果不加强自由和民主的基础，社会就要倒退，经济和政治的改革是俄罗斯的首要任务。"[①]此外，俄罗斯还与七国集团建立了"7＋1"特殊关系。在北约问题上，俄罗斯也做出了极大让步，不再与美国针锋相对，甚至视北约为维护冷战后国际安全的重要因素。[②]

其次，寄希望于西方的经济援助以完成国内转型。1992 年 1 月，俄罗斯开启"休克疗法"，实行激进式改革，希望通过西方的经济援助摆脱经济困境，实现由高度集中的计划经济向开放的市场经济的过渡。叶利钦先后出访英国、加拿大、美国等西方国家，并达成相关协议。1992 年 6月叶利钦访美，俄美达成协议，俄罗斯做出了巨大让步，在不坚持销毁海基导弹的前提下，俄美双方在未来的 11 年内把各自的战略核弹头数量削减至 3000～3500 枚，相应的，美国保证向俄罗斯提供 240 亿美元的经济援助，以帮助俄罗斯摆脱危机。为了将俄罗斯拉向西方，1993 年 4 月，七国外交部部长和财政部部长召开会议，又提出了 434 亿美元的庞大援助计划。

最后，在国际问题上与美国密切合作。1992 年 6 月，叶利钦访美，俄美签署了削弱战略武器的框架协议，俄罗斯还主动提出建立"全球防御体系"。1993 年，俄美就《第二阶段削减进攻性战略武器条约》达成一致。同时，在朝核问题、南斯拉夫问题、伊拉克问题上，俄罗斯也与西方立场保持一致。

---

① 〔美〕梅尔·格托夫：《人类关注的全球政治》，贾宗谊译，新华出版社，2000，第 255页。

② 李渤：《俄罗斯政治与外交》，时事出版社，2008，第 231 页。

在美国看来，一个西化的俄罗斯显然是对美国有利的，美国对俄罗斯的亲西方外交政策也积极配合，双方在政治、经济、安全等领域都有合作。但美国对俄罗斯的戒心仍未消除，虽然允诺为俄罗斯提供经济援助，却口惠而实不至。在七国集团问题上，俄罗斯与西方虽形成了"7＋1"特殊关系，但俄罗斯并不是真正的会员国。美国以及西方国家的真正意图并不是希望俄罗斯强大，而是想彻底消除俄罗斯对西方的潜在威胁，这恰恰与俄罗斯的意图相反，这也就决定了俄美蜜月期的短暂性。

2. 俄美之间的摩擦与矛盾显现

俄罗斯"一边倒"的外交政策并未达到预期效果，俄罗斯经济仍旧继续恶化、国家持续衰落、国际地位也急剧下降，国内民众对"一边倒"外交政策表现出强烈不满，叶利钦政府开始反思其对外政策，提出了东西方兼顾的"双头鹰"外交政策。在处理美国与其他西方国家的问题时，叶利钦政府采取了既不对抗也不结盟的策略，放弃一味追求西方的外交政策，转而寻求东西方平衡，以国家利益为重。自1992年底开始，叶利钦先后访问韩国、中国、印度，开始践行"双头鹰"外交政策。俄罗斯开始重新重视与独联体国家的关系，加强与独联体国家的联系。1993年，俄罗斯表示在前南斯拉夫问题上与西方持不同立场，坚决反对北约吸收东欧国家。①

经过调整，俄罗斯的"双头鹰"外交政策得到了一定成效。俄罗斯对外政策继续调整，开始实行"独立的大国外交政策"，在涉及俄罗斯国家利益、国家安全、民族利益等问题时，采取了较以前更为强硬的立场。在车臣问题上，俄罗斯虽然表示希望和平解决，但同时也声称车臣问题是俄罗斯内政，不容干涉；在北约东扩问题上，俄罗斯持坚决反对态度，并声称如果北约扩大到波罗的海三国，俄军将采取措施；在军备控制问题上，俄罗斯反对美国开发反导系统，推迟批准《第二阶段削减战略核武器条约》。

"双头鹰"外交政策和"独立的大国外交政策"虽有别于"一边倒"的亲西方外交政策，但它们并不是一种成熟的外交策略，而是对"一边倒"外交政策的调整，俄罗斯仍未放弃亲西方的外交政策，与西方的外交政策仍居其外交政策的首要地位，在不放弃与西方国家合作的同时，又

---

① 林军：《俄罗斯外交史稿》，世界知识出版社，2002，第491页。

积极发展与东方国家的关系，寻求东西方平衡，是这一时期俄罗斯对美政策的主要特点。在俄罗斯的积极争取下，以美国为首的西方国家在不损害其自身核心利益的情况下也做出了让步，俄罗斯的国际地位得到了一定的提升。总体来说，1996 年以前"一边倒"外交政策仍在发挥作用。

3. 普里马科夫上台标志着俄美蜜月期的结束

事实证明，"一边倒"外交政策是行不通的，以美国为首的西方国家并不希望俄罗斯真正强大，俄罗斯的妥协退让并未收到预期的效果，美国对俄罗斯的经济援助大部分没有兑现，在政治上也从未真正承认过俄罗斯的西方大国地位，美国的真正目的是削弱俄罗斯，消除俄罗斯对美国的潜在威胁，俄美双方存在着根本矛盾。俄罗斯希望借助美国支持恢复其自身实力与大国地位的愿望是不可能实现的，在盲目追随西方的过程中，俄罗斯的国家利益受到了极大的损害。俄美不管是在实力上还是在意图上都存在根本性的分歧，俄美蜜月期必然不会长久。

1996 年，俄罗斯亲美派标志性人物科济列夫下台，现实主义政治学家普里马科夫上台，出任俄罗斯外交部部长，这标志着俄罗斯彻底放弃了"一边倒"的亲西方外交政策，开始推行独立自主、东西方兼顾的"全方位"外交政策，这也意味着俄美蜜月期的彻底结束。

二　俄美关系的过渡时期

俄美关系的过渡时期是指普里马科夫上台后到普京上台前这一时期。"一边倒"外交政策失败后，俄罗斯及时做出调整，普里马科夫上台后正式提出"全方位"外交政策，在北约、科索沃、车臣等问题上对美国采取强硬态度，但在强硬的同时，俄罗斯仍避免与美国对抗。随着俄罗斯对美政策的调整，俄美关系进入了过渡时期。

1. 俄罗斯的"全方位"外交政策

1996 年 1 月，普里马科夫上台，俄罗斯开启"全方位"外交，强调"坚决捍卫俄罗斯的国家利益，增强俄罗斯在世界事务中的作用，确立多极世界模式"。[①]"全方位"外交政策的主要内容有：继续谋求与以美国为

---

① 丁建伟：《浅析叶利钦时代俄罗斯外交战略的调整》，《社科纵横》2000 年第 2 期。

首的西方国家建立伙伴关系，但在合作上保持警惕；树立俄罗斯大国形象，发挥大国作用；加强与独联体的合作，阻止西方向东欧扩展；面向亚太，平衡东西方外交。"全方位"外交实际上是对"独立大国外交"的延续，但实用性和全方位性更加突出，俄罗斯对美政策也朝着务实方向转变，开始寻求建立在"完全平等"基础之上的俄美关系，主要表现在：坚决反对北约向波罗的海三国扩张；反对美国在未经联合国允许的情况下对伊拉克动用武力；不接受美国提出的分阶段部署反弹道导弹防御体系的提议等。

对于美国来说，俄罗斯对美外交策略的转变也在预料之中，美国始终对俄罗斯存有戒心，又希望利用俄罗斯的衰落对其进行打压，在俄罗斯的积极争取和适当抗争下，俄美关系在有限对抗中缓慢前行。

2. 俄美在国际问题上的分歧与冲突日益严重

在过渡时期，稳定的俄美关系是符合俄罗斯国家利益的，所以俄罗斯在处理问题时，积极寻求俄美之间的共同利益，寻求建立平等的伙伴关系。俄美之间存在一定的合作关系。1997 年 5 月，《俄罗斯与北约关于相互关系、合作与安全的基本文件》签署，俄罗斯承认波兰、捷克和匈牙利三国加入北约，美国则在经济上给予俄罗斯帮助，对俄罗斯提供经济援助，减少俄罗斯的外债压力。1998 年，俄罗斯与波罗的海三国签订《伙伴关系宪章》，不再反对三国加入北约。尽管双方存在合作，但在这一阶段的俄美关系中，美国对俄罗斯仍是步步进逼，俄罗斯寻求的俄美平等关系不可能实现。

随着俄美之间的分歧逐渐扩大，俄美关系呈现出紧张态势。1996 年 9 月，俄罗斯就美国对伊拉克进行打击一事表示反对态度；1998 年 12 月，美国和英国军队对伊拉克进行了代号为"沙漠之狐"的联合行动，俄罗斯提出强烈抗议，并将俄罗斯驻美国和英国大使召回，宣称拒绝签署《第二阶段削减进攻性战略武器条约》；1999 年，美国在未经联合国允许的情况下，发动北约对南联盟进行轰炸，8 月，第二次车臣战争爆发，美国对俄罗斯进行强烈谴责，并联合其他西方国家在欧洲安全首脑会议上对俄罗斯发难，而俄罗斯也不甘示弱，谴责美国干涉俄罗斯内政，俄美之间的分歧日益严重，俄美关系紧张。

三　俄美关系的务实期

1999 年 12 月 31 日，叶利钦宣布辞去俄罗斯总统职务，普京任代总统。2000 年 3 月 27 日，普京赢得总统大选，俄罗斯进入普京时代，俄美关系也进入了务实时期。

1. "9·11事件"后的短暂合作关系

叶利钦留给普京的是一个内外交困的俄罗斯，普京上台伊始，俄罗斯国内外形势严峻。在国内，俄罗斯经济转型失败，又逢 1998 年经济危机，经济严重衰退、社会矛盾激化；在国际上，科索沃危机和第二次车臣战争使俄美关系持续紧张。俄罗斯虽然对美国态度强硬，但仍尽量避免与美国直接对抗。普京也认识到了俄罗斯自身实力难以与强大的美国对抗，解决国内危机更是世纪之初的俄罗斯面临的首要任务。因此，普京执政初期俄罗斯对美政策仍以合作为出发点，俄罗斯对外政策的自主性是毋庸置疑的，这个政策的基础是务实、经济效益和国家利益至上。[①]

2001 年 9 月 11 日，美国五角大楼遭遇恐怖袭击，事发后普京立即致电布什，对美国表达了真诚而公开的慰问，美国也积极回应。"9·11 事件"的爆发，使俄美有了共同的敌人——恐怖主义，这无疑给俄美关系的缓和提供了契机。

在反恐问题上，俄美进行较为紧密的合作。俄罗斯为此做了极大妥协，在阿富汗战争中，为美国提供情报；允许美国军队进入乌兹别克斯坦、塔吉克斯坦等中亚国家；对美国退出《反导条约》一事并未进行激烈反对。俄罗斯与美国在反恐上保持合作主要基于三个战略目的：借俄美关系的缓和，为国内经济恢复发展提供良好的国内外环境；改变美国对俄罗斯的猜疑与遏制态度，维护俄罗斯的国家利益；为解决车臣问题做准备。

对美国来说，恐怖主义已经成为其面临的最大威胁，它需要实力强劲的合作伙伴，俄罗斯无疑是最好的选择。而俄罗斯在"9·11 事件"爆发后所表明的愿与美国合作的态度也得到了美国的高度评价。相应地，美国

---

① 中国社会科学院俄罗斯东欧中亚研究所编译《普京文集》，中国社会科学出版社，2002，第 80 页。

对俄罗斯的政策也做出了调整，在俄罗斯加入世贸组织问题上表示支持；2002年，与北约成员国签订《罗马宣言》，确立"20国机制"等。

尽管在这一时期俄美关系有很大的改善，但这并不意味着俄美之间的根本性问题得到解决。在反恐问题上，俄美双方在阿富汗战后政治重组、美国是否继续驻军中亚等方面均存在分歧，在军备控制以及北约东扩等问题上，俄美之间的分歧也仍旧存在。俄美之间的矛盾仍旧存在，只不过在国际反恐合作的背景下被弱化了。

2. 俄美关系的脆弱性与不稳定性重现

俄美之间的矛盾是根本性的，仅靠"9·11事件"这种突发事件，俄美之间不可能建立信任，问题也得不到彻底解决。2003年，伊拉克战争的爆发，使俄美之间的矛盾再次激化，俄美关系的脆弱性与不稳定性重现。

阿富汗战争的胜利使美国信心大增，国际影响力也随之提高，在"单边主义"思想的指引下，美国对伊拉克实施了军事行动。俄罗斯对此强烈反对，认为美国是在干预他国内政，反对美国借打击恐怖主义的名号谋取私利。"颜色革命"相继在独联体国家爆发，美国对"颜色革命"进行大力支持，俄罗斯则极力反对，俄美分歧仍旧存在。此外，北约东扩一直持续，也加剧了俄美关系的紧张态势。

2008年，在以美国为首的西方国家的极力抨击下，俄罗斯实现国家权力平稳过渡，"梅普组合"登上俄罗斯历史舞台。梅德韦杰夫整体上延续了普京时期的对美政策，以务实主义为核心。2008年俄格战争爆发，这是俄罗斯独立后第一次对外使用武力，美国极力反对并对俄罗斯施压，俄罗斯在坚持对格鲁吉亚使用武力的同时也做出了妥协，即承认南奥塞梯、阿布哈兹独立，俄美之间保持着一种脆弱的平衡关系。面对美国的压制，俄罗斯还采取了举行军事演习、重新启用古巴军事基地等相关措施。

3. 俄美关系的重启

在维护国家利益的基础上，俄罗斯积极寻求俄美关系缓和，与此同时，2008年奥巴马上台，美国也开始寻求对俄关系缓和。2008年恰逢经济危机，美国的视线转向国内，在国际上开始与俄罗斯展开合作。2009年4月1日，在二十国集团伦敦金融峰会上，梅德韦杰夫和奥巴马实现了执政以来的首次会晤，双方就俄美关系的未来发展进行了探讨。对双方关注的南奥塞梯、高加索、伊朗等问题进行探讨，还表示将展开削减战略核武器条约谈判，俄美关系趋向缓和，正在走出格鲁吉亚战争的阴影。

作为俄美关注的焦点，削减战略核武器谈判刻不容缓，也是俄美关系重启的重要突破口。在一系列的对话与协商之后，2010 年 4 月 8 日，俄美在布拉达签署《削减和限制进攻性战略武器条约》，为双方关系的重启迈出了至关重要的一步。在阿富汗问题上，俄美合作取得了显著成效，俄罗斯向美国开放领空，允许美国通过俄罗斯运输物资，向北约提供物资、情报、援助等，在一定程度上，美国在阿富汗的反恐活动也有利于俄罗斯国家的安全。在北约东扩进程上，美国的态度也趋向缓和，尤其是在格鲁吉亚和乌克兰两国的问题上，美国做出了让步。俄美在经济领域的合作也取得了显著成效，2012 年 8 月，经过漫长的谈判，俄罗斯终于加入 WTO。尽管 2013 年的斯诺登事件对俄美关系产生了冲击，但俄美双方在伊朗问题、叙利亚问题上仍进行相关合作，双方都将分歧控制在可控范围内，避免发生直接对抗。

第二节　乌克兰危机爆发以来俄美关系的变化

自 2013 年末乌克兰危机爆发以来，俄美关系就笼罩在乌克兰危机的阴影之下。到目前为止，乌克兰危机还没有结束的迹象，而且在短期内不可能得到彻底的解决，俄美外交政策将随着乌克兰危机的发展而变化。乌克兰危机的爆发让俄美关系再次走向对立，随着危机的加深，美国对俄罗斯发动了一系列制裁措施，同时，俄罗斯也针锋相对，对美国进行反制裁。

一　美国对俄罗斯的制裁措施

实施制裁一直是西方国家对付其反感的政权时喜欢使用的手段。[①] 乌克兰危机爆发以来，美国对俄罗斯进行了一轮又一轮的制裁，主要集中在

---

① Gary Clyde Hufbaueretal，" Economic Sanctions Reconsidered "，Washington：Petersen Institute，2011，https：//www.piie.com/publications/briefs/sanctions4075.pdf。转引自 S. 赫德兰《在乌克兰问题上制裁俄罗斯有无意义及效用?》，《俄罗斯研究》2015 年第 1 期。

政治、经济和外交领域。

1. 在政治上制裁俄罗斯

美国对俄罗斯的制裁首先在政治领域展开。政治领域的制裁措施主要包括：限制俄罗斯和乌克兰政治高层人物的赴美签证和冻结他们在美国的资产，暂停与俄罗斯在航天等领域的合作等。

2014年3月16日，克里米亚公投入俄，俄罗斯承认公投结果，宣布克里米亚成为俄罗斯的一部分。这一结果引起美国强烈不满，正式发动对俄罗斯的制裁。3月17日，美国宣布对7名俄罗斯政府高官与议员以及乌克兰前总统亚努科维奇等实施经济制裁，制裁内容包括限制签证和冻结资产；3月20日，对俄罗斯铁路总裁等16人停发签证、冻结资产；4月2日，美国宣布停止俄美之间除国际空间站以外的所有航天领域的合作；4月28日，美国又将7名俄罗斯政治人物加入制裁名单；2015年3月11日，美国公布新一批制裁名单，包括俄罗斯欧亚青年联盟及其3名领导人、8名乌东部地区民间武装领导人、3名乌克兰前政府高级官员；12月22日，美国宣布对4位人士停发签证、冻结资产；2016年2月1日，美国将1名乌克兰人和4位俄罗斯人纳入"马格尼茨基名单"，拒发签证，禁止入美。

2. 在经济上封锁俄罗斯

在经济上对俄罗斯进行封锁是美国制裁俄罗斯的最重要手段，自乌克兰危机爆发以来，美国联合欧盟对俄罗斯进行了一系列的经济制裁。

2014年3月20日，对支持普京的4位富商和俄罗斯银行实施经济制裁，冻结其在美国的资产，停止业务往来；4月28日，将17家企业纳入制裁名单；7月16日，美国以俄罗斯支持乌克兰分裂活动为由，在银行、能源和国防企业三大领域对俄罗斯展开新一轮的制裁，值得注意的是美国这次公布的制裁名单中，大部分银行和企业都与美国有经贸往来，说明美国对俄罗斯的制裁走向新阶段；9月12日，美国将俄罗斯最大的商业银行俄罗斯联邦储蓄银行纳入制裁范围，限制与其业务往来，拒绝发放任何超过30天的债券，禁止俄美之间在北极、深海和页岩油气储藏地点的勘探合作；12月19日，对克里米亚进行单独制裁，禁止进口克里米亚的任何商品，不允许在克里米亚投资；2015年6月22日，欧盟召开成员国会议，一致通过对俄罗斯的经济制裁时间延长半年，直至 2016 年 1 月 31 日；12 月 21 日，欧盟以《明斯克协议》未能落实为由，宣布对俄罗斯的经济制裁将延长半年，制裁时间至 2016 年 7 月底；12 月 22 日，美国又公布了 34 个俄罗斯企业及个人名单，继续扩大对俄罗斯的制裁范围。

3. 在军事上对俄罗斯进行威慑

尽管美国表示不会在军事上干预乌克兰危机，但利用军事手段对俄罗斯进行威慑和施压，仍是美国应对乌克兰危机的重要手段。美国对俄罗斯的军事威慑手段主要有加强与欧洲国家尤其是黑海沿岸国家的军事演习与合作、联合北约对俄罗斯进行军事威慑、终止与俄罗斯的军事合作等。

危机爆发伊始，美国就加强了与黑海沿岸国家的军事演习，对俄罗斯的黑海舰队进行威慑。2014 年 3 月 3 日，美国宣布停止与俄罗斯的军事交流与合作；5 月 8 日，美国表示在波罗的海国家进行三场军事演习；6 月 3 日，奥巴马访问波兰，开始其欧洲访问，表示将扩大美国在欧洲的军事部署；2015 年 2 月 5 日，北约表示将加强东欧防务，增加北约快速反应部队的人数，加强在波罗的海国家的军事部署，并建立总部和指挥控制中心；11 月 3~6 日，北约在欧洲展开了一场名为"三叉戟接点"的大规模军事演习，涵盖 30 多个国家、3.6 万名士兵，是北约自 2002 年以来最大规模的军事演习。

二　俄罗斯对美国的反制裁措施

面对美国的一系列制裁措施，俄罗斯毫不妥协，在政治、经济、军事等领域对美国展开反制裁与反威慑。

1. 在政治上对美国进行反制裁

针对美国对俄罗斯的政治制裁，俄罗斯进行了具有针对性的回击。在对高层人物的制裁上，2014 年 3 月 20 日，俄罗斯对包括奥巴马顾问在内的 9 位美国政要进行制裁；7 月 19 日，对美制裁名单增加 12 人，限制其入境俄罗斯；2016 年 2 月 2 日，作为对美国扩大"马格尼茨基名单"的回击，俄罗斯将 5 名美国人列入"黑名单"，拒发签证、禁止入俄。在俄美航天合作方面，2014 年 5 月 13 日，俄罗斯宣布拒绝延长美国使用轨道空间站时间，制裁还涉及俄美全球卫星定位系统的合作问题，以及俄罗斯向美国出售火箭发动机等问题。在经济的反制裁上，2014年8月6日，俄罗斯宣布将在农产品、原材料和食品领域进行反制裁，禁止从美国、欧盟等对俄制裁国家进口水果、蔬菜、肉类和奶制品等；2015年6月24日，普京宣布，针对欧盟对俄罗斯制裁期限的延长，俄罗斯也将对其制裁时间延长一年。

2. 在经济上寻求新的合作伙伴

面对美国的经济制裁，俄罗斯一方面对美国进行有针对性的回击，另一方面积极寻求新的合作伙伴，以缓解俄罗斯经济的紧张态势。俄罗斯的经济发展方向向东转移，加强与亚太地区国家的经济合作，主要表现有：2015年5月8日，习近平与普京在莫斯科发表《中华人民共和国与俄罗斯联邦关于丝绸之路经济带建设和欧亚经济联盟建设对接合作的联合声明》，宣布将丝绸之路经济带建设和欧亚经济联盟建设相对接，确保地区经济持续稳定增长，加强区域经济一体化，维护地区和平与发展；[①] 9月5日，东方经济论坛在符拉迪沃斯托克召开，着力开发远东地区；2016年1月30日，俄印圣彼得堡国际经济论坛会议与金砖国家发展会议在印度召开，共同探讨俄印经济发展新前景。

3. 在军事上与美国展开新一轮的较量

俄罗斯是现今世界上唯一能够与美国在军事上对抗的大国，面对乌克兰危机爆发以来美国的军事威慑，俄罗斯充分利用其军事力量与美国展开了新一轮的较量，主要表现在军事演习、战略核实力、军备建设等方面。

尽管俄罗斯经济受到重创，但俄罗斯政府表示不会缩减军事预算。乌克兰危机爆发后，俄罗斯的军事活动次数明显增加，规模明显扩大，质量也明显提升。2014年以来多次进行洲际导弹的试射；4月24日，俄罗斯陆军和空军部队在乌克兰边境进行军事演习；8月29日，普京表示俄罗斯是核实力最强的国家之一，将加强核威慑力，推动武器装备系统现代化。[②] 2015年9月14日，以"控制中亚地区的国际武装冲突"为主题

---

① 《中俄丝绸之路经济带欧亚经济联盟建设对接合作声明》，新华网，http://news.china.com/domesticgd/10000159/20150509/19658745.html。

② 李永全：《俄罗斯发展报告（2015）》，社会科学文献出版社，2016，第199页。

的"中央—2015"军事演习正式开始，俄罗斯海陆空集体出动，是俄罗斯近年来最大规模的军事演习；2016 年 1 月 13 日，俄罗斯表示将在年内完成北极岛屿军备建设；2 月 17 日，俄罗斯进行空降部队军事演习。

乌克兰危机让俄美之间的较量从幕后走到了台前，俄美关系呈现新的紧张态势。从此次俄美的互相制裁来看，双方都有明确针对性，美国对俄罗斯的制裁名单主要集中在俄罗斯的政府要员上，甚至还公布了他们与普京的亲密关系，在企业制裁方面，美国也明确公布了相关公司的详细信息，如地址、电话、注册号等。俄罗斯对美国的制裁也具有相同特点。在军事威慑上，俄美双方也是毫不相让，军备竞赛不断升级，尽管俄美双方剑拔弩张，但俄美都把制裁与竞争控制在可控范围之内，双方都不想引发激烈冲突甚至战争，这是双方都默认的底线。

三 俄美双方在制裁战中的得失

从俄美制裁战的整体来看，多数情况下美国处于制裁方的位置，而俄罗斯处于反制裁方的位置，但制裁战是把双刃剑，俄美双方在制裁与反制裁中互有得失。

1. 俄罗斯的得与失

在美国的制裁下，俄罗斯在经济领域受到的冲击最大。数据表明，受乌克兰危机影响，再加上国际油价下跌以及俄罗斯自身经济结构不合理等因素影响，2014 年以来俄罗斯经济形势严峻，2014 的经济增长率仅为 0.6%。2015 年俄罗斯国内生产总值减少 3.7%；工业生产总值下降 3.4%；居民实际收入下降 4%；对外贸易额下降幅度达 30%，外贸顺差下降 23.2%；财政赤字约为 250 亿美元，占俄罗斯国内生产总值的 2.6%；天然气产量下降 2.6%；轿车产量下降 27.7%；失业人数达 426 万，较 2014 年增加 7.4%；银行业利润大幅缩水约 67%。[①]

在俄罗斯经济不景气的情况下，普京政府的支持率却一直居高不下，

---

① 陆南泉：《俄罗斯经济二十五年》，《东方早报》，http://www.dfdaily.com/html/8762/2016/2/23/1335099.shtml。

美国的制裁并未激发俄罗斯民众对普京政府的不满，反而激发了俄罗斯民众的爱国主义和大国意识，将矛头对准美国。国内的情绪乐观者将当前困境视为俄罗斯转型的契机，民意调查显示，76%的俄罗斯人支持政府报复西方经济制裁的计划。① 此外，面对经济困境，俄罗斯将加快经济结构转型的步伐、促进经济结构多元化、寻找新的贸易伙伴，俄罗斯经济严重依赖能源出口，制裁让俄罗斯的经济结构弊端凸显，为了走出经济低迷的阴影，经济转型将被提前提上日程。

2. 美国的得与失

自俄罗斯独立以来，遏制俄罗斯就是美国对俄政策的核心，美国干预乌克兰危机，也是对俄罗斯的一种遏制手段，以削弱俄罗斯为目的。对俄罗斯的制裁让北约再次找回了存在感，华约解体后，人们一直在讨论北约是否有其存在的必要性，在此次与俄罗斯的对抗中，北约又找到其生存的理由，可以说美国借乌克兰危机"复活"了北约，美国联合北约国家对俄罗斯进行制裁与威慑。从制裁开始至今，制裁对象和范围不断扩大，由政府要员逐步扩大到能源企业、银行金融等领域，受制裁的影响，俄罗斯经济形势严峻。

虽然美国制裁给俄罗斯制造了不小的麻烦，特别是在经济领域，但从遏制俄罗斯的角度来看，美国并没有达成目的，俄罗斯虽面临困难，但并未崩溃，相反美国的制裁却激发了俄罗斯的斗志。2015年俄罗斯农业总产值同比增长3%，新建住房面积超过8500万平方米，都创下历史纪录；2016年4月14日，俄罗斯总统普京接受记者采访时表示，目前俄罗斯经济出现向好迹象，失业率保持在5.6%，对外贸易实现顺差，国家外汇储备恢复到2014年初的水平；2016年前两个月，俄罗斯工业产值和高技术产品出口呈现增长态势。② 此外，美国在航天、反恐等领域都需要俄罗斯的协助，俄美关系的恶化对美国也将产生负面影响。

制裁战是一把双刃剑，从长远角度来看，俄美之间的相互制裁将是一场零和博弈，对双方都没有好处。俄美都认识到了这一点，到目前为止，双方在制裁与反制裁上都适可而止。

---

① 高珮菁：《俄罗斯：高调反制裁伤了谁》，《青年参考》2014年8月13日，第7版。
② 孙昌洪：《俄罗斯即将迎来经济增长》，《文汇报》2016年4月16日，第5版。

第三节 俄美干预乌克兰危机的动因分析

2013 年 11 月 21 日，乌克兰当局宣布停止与欧盟签署联系国协定的准备工作，加强与独联体国家的经济合作，乌克兰危机爆发。此决定导致乌克兰国内亲美派民众的不满，在反对派的支持下开始举行大规模的游行示威活动，要求亚努科维奇下台，提前举行选举。乌克兰政局持续紧张，基辅爆发骚乱，亚努科维奇被迫下台，克里米亚公投入俄，危机不断升级。2015 年 2 月 12 日，《新明斯克协议》达成，就解决东部地区停火问题达成一致，但时至今日，协议内容中的大部分仍未实现，乌克兰仍处于战乱之中。就乌克兰危机而言，其爆发固然有内部因素，但外部因素的干预也不可小觑。乌克兰危机自爆发以来就引起了国际社会的广泛关注，尤其是俄罗斯和美国，两国出于乌克兰地缘政治地位和自身国家利益考虑，就乌克兰危机展开了新一轮的战略博弈。

一 乌克兰在俄美两国中的地缘政治地位

乌克兰地处欧亚大陆的心脏位置，是俄罗斯与欧洲之间乃至欧亚大陆之间的重要枢纽。苏联解体后，乌克兰作为一个独立的国家登上国际政治舞台。布热津斯基认为，乌克兰是欧亚棋盘上的一个新的重要地带，它作为一个独立国家的存在有助于改变俄罗斯，因此它是个地缘政治支轴国家。[①] 地缘政治支轴国家的重要性不是来自它们的力量和动机，而是来自它们所处的敏感地理位置以及它们潜在的脆弱状态对地缘战略棋手的影响，最常用来界定地缘政策支轴国家的就是它们的地理位置。[②] 俄美作为国际政治中最活跃的地缘政治棋手，对乌克兰的争夺必不可免。

1. 乌克兰在地缘政治上对俄美的重要性

苏联时期，乌克兰是仅次于俄罗斯的第二大加盟共和国，与黑海相

---

① 〔美〕兹比格纽·布热津斯基：《大棋局——美国的首要地位及其地缘战略》，中国国际问题研究所译，上海世纪出版社，2007，第 39 页。

② 〔美〕兹比格纽·布热津斯基：《大棋局——美国的首要地位及其地缘战略》，中国国际问题研究所译，上海世纪出版社，2007，第 35 页。

邻，是苏联在其东南部与欧洲及世界联系的重要窗口，对苏联有着重要的地缘战略作用。虽然这一时期的乌克兰对苏联的地缘战略有着重要作用，但它仅是苏联的一部分，其地缘战略作用还未上升到国际层面。

苏联解体后，乌克兰由苏联的加盟共和国转变为独立的主权国家，乌克兰的地缘政治地位随之提升，成为影响亚欧大陆乃至世界地缘政治格局的重要因素，乌克兰的独立给世界地缘政治注入了新鲜的血液。对于俄罗斯而言，乌克兰是俄罗斯与西方之间的战略缓冲地带，一旦乌克兰倒向以美国为首的西方，那么俄罗斯将失去乌克兰这个抵御西方的天然屏障，其西部边境也将直面威胁。乌克兰不仅关系到俄罗斯的南下出海口问题，还关系到俄罗斯黑海舰队的驻军问题。黑海出海口的丢失将极大地削弱俄罗斯的南下通道及其海洋战略的实施。而从历史上看，黑海出海口一直是俄罗斯的必争之地，不惜以发动战争为代价，叶卡捷琳娜执政时期甚至建立了强大的黑海舰队。然而在1954年，苏联时任领导人赫鲁晓夫却将克里米亚赠送给了乌克兰，这一举动至今让人费解，俄罗斯现任总统普京在谈到此事时也对赫鲁晓夫的做法进行了抨击。1991年，苏联解体，冷战结束，克里米亚也随着乌克兰离俄罗斯而去，这意味着俄罗斯失去了黑海出海口，俄罗斯原有的地缘政治战略格局遭到破坏。而俄罗斯在本来就缺乏出海口的情况下，不可能放弃对黑海出海口的使用和控制。苏联解体后，俄罗斯开始长期租借位于克里米亚境内的塞瓦斯托波尔作为黑海舰队驻军之地，以保障俄罗斯的海上利益。这就不可避免地导致了俄乌之间的地缘战略冲突，也为乌克兰危机的爆发埋下了隐患。

对于美国而言，乌克兰的独立给美国带来了前所未有的机遇。苏联的解体使世界上唯一能够与其对抗的大国不复存在，而乌克兰作为原苏联国内仅次于俄罗斯的第二大加盟共和国的离去，必将进一步削弱俄罗斯。乌克兰作为亚欧大陆的咽喉要地，不仅可以被视为独联体国家，又可以被视为东欧国家，这也使乌克兰成为美国进行北约和欧盟东扩的重要目标之一，也是其制约和孤立俄罗斯的重要手段。俄美在地缘政治上对乌克兰的争夺不会停歇。

2. 俄美在地缘政治上对乌克兰的争夺

自乌克兰独立后，俄美对乌克兰的争夺就从未停歇，美国一直致力于将乌克兰拉入北约和欧盟的阵营中，主要表现在北约东扩、"橙色革命"等事件上；而俄罗斯视乌克兰为最后的地缘政治防线，绝不退让。

在北约东扩问题上，俄罗斯坚决反对乌克兰加入北约，而美国却大力支持。对俄罗斯来说，乌克兰加入北约意味着俄罗斯将失去其重要的战略缓冲地带，后果不堪设想。因此，在俄罗斯的牵制下，乌克兰至今仍未加入北约。1995 年，北约和乌克兰以"16 + 1"的方式建立特殊伙伴关系；1997 年，《北约与乌克兰特殊伙伴关系宪章》签订，建立危机磋商机制；2002 年，"北约—乌克兰行政计划"提出；2008 年，乌克兰正式申请加入欧盟。面对美国对乌克兰的拉拢，俄罗斯予以严厉的回击，在政治、经济上不断向乌克兰施压。在亚努科维奇执政后，乌克兰宣布放弃加入北约，但美国仍未放弃拉拢乌克兰，2010 年 7 月 2 日，希拉里表示，北约的大门永远向乌克兰敞开，由乌克兰决定是否愿意加入或选择其他方式确保本国的安全利益。

在美国的支持下，"颜色革命"席卷独联体国家。2004 年，"橙色革命"在乌克兰爆发，俄美在乌克兰扶植不同的代理人，普京支持乌克兰亲俄派候选人亚努科维奇，而美国则支持亲西方的尤先科。经过一系列的博弈，亲美派的尤先科获得大选胜利，乌克兰至此放弃了在俄美之间寻求平衡的外交政策，外交政策转向亲美。"颜色革命"的成功，使美国成功渗透到独联体国家，从而破坏了俄罗斯的地缘政治环境，成为普京整合独联体、建立欧亚联盟的巨大阻力。虽然尤先科为了安抚俄罗斯，将俄罗斯作为其上任后的首访国家，但乌克兰亲美派外交已成事实，俄乌关系不复从前。俄乌之间的经贸摩擦日益增加，尤其是在天然气领域，俄罗斯利用乌克兰对俄罗斯天然气的依赖，迫使乌克兰做出让步。为了避免乌克兰因经济危机和能源问题对俄罗斯做出更多的让步，美国不得不在经济上援助乌克兰。① 由乌克兰地缘政治因素引起的俄美角力仍在继续。

二　乌克兰对俄美两国国家利益的重要性

国家的对外政策与对外行为在本质上是由国家利益决定的，乌克兰之

---

① 吴恩远：《俄罗斯东欧中亚国家发展报告（2010）》，社会科学文献出版社，2010，第 128 页。

所以成为俄美争夺的焦点，正是因为它涉及俄美的国家利益。

1. 乌克兰涉及俄罗斯的核心国家利益

苏联解体后，俄罗斯一直视乌克兰为其特殊利益区，对俄罗斯有着重要的安全利益、经济利益和政治利益等。

首先，乌克兰关系俄罗斯的安全利益。安全利益是一国生存和发展的基本条件，是最核心的利益。[1] 对于现阶段的俄罗斯来说，国家发展固然重要，但安全更重要。俄罗斯视乌克兰为北约和欧盟东扩的底线，一旦西方拉拢乌克兰成功，俄罗斯将失去其最后的战略缓冲地带，将出现对俄罗斯极其不利的周边或国际安全环境，这是俄罗斯绝对不想看到的现象。此外，克里米亚地区的军事基地和黑海舰队事关俄罗斯的军事安全与出海口安全。俄罗斯必须保持黑海舰队长驻乌克兰的塞瓦斯托波尔海军基地，这是关系到俄罗斯传统国家利益的问题。[2] 哈佛大学教授斯蒂芬·瓦尔特认为"从现实主义来看，大国特别关心国家安全，通常在捍卫国家核心利益时是不容置疑的，尤其是在保卫自己的周边地区上"。[3] 一旦西方国家染指乌克兰，必将激怒俄罗斯，所以在乌克兰危机中，俄罗斯不惜激怒西方，承受西方的制裁，也要夺取克里米亚，维护其自身国家安全。

其次，乌克兰关系俄罗斯的经济利益。苏联解体后，作为原苏联的加盟共和国，俄乌之间由国内经济关系转变为国家间经济关系，这也决定了俄乌关系的复杂性。苏联解体后，俄乌经济之间的问题日益显现，受苏联时期影响，俄乌之间的经济依存度较高，更重要的是，俄罗斯大部分能源出口都要通过乌克兰境内，乌克兰事关俄罗斯的能源出口安全。而乌克兰对俄罗斯的天然气依赖已经到了致命的地步，这也成为俄罗斯控制乌克兰的有效手段。2014 年 6 月 16 日，由于俄乌之间就天然气问题谈判无果，俄罗斯宣布对乌克兰断气。乌克兰对俄罗斯的经济安全至关重要。

---

① 陈岳：《国际政治学概论》，中国人民大学出版社，2007，第 117 页。

② 顾志红：《略论俄美在乌克兰的竞争态势》，《俄罗斯中亚东欧研究》2005 年第 1 期。

③ Stephen M. Walt, "No Contest: Obama Gambled that U. S. Power Would Trump Russia's Interests in Ukraine. He was Wrong", *Foreign Policy*, March 3, 2014.

最后，乌克兰关系俄罗斯的政治利益。国家政治利益主要是维护国家现有的社会政治制度和占统治地位的意识形态，并力争使其影响扩大到更大的范围。[①] 从历史上看，乌克兰是苏联的重要边界，苏联解体后，俄罗斯一直视乌克兰为其势力范围，一旦乌克兰成功融入西方，在俄罗斯看来就是以美国为首的西方国家干涉了俄罗斯的"主权独立"和"领土完整"。同时也会有损俄罗斯在国际社会中的地位，这是俄罗斯不愿看到的，俄罗斯一直认为乌克兰是俄美之间心照不宣的底线，这条底线不可逾越。

2. 乌克兰对美国国家利益的影响

对美国而言，乌克兰也有着特殊意义，但相对于俄罗斯来说，乌克兰对美国国家利益的影响相对较弱，并未直接涉及其核心利益，乌克兰更像是美国实现自身利益的一个跳板或工具。乌克兰对美国国家利益的影响主要表现在宣扬民主、遏制俄罗斯、实现全球霸权上。

冷战后，美国一直致力于向其他国家输送民主思想，而作为原苏联加盟共和国，乌克兰正是其重要目标之一，所以美国从未放弃对乌克兰的民主干预。一方面，美国希望借此对外输出价值观，传播文化软实力；另一方面，美国也希望借此将乌克兰拉入西方阵营，为北约东扩做准备，遏制俄罗斯。俄美双方都举着民主自由的大旗，指责对方背弃国际法、违背正义，而实际上在民主自由大旗的背后却是赤裸裸的权力政治：势力范围、联盟、经济封锁、军备竞赛。[②] 乌克兰一直是北约东扩的终极目标，作为美苏冷战的产物，北约的存在是符合美国在欧洲乃至世界的利益的，其中一个重要利益就是遏制俄罗斯，北约东扩实际上是在分裂独联体、挤压俄罗斯的生存空间。受冷战思维的影响，美国一直视俄罗斯为潜在的竞争对手，乌克兰则被认为是遏制俄罗斯的重要战略棋子，没有乌克兰，俄罗斯将不再是一个欧亚帝国。[③] 所以说，乌克兰是美国遏制俄罗斯、实现全球霸权的重要手段。

---

① 陈岳：《国际政治学概论》，中国人民大学出版社，2007，第 117 页。
② 《乌克兰变局真相》，新华出版社，2014，第 181 页。
③ 〔美〕兹比格纽·布热津斯基：《大棋局——美国的首要地位及其地缘战略》，中国国际问题研究所译，上海世纪出版社，2007，第 39 页。

无论是在地缘政治上还是国家利益上，乌克兰对俄罗斯和美国都有着重要战略意义，总体上来看，俄罗斯对乌克兰的利益诉求大于美国，在危机中俄罗斯不惜动用军事力量吞并克里米亚，以自身经济衰退为代价与美国展开制裁战，而美国至今没有动用军事力量干预乌克兰危机，对俄罗斯的经济制裁也是以不损害美国经济为前提。可以说面对乌克兰，俄美双方的战略底线是不同的，这也决定了俄美博弈乌克兰的激烈程度，俄美双方不会因乌克兰危机展开直接的军事对抗，由紧张到缓和、再紧张、再缓和已经成为俄美关系发展的常态。

第四节　乌克兰危机对俄美关系的影响

乌克兰危机爆发至今仍未彻底解决，俄美双方围绕乌克兰危机展开了深度博弈，互相制裁、指责，使俄美关系的发展蒙上了阴影，被认为是苏联解体后俄美关系最大的退步，甚至在国际上引发了是否能够重新爆发冷战的大讨论。毫无疑问，乌克兰危机重创了俄美关系，中断了俄美关系的重启进程，引发了俄美之间的制裁大战，双方剑拔弩张。虽然如此，至今为止俄美并未直接爆发冲突，双方制裁战也在可控范围内，并未出现不可控局面。乌克兰局势继续演变，2015 年 2 月 12 日，《新明斯克协议》签订，12 月 31 日，乌、俄、德、法四国同意将协议延至 2016 年，从协议落实方面看，只有少部分协议内容得到落实，并未达到预期效果，但此协议仍是公认的解决乌克兰危机的唯一途径；2016 年 3 月 3 日，欧盟表示，在未来的 20～25 年内乌克兰不能加入欧盟和北约；3 月 4 日，美国宣布，鉴于"俄罗斯的行为依然在对美国国家安全和外交政策构成非同寻常的、重大的威胁"，对俄制裁将持续到 2017 年 3 月 6 日。乌克兰危机的解决仍困难重重，俄美关系在短期内也不会得到缓和。

一　乌克兰危机终结了俄美关系的重启进程

乌克兰危机的爆发，使 2009 年以来的俄美关系重启进程戛然而止，这意味着美国对俄罗斯的重启政策失败。在俄美关系重启过程中一直存在着隐患，东方伙伴计划、梅普易位、斯诺登、欧亚联盟等事件一直在冲击着原本脆弱的俄美关系，乌克兰危机使俄美之间的脆弱关系彻底终结，走向新的对立。

1. 乌克兰危机是俄美关系重启进程终结的导火索

乌克兰危机终结了俄美关系重启的进程，俄美展开制裁大战，俄美关系趋于紧张。美国为何在乌克兰危机爆发后有如此激烈的反应？从表面来看，与俄罗斯相比，美国并不是非乌克兰不可，但乌克兰对俄罗斯却至关重要，在俄罗斯倡导的欧亚联盟计划中乌克兰是关键一员，因此从打压俄罗斯的角度看，美国不可能不干预乌克兰危机。可以说欧亚联盟计划的推行加剧了美国对俄罗斯的担忧，美国借乌克兰危机中断俄罗斯的欧亚联盟进程，从而遏制俄罗斯，而欧亚联盟的背后是俄美之间国家战略的冲突。

2011年10月3日，时任总理的普京在《消息报》发表文章，号召以俄、白、哈关税同盟为基础，建立欧亚联盟，按照普京的设想，欧亚联盟将历经欧亚经济共同体、关税同盟、统一经济空间、欧亚经济联盟、欧亚联盟5个阶段，到目前为止前4个阶段已经完成，欧亚经济联盟在2015年1月1日正式启动。欧亚联盟发展至今被赋予了强烈的政治色彩，在美国看来，欧亚联盟是俄罗斯加强对独联体国家影响的工具，是为了增加与美国对抗的筹码。克里米亚入俄后，乌克兰加入欧亚联盟的计划已经落空，这对欧亚经济联盟的打击是致命的。而在欧亚经济联盟内部，各国之间协作水平有限，受乌克兰危机以及国际油价下跌等因素影响，2015年，欧亚经济联盟成员国之间相互贸易额为454亿美元，同比下降25.8%。其中，俄白相互贸易额259.3亿美元（占比57.1%），同比下降26.2%；俄哈相互贸易额151.8亿美元（占比33.5%），同比下降26.0%。[1] 美国借乌克兰危机对欧亚联盟进行打击，其本质是俄美之间国家战略的冲突。

奥巴马上台后虽然强调重启美俄关系，但俄美双方的矛盾依然存在，乌克兰危机仅仅是俄美关系重启进程终结的导火索，而非根本原因，也许正如普京所说，不管有没有乌克兰危机，美国对俄罗斯的遏制都是不变的。

2. 美国干预乌克兰危机触及俄罗斯底线

面对美国的遏制、北约和欧盟的东扩，对于普京而言，乌克兰是其最

---

[1] 杨舒：《欧亚经济联盟：现实并不美好》，《国际商报》2016年3月2日，第A4版。

后的战略防线，也是俄美博弈的底线，在乌克兰危机中，普京果断并入克里米亚，以回击美国对乌克兰的干预，维护俄罗斯的国家利益。对俄罗斯来说，乌克兰转投西方是一种叛变的行为。在历史上，俄乌之间有着难以割舍的情怀，虽然苏联解体后乌克兰获得独立，但在很多俄罗斯人看来，乌克兰并不是“外国”。突然之间，乌克兰却要弃自己而去，并且投入自己对手的阵营之中，这对俄罗斯的打击是不言而喻的。

从俄罗斯的角度考虑，普京的做法并不过激，在俄罗斯眼中，北约和欧盟东扩的最终目的就是遏制俄罗斯。周边地区出现安全隐患与潜在威胁是任何国家都不愿见到的，特别是综合实力强劲的大国，更是不会允许这种现象发生。可以说，由于苏联解体后俄罗斯自身实力不足，俄罗斯一直在容忍美国的遏制，但俄罗斯的容忍并未得到美国的尊重，或者说没有得到与美国平等对话、合作的权利。苏联解体后，美国一直在压制俄罗斯的生存空间，乌克兰被视为最后的底线，所以当美国支持乌克兰亲美派政权，意图彻底颠覆乌克兰政治时，普京是不能容忍的，这关系到俄罗斯在地缘政治上的地位和大国尊严。

3. 克里米亚入俄出乎美国意料

在干预乌克兰危机之初，美国并未料到俄罗斯会做出直接并入克里米亚的极端举措，显然，美国最初对危机发展态势的预判是有误差的，俄罗斯吞并克里米亚让美国措手不及，美国在这一点上过于理想化了。

对美国来说，压缩俄罗斯的生存空间已经是一种常态化的行为，自俄罗斯独立以来，美国就没停止过对俄罗斯的遏制，从未放弃推进北约和欧盟东扩。1993 年北约实施第一轮东扩，2004 年实施第二次东扩。虽然俄罗斯极力反对，但受苏联解体后自身实力严重不足的影响，俄罗斯对前两轮东扩并无力阻止。2004 年随着普京执政后俄罗斯自身实力的恢复，俄罗斯对北约的第三轮东扩做出明确表态，坚决不能容忍格鲁吉亚和乌克兰加入北约。在格鲁吉亚问题上，2008 年普京不惜军事干预，直接出兵格鲁吉亚。欧盟在 2008 年提出“东部伙伴计划”，欲把乌克兰等东欧国家纳入其中，这引起了俄罗斯的高度警惕。21 世纪以来，美国从未停止对独联体国家“颜色革命”的支持，可以说在此次乌克兰危机爆发之前美国推行的“颜色革命”从未失败过，此次乌克兰危机被视为乌克兰的第二次"颜色革命"。在美国看来，此次危机也会像之前的"颜色革命"一样顺利实现政权过渡，俄罗斯也会默认危机结果，但事实是，乌克兰局势并未按美国所预期的轨道发展，俄罗斯并入克里米亚，一切大大出乎美国意料，让美国措手不及。

二　俄美之间很难爆发"新冷战"

在乌克兰危机中，俄美展开制裁大战，两国关系再次跌入低谷。"新冷战"是相对于冷战时期的俄美关系而提出的，将现阶段的俄美关系类比为冷战时期的俄美关系有失偏颇。综观俄美关系现状，无论是在实力、意识形态，还是国际环境上，俄美关系都与冷战时期有着根本性的区别，俄美关系不可能回到冷战时期的敌对状态。虽然到目前为止，俄美关系仍未得到缓和，但在区域一体化和经济全球化的背景下，俄美之间利益交织，两国很难再次爆发冷战。

1. 俄美缺乏爆发"新冷战"的实力和意愿

乌克兰危机重新引发人们对冷战的思考，也引发了人们对是否会爆发"新冷战"的担忧。2016 年 2 月 12～14 日，梅德韦杰夫在慕尼黑安全会议上发表讲话时提到，俄罗斯与西方国家的关系正下滑到"新冷战"阶段，但俄方无意与西方展开"新冷战"。这一讲话再次引起人们对是否会爆发"新冷战"这一话题的热议，但制裁、对立并不等于冷战，从主观上看，俄美双方都不具备发动"新冷战"的实力和主观意愿。将梅德韦杰夫的发言理解为避免爆发"新冷战"更为合适，而不是加剧俄美之间的紧张、对立态势。

冷战后，美国成为唯一的超级大国，但随着新兴国家的兴起以及国际形势的变化，美国的实力相对下降；相对而言，苏联解体后，俄罗斯的综合实力迅速下降，虽然普京执政以来俄罗斯的整体实力得到恢复，但与美国仍旧存在差距。此外，作为冷战时期俄美对抗的两大阵营，华约已经解散，北约仍在持续扩张，俄美已经不具备全面对抗的实力基础。

受自身实力的限制，俄美也清醒地意识到展开"新冷战"后双方所要面对的困境与麻烦，俄美双方在主观上并不希望展开"新冷战"，都不希望乌克兰危机成为俄美之间零和博弈的战场。

2. 在国际安全和全球性问题上双方需要合作

俄美关系虽然紧张，但并不妨碍俄美在相关领域展开合作，尤其是在打击恐怖主义、裁军、外太空合作等问题上。在打击恐怖主义上，2014年10月14日，俄罗斯外长拉夫罗夫与美国国务卿克里会面，表示双方可以在打击中东、北非地区的恐怖主义和抗击埃博拉上展开合作；2015年11月11日，为了打击恐怖主义，俄美建立统一防空系统；12月15日，普京与克里会面，就叙利亚问题和乌克兰危机进行探讨，俄美将保持沟通。在裁军上，2014年4月1日，尽管受乌克兰危机影响，但俄美还是履行了《进一步削减和限制进攻性战略武器条约》，对两国的核武器部署和核弹头总量进行公布。在外太空合作上，2015年6月11日，俄美科学院将进行太空研究合作。

在全球化背景下，恐怖主义、环境保护、病毒传播等问题已超出一国范围，也不是仅凭一国之力可以解决的，这也为俄美之间的合作提供了机遇，在一定程度上有利于俄美之间的沟通与交流，进一步促进俄美关系缓和。

3. "新冷战"爆发的外部环境不复存在

俄美不是敌对国家，与冷战时期不同。在冷战时期，美国和苏联作为综合实力最强的国家，几乎没有任何国家能与之抗衡，以美苏为首形成了北约与华约两大阵营的对抗。

随着国际形势的变化和国际政治格局的演变，新兴国家不断崛起，特别是在近些年全球经济低迷的情况下，亚太地区经济的持续增长给世界经济注入了新鲜的血液，而与此同时，美国的实力则相对削弱。美国提出重返亚太战略，俄罗斯也逐步实施战略东移，两极和单极国际格局已经不复存在，国际政治经济格局正朝着多极化的方向发展。俄美之间爆发"新冷战"的外部环境已不复存在。

无论是从俄美的主观意愿角度、国际安全和全球性问题合作角度，还是从外部条件来看，俄美之间都很难爆发"新冷战"。

三 俄美关系短期内难有突破性进展

虽然俄美之间很难爆发"新冷战"，但俄美制裁战使俄美关系恶化、互信度降低，国际合作也将面临新的挑战，两国将在可控范围内进行对抗，并在共同利益基础上开展有限的合作，这将成为俄美关系的常态。在短期内，俄美关系不会有突破性的进展。

1. 俄美之间相互指责

乌克兰危机对俄美关系的冲击是毋庸置疑的，它使原本脆弱的俄美关系彻底恶化，双方开始相互指责。2013 年 7 月，俄美互相指责对方未遵守禁止生物武器公约；2014 年 4 月 14 日，在联合国安理会举行的乌克兰局势紧急会议上，俄美两国针锋相对，认为对方的行为导致了乌克兰混乱的局面；2015 年 4 月，俄美互相指责对方向乌克兰东部民间武装提供武器、培训人员，认为对方破坏了《新明斯克协议》，扰乱乌克兰局势，种种指责层出不穷。总之，乌克兰危机爆发后，美国指责俄罗斯是此次危机的罪魁祸首，甚至有人认为普京意图借乌克兰危机恢复苏联。而在俄罗斯人眼中，美国才是乌克兰危机的发起者，美国干预乌克兰危机是干涉乌克兰内政，其真正目的是遏制俄罗斯，是对俄罗斯的公开羞辱，并声称克里米亚公投是合法的，是第二个科索沃，乌克兰危机让美国在处理国际事务时的两面性和虚伪性暴露无遗。

俄美之间的指责游戏愈演愈烈，指责游戏的背后折射出的是俄美之间的结构性矛盾，美国希望与俄罗斯进行深度的、有效的对话，将俄罗斯纳入可控范围，而俄罗斯却希望得到与美国对等的地位，展开平等对话，双方的结构性矛盾难以消除，在此情况下乌克兰危机难以得到解决，俄美关系也难以缓和。

2. 乌克兰危机加剧了俄美之间的不信任

冷战后，俄美之间的斗争从未停止。受冷战思维以及意识形态等因素的影响，俄美之间的信任度较低，一直是困扰俄美关系发展的重要因素之一。

在美国看来，俄罗斯一直是其主导下的国际秩序的挑战者，而俄罗斯人则认为美国一直在对自己进行遏制，其目的是推行霸权主义，维护美国日益衰落的霸权。俄美之间的矛盾和分歧是根本性的，双方极其不信任，信任机制严重缺乏，这种状态将持续存在，俄美关系难有突破性进展。

俄美间根深蒂固的不信任使两国关系难以真正改善，乌克兰危机是摆在俄美面前的首要问题。如果国家间的交往缺乏信任，并且不积极做出努力改变现状，那么这种不信任情绪将持续蔓延，不利于问题的解决，甚至会为以后俄美关系的发展留下隐患。

3. 俄美的制裁政策与反制裁政策在短期内不会改变

对普京来说，乌克兰危机是其再次当选总统以来面临的最大挑战之一，在乌克兰危机中，普京果断并入克里米亚，将赫鲁晓夫时期拱手让人的克里米亚再次收回。从短期看，俄罗斯取得了阶段性的胜利，夺回领土并赢得了国内民众的大力支持。但与此同时，俄罗斯也承受了以美国为首的西方国家的制裁。尽管如此，但俄罗斯毫不退让，因为乌克兰危机触及了俄罗斯的国家安全，威胁了俄罗斯的核心国家利益，可以说在决定并入克里米亚之时，俄罗斯就做好了面对西方制裁的准备，俄罗斯在克里米亚问题上绝不会妥协。

对奥巴马来说，乌克兰危机是其执政后期面临的重要难题之一。在奥巴马任期内，美国对俄罗斯的制裁政策不会改变，对俄关系也不会缓和，2016 年 3 月 4 日，美国宣布对俄制裁延长到 2017 年 3 月 6 日，这是奥巴马在其任期内持续对俄实施制裁政策的最好说明。

乌克兰危机发展至今，俄美之间虽然竞争激烈，但并未发生直接冲突，双方把制裁、斗争限制在可控范围内。俄美关系很难走向"新冷战"，但俄美关系在短期内也不会得到缓和，仍将保持紧张状态。

第七章
乌克兰危机背景下的俄欧关系

俄罗斯和欧盟是国际社会中两个极为重要的国际行为体，俄欧关系的发展和变化不仅直接影响欧亚大陆的地缘政治安全，而且对世界政治格局的力量平衡也会产生相应的影响。因此，俄欧关系是当今世界最重要的国际关系之一。乌克兰危机爆发后，俄罗斯地缘环境的进一步恶化、俄欧双方发展目标的不同以及战略互信的严重缺失，都是制约未来俄欧关系平稳发展的因素。此外，欧盟内部成员国对俄罗斯态度的分歧以及美国对俄政策因素的影响，使得未来俄欧关系的不确定性增大。但由于双方在许多方面存在共同利益且相互依赖程度日益加深，因此俄欧之间虽有纠纷，却始终不会脱离合作的主旋律，未来俄欧关系总体上能够保持相对稳定的发展态势。但是，双方关系的改善尚需时日。因此，理性看待对方发展，尊重彼此的核心利益，排除他方干扰，增强战略互信，通过合作与对话的方式来处理双边关系，仍旧是俄罗斯与欧盟的最佳选择。

第一节　乌克兰危机中俄罗斯与欧盟的博弈

2013 年 11 月 21 日，以乌克兰政府决定暂停与欧盟签署联系国协议为导火索，乌克兰危机爆发。随后危机蔓延升级，乌克兰政权变更、克里米亚公投入俄、东部硝烟弥漫……一场国内危机演化为冷战结束后欧洲最严重的一次地缘政治危机，美、欧、俄之间的战略博弈仍在持续。

作为俄罗斯与欧盟东部边界之间重要缓冲地带的乌克兰，对于俄欧双方都至关重要。为了确保自身安全，欧盟企图通过睦邻政策将乌克兰纳入自身的势力范围。俄罗斯为了拓展地缘战略空间，希望吸纳乌克兰进入俄罗斯主导的关税同盟和欧亚联盟。在危机逐步蔓延的过程中，俄欧基于各自利益和战略目标通过各种手段插手干预，导致危机进一步恶化。

一 俄罗斯有意将乌克兰纳入欧亚联盟

2011 年 10 月 3 日，普京发表《欧亚新的一体化计划：未来诞生于今天》一文，提出了在独联体地区建立欧亚联盟的伟大畅想。普京的第三总统任期开启后，采取了一系列措施正式推进欧亚联盟进程。

乌克兰在欧亚联盟设想中占据举足轻重的地位。首先，基辅罗斯一直被视作东斯拉夫民族的摇篮，乌克兰与俄罗斯有着深厚的历史文化渊源。对俄罗斯来说，如果说莫斯科是心，圣彼得堡是头，基辅就是腿。没有乌克兰，俄罗斯将不再是一个强盛的欧亚大国。① 其次，乌克兰自身有着很大的发展潜力。乌克兰是独联体国家中经济和军事实力仅次于俄罗斯的一个国家，无论是领土面积、人口数量还是自然资源都有很大的吸引力。倘若乌克兰拒不加入关税同盟，欧亚联盟将难以取得圆满成功。所以，俄罗斯不会轻易放弃乌克兰，而是会通过各种手段拉拢乌克兰。

普京上任后数次到访乌克兰，期望密切双方的友好合作关系。2011 年 4 月普京访问乌克兰期间，建议乌克兰加入关税同盟，并承诺加入关税同盟将给乌克兰带来诸多好处，但是在夹缝中生存的乌克兰始终在欧盟和欧亚联盟之间徘徊不定。2013 年 3 月 6 日，普京与亚努科维奇会见时再次强烈呼吁乌克兰加入关税同盟，亚努科维奇表示考虑到目前乌克兰国内的状况，这一问题尚需进行全面而深入的讨论。2013 年 5 月 31 日，乌克兰签订协议正式成为关税同盟观察员国。2013 年 11 月 9 日，普京在莫斯科接见亚努科维奇时再一次拉拢乌克兰加入俄罗斯主导建立的关税同盟和欧亚联盟，尽管存在很多反对声音，但

---

① 李兴：《欧亚联盟：普京对外新战略》，《新视野》2013 年第 5 期。

是考虑到乌克兰国内面临的严峻的经济形势和债务危机，亚努科维奇总统在挣扎犹豫后还是选择暂时中止与欧盟签署联系国协议，转而加强与俄罗斯的经贸联系。

二 欧盟通过东部伙伴关系拉拢乌克兰

乌克兰处于欧亚大陆的交汇地带，在俄罗斯与欧盟的夹缝中艰难求存。由于乌克兰的稳定直接关系着欧盟东部边界的安全，所以，自乌克兰独立以来，西方国家一直希望将乌克兰纳入西方发展轨道，以制衡俄罗斯。冷战后，西方国家为了防范俄罗斯东山再起，通过北约东扩、欧盟东扩和在乌克兰等国家策划"颜色革命"等手段，试图将乌克兰等独联体国家拉入西方阵营，不断挤压俄罗斯的战略生存空间。

欧盟成立初期，仅有6个成员国，经过多次扩大，成员国的数量逐步增多。冷战结束以来，欧盟更是加快了东扩的步伐，最多时成员国已经多达28个。欧盟新的东部伙伴在经济发展水平、政治民主程度等方面与欧盟发达国家相距甚远，经济危机和政治不稳定在一定程度上威胁到欧盟的安全与发展。为了保障自身的繁荣与安全，欧盟决定通过提供经济援助和增强政治对话等手段帮助这些东部伙伴缓解经济危机、完善民主政治制度，从而加速一体化进程。

曾遭受俄罗斯侵略的波兰为了避免成为欧盟和俄罗斯之间的分界线，提出"扩展东部"的建议，倡议欧盟放宽对乌克兰、白俄罗斯等六国的签证限制，加强各领域的合作，建立自贸区，最终吸纳这些国家融入欧盟。该提议得到了瑞典的支持，两国共同在2008年5月举行的欧盟峰会上提出"东部伙伴关系计划"。欧盟委员会于2008年12月3日正式推出"东部伙伴关系计划"。2009年5月在布拉格东部伙伴峰会上欧盟同上述六国最终签署了《东部伙伴关系宣言》，正式启动了该计划，欧乌关系更上一层楼。

三 克里米亚的独立和入俄促使欧盟对俄实施制裁

克里米亚由于其优越的地理位置，向来是群雄必争之地。克里米亚原先并不属于沙俄管辖，沙俄在1783年通过武力取得了克里米亚。从1918年开始，克里米亚归属俄罗斯管辖。1954年2月，为纪念乌克兰与俄罗斯合并300周年，苏联最高苏维埃主席团决定将克里米亚作为礼物赠送给乌克兰，以示俄乌之间的亲密关系。① 苏联解体以后，克里米亚以自治共和国身份留在乌克兰。

乌克兰政府的选边站队激起了反对派的强烈不满，部分民众要求重新进行选举，成立亲西方的新政府。在西方国家的支持下，亲欧分子借机寻衅滋事，暴力事件蔓延升级。2014年2月22日，乌克兰议会罢免了亚努科维奇的总统职务，并宣布提前进行总统大选。至此，反对派全面接管政权。克里米亚居民不承认新政府，请求俄罗斯提供帮助，并表示将通过公投方式寻求独立。从3月1日起，普京政府针对乌克兰危机果断采取如下措施：一是不承认乌克兰新政府，强调亚努科维奇是乌克兰唯一合法的总统；二是俄罗斯议会授权总统在必要时可动用武力保护乌克兰境内俄罗斯人的权利；三是支持克里米亚当局举行全民公决的决定；四是尊重和支持克里米亚加入俄罗斯的公投结果。② 3月16日克里米亚进行公投，将近97%的民众支持克里米亚独立并加入俄罗斯。3月18日，俄罗斯与克里米亚签署了入俄条约。

欧洲理事会认为克里米亚公投入俄违反了乌克兰宪法，欧盟拒不承认非法公投的结果，同时对俄罗斯联邦议会授权俄罗斯军队在乌克兰领土上动用武力的行为表示谴责，并呼吁俄罗斯与乌克兰进行会谈，和平解决争端。如果没有实质性结果，欧盟决定采取措施，包括禁止两国间旅游往来、冻结俄罗斯相关人员财产以及取消欧俄峰会等。欧洲理事会发表声明，立即对威胁乌克兰领土完整的行为采取限制性措施，并锁定21人禁止其赴欧旅行并冻结其在欧盟范围内的资产，制裁即日生效。欧盟随后开始了持续的对俄制裁。

四 俄欧在乌克兰东部问题上激烈角逐

2014年4月6日，乌克兰东部的顿涅茨克州和卢甘斯克州等地相继爆发民众游行示威，提出乌克兰实行联邦制以及加入俄罗斯的要求。其行

---

① 李占奎：《俄乌克里米亚争夺及其原因浅析》，《西伯利亚研究》2006年第4期。
② 张文茹：《克里米亚回归：俄罗斯的政策选择》，《和平与发展》2014年第2期。

为遭到乌克兰政府的镇压和抵制，乌克兰陷入内战的边缘。顿涅茨克州和卢甘斯克州分别举行独立公投，宣布成立独立"主权国家"，乌克兰政府与反政府武装陷入一片混战，背后则是俄罗斯与西方势力之间的激烈角逐。

在法国、德国等国的积极协调下，俄罗斯与乌克兰均表示同意进行停火谈判。2014 年 9 月 5 日，双方签署缓和危机的《明斯克协议》，并商讨东部地区的地位等问题。9 月 19 日签署《明斯克备忘录》，达成全面停火协议，建立安全区。在《明斯克协议》约束下，武装冲突得到一定程度的缓解。但由于彼此缺乏基本的信任，协议没有被完全贯彻落实。从 2015 年 1 月中旬起，冲突突然呈加剧之势。为了避免危机继续扩大升级，2015 年 2 月 11 日，法国、德国、俄罗斯、乌克兰四国又签署《新明斯克协议》。新协议虽已达成，东部地区大规模的武装冲突也已基本告停，但乌克兰危机的前景仍然不甚明朗，至今不见彻底解决的迹象。

第二节　乌克兰危机对俄欧关系的影响

乌克兰危机早已由国内危机演变为俄、美、欧三方之间的深度博弈，危机的根源错综复杂，其间又充斥着大国之间的矛盾冲突，绝非通过几次大国协调就能轻易得到解决。乌克兰危机使得欧洲的地缘政治环境趋向恶化，不仅对俄罗斯和欧盟经济社会的发展构成了挑战，而且几乎导致俄罗斯与欧盟的外交关系全面恶化。

一　乌克兰危机对俄罗斯的影响

俄罗斯在乌克兰危机这场与西方国家间的较量中有输有赢。俄罗斯赢在得到了克里米亚，却在与西方国家的制裁与反制裁过程中陷入经济、政治、外交困境。

1. 俄罗斯经济遭受重创

美欧国家认为俄罗斯在乌克兰危机中的行为，严重挑战了二战后形成的欧洲秩序，遂采取了一系列的经济制裁措施来向俄罗斯施加压力。在俄罗斯的默许与支持下，克里米亚居民通过全民公投的方式加入了俄罗斯。

美欧国家强烈反对，声称俄罗斯严重侵犯了乌克兰国家的主权统一及领土完整。俄罗斯否认向乌克兰东部派出武装部队及为起义分子提供武器设备，辩称收回克里米亚乃是维护人权之举。针对俄罗斯的强硬态度，美欧开始实施对俄制裁。首先从俄罗斯官员入手，冻结其资产，禁止向其发放签证。随后把制裁范围扩展到俄罗斯银行业。马航空难后，美欧加大了制裁力度，制裁领域波及俄罗斯的金融、能源、国防等。随着制裁力度的加大和制裁时间的持续，俄罗斯的经济形势越发严峻。通过俄罗斯的中央银行汇率可知，自乌克兰危机爆发以来，特别是美欧对俄实施制裁以来，卢布出现大幅度贬值。据统计，2014年俄罗斯经济萎缩1.8%，通货膨胀率达到9.1%，且2015年消费价格涨幅仍居高不下。2014年初至11月，卢布对欧元和美元分别贬值23.1%和30.1%，同时因担心卢布持续贬值，俄罗斯民众储蓄卢布的意愿减弱，将卢布兑换为美元，仅2015年前两个月俄罗斯资本外逃量就已达到350亿美元，资本外流严重，这对本就存在严重结构性问题的俄罗斯经济造成严重打击。① 一方面，卢布贬值使得很多民众信心不足，纷纷减持卢布，进而导致资本大量外流。通货膨胀状态下的物价持续上涨严重拉低了俄罗斯人民的生活水平。长此以往，普通民众的不满情绪势必与日俱增，引发社会动荡。另一方面，俄罗斯的投资环境恶化，国内投资大幅缩水，金融机构在国外的融资屡屡碰壁，企业融资出现困难。油价下滑，石油收入骤减。俄罗斯石油蕴藏量丰富，是世界著名的石油出口大国，石油收入在国家财政收入中占有相当高的比重。乌克兰危机发生以来，俄欧、俄乌之间的能源贸易一落千丈，美国利用自己在国际金融领域的优势地位联合沙特阿拉伯一起影响了国际石油价格。石油价格的走低，直接导致俄罗斯的石油收入大大减少，政府财政吃紧。由于欧盟是俄罗斯最大的贸易合作伙伴，欧盟的经济制裁以及国际能源价格的下跌使俄罗斯的经济发展遭受重创。金融危机带来的后遗症还未消除，美欧的贸易和金融制裁更使俄罗斯的经济状况雪上加霜。

2. 俄罗斯国内政治稳定面临挑战

俄罗斯面临的经济困境在一定程度上对国内的政治稳定局面构成威

---

① 闫志敏：《乌克兰危机背后的大国博弈及其影响》，硕士学位论文，燕山大学，2015。

胁。一方面，居民生活水平有所下降，失业率提高。美欧国家认为俄罗斯收回克里米亚是对乌克兰领土、主权完整的侵犯，也是对国际法的践踏，遂出台了一系列制裁措施来迫使俄罗斯妥协。马航 MH17 客机的坠毁致使西方国家推出了更为严厉的制裁办法。美国于 2014 年 7 月 29 日对俄罗斯实施新一轮制裁，已将俄罗斯的金融和军事划到制裁范围内，包括中断能源以及技术出口，并对俄罗斯的经济发展项目暂停融资。几乎是同一时间内，欧盟也实施制裁，中断与俄罗斯联邦储蓄银行、外贸银行、天然气工业银行、农业银行和发展银行的往来。另外，还对俄罗斯石油勘探和开采领域的技术和有关设备加以限制。[①] 俄罗斯的卢布在外汇市场上持续波动贬值，资本投资相继降低，消费逐渐放缓，国内失业率有所提高。西方的制裁使得俄罗斯国内卢布大幅度贬值，资金大量外流，通货膨胀率上升，失业率呈上升趋势，普通民众的生活水平有所下降。另一方面，部分民众对普京欧亚联盟构想的实现产生怀疑。普京原想通过整合独联体国家建立欧亚联盟来重塑大国地位。但乌克兰危机爆发后，特别是克里米亚入俄以后，俄乌关系彻底恶化，俄欧关系更是降至冰点，欧亚联盟战略构想的实施难度进一步加大，引起了部分民众的强烈不满，从而在一定程度上动摇了俄罗斯的政治稳定性。

3. 俄乌关系彻底恶化

由于俄乌双方具有较强的互补性，所以乌克兰独立后俄罗斯一直与乌克兰保持着友好的合作关系。一方面，乌克兰在能源、军工企业方面严重依赖俄罗斯；另一方面，俄罗斯向欧盟出口天然气的管道需要从乌克兰穿过。乌克兰危机爆发后，局势持续恶化，克里米亚公投入俄更使得俄乌关系异乎寻常地紧张，俄乌彻底决裂。首先，俄罗斯与乌克兰的经贸关系恶化。由于俄罗斯限制从乌克兰进口产品，乌克兰便将目光投向欧盟市场。乌克兰经贸部部长阿布罗马维丘斯表示，由于俄乌危机的爆发，2014 年俄乌贸易额下降 50%，此时的俄罗斯已经不再是乌克兰最大的市场，他认为，乌克兰选择欧盟市场是正确的选择。[②] 由此可见，乌克兰危机爆发

---

① 杨学峰：《俄乌危机对俄罗斯经济的影响》，《对外经贸》2014 年第 12 期。
② 吕明慧：《苏联解体后俄乌政治关系研究》，硕士学位论文，黑龙江大学，2015。

以来，俄乌之间的贸易总额和进出口总量都大幅下降，经济关系受到严重影响。其次，俄罗斯与乌克兰的政治关系严重倒退。克里米亚脱乌入俄事件严重伤害了乌克兰的民族自尊心，俄乌关系急转直下。亲俄派总统亚努科维奇下台后，波罗申科当选新总统。波罗申科上台后致力于加强与西方国家的联系，一改往日中立不结盟的立场，积极向欧盟和北约方面靠拢。2014年6月27日，在布鲁塞尔举行的欧盟夏季峰会上，双方正式签署了乌克兰-欧盟联系国协定；2014年9月，该协定分别得到乌克兰最高拉达（议会）与欧洲议会的批准。[①] 乌克兰的这一政治立场势必会触及俄罗斯的核心利益，导致俄乌关系越走越远。

4. 俄罗斯被迫改变外交政策方向

西方国家针对俄罗斯在危机中支持乌克兰东部地区民间武装对抗政府军以及将克里米亚纳入自己版图的行为，对俄罗斯实施了多轮大规模的制裁行动，俄罗斯陷入内政外交的双重窘境。在内政方面，正如前文所述，受西方国家制裁的影响，俄罗斯经济遭受重创，国内政治稳定面临一定挑战。在外交方面，不但俄乌关系破裂，俄罗斯与美欧的关系更是跌至谷底，俄罗斯不得不调整外交政策方向。首先，乌克兰危机冲击了俄罗斯的独联体政策，欧亚联盟构想的实现更加步履维艰。独联体地区一直被视作俄罗斯外交的重点地区，乌克兰则是重中之重，但是危机爆发后乌克兰彻底倒向了西方。构建欧亚联盟是俄罗斯重获大国地位的关键，但是俄罗斯主导并推动欧亚联盟是不是要恢复苏联，这是独联体国家对俄罗斯的首要疑问。这种担忧从原苏联各加盟共和国独立之初就存在，随着俄罗斯国力增强，对外政策越发强硬，其他国家的忧虑也越来越强烈。[②] 受独联体国家离心倾向增强的影响，欧亚联盟的推进困难重重。其次，俄罗斯为了应对欧美国家的外交孤立，阻止经济下滑，一方面，巧妙利用美欧之间的矛盾，区别对待欧盟国家，加强与德国、法国和比利时等国家的沟通交流，争取缓和与欧盟的紧张关系；另一方面，将外交重心转移到欧亚和亚太地区。2014年5月29日，俄罗斯、白俄罗斯和哈萨克斯坦三国元首签署

---

① 周明：《乌克兰-欧盟联系国协定与乌克兰危机》，《欧洲研究》2014年第6期。

② 李燕、何宛昱：《俄乌关系演变对欧亚联盟的影响》，《国际关系研究》2015年第4期。

《欧亚经济联盟条约》，宣布 2015 年 1 月 1 日正式启动。普京不仅访问了阿根廷、古巴、尼加拉瓜等拉美国家，而且出席了在巴西举办的金砖国家峰会，加强与新兴国家的合作。同时，普京还出访多个亚太国家，进一步加强与中国、印度、蒙古以及越南等亚太国家的务实合作。尤其是中俄关系提升至全面战略协作伙伴关系新高度，双方在一系列领域展开互利合作。俄罗斯热情支持"一带一路"建设，中国则对俄罗斯远东和西伯利亚的开发计划提供帮助。

二　乌克兰危机对欧盟的影响

乌克兰危机对欧盟乃至整个欧洲地区的影响都是深刻的。它不仅拖了欧盟经济复苏的后腿，而且严重影响了欧洲地区的和平稳定。

1. 延缓了欧盟经济复苏的步伐

制裁是把双刃剑，在欧债危机余波未散的情况下，欧盟国家对俄罗斯的制裁也给自身带来了消极影响。所谓欧债危机是指 2008 年国际金融危机发生后，部分欧洲国家在国际借贷领域大量负债，由于数额严重超过其清偿能力而无力还债或延期还债。欧债危机最早始于希腊，随后席卷整个欧洲。欧盟采取了一系列补救措施应对危机，但是收效缓慢。欧债危机给欧洲乃至世界经济造成了严重的负面影响，欧盟的经济发展速度减缓。长期以来，俄罗斯和欧盟互为重要的贸易合作伙伴，双方经贸往来非常密切，相互依存程度极高。欧盟一直以来都从俄罗斯进口大量的油气资源，并向俄罗斯出口丰富多样的农副产品。但欧盟对俄实施制裁以来，欧洲很多国家对俄罗斯的出口和投资大幅下滑，致使这些国家的经济面临困境。俄罗斯也对美欧国家实施反制裁，对来自美欧等国家的部分原料、食品和农产品实行禁运，禁止采购制裁国生产的汽车，这对与俄罗斯有着紧密经济联系的德国、法国、意大利等国经济造成了难以估量的损失。再加上欧盟委员会承诺的给予乌克兰超过 110 亿欧元的资金援助，都在很大程度上延缓了欧洲经济复苏的脚步。

2. 强化了欧盟对美国的战略依赖

冷战期间，为了对付共同的敌人，美欧结成同盟关系。苏联解体以后，共同敌人的消失使得美欧失去了战时合作的基础，传统的美欧关系发生了微妙变化。冷战结束后，两极格局瓦解，形成了"一超多强"的国际政治格局。欧盟成立后，随着综合国力的日益增强，独立自主的意识越发强烈，希望能够成为国际格局中的独立一极，摆脱美国附庸的从属地位，谋求更高的国际地位。欧盟在国际事务中不再对美国唯命是从，而是从捍卫自身利益的角度出发，敢于发出与美国不同的声音。一方面，美欧在伊拉克战争、伊朗核问题等众多问题上的看法存在分歧；另一方面，欧盟对美国提供的安全保护的依赖程度有所下降，欧盟开始寻求建立独立的防务体系。近年来，欧盟致力于一体化的扩大与深化，美国也逐渐将战略重心转移到亚太地区。金融危机以来，美国和欧洲都专注于解决国内事务，美欧同盟关系的密切程度大不如前。如今的欧盟已经成为全球一体化程度最高的区域一体化组织，美国担心强大后的欧盟不再听命于己，同时也担心欧盟与俄罗斯合作挑战自己的全球霸权，所以，想方设法离间俄欧关系，企图强化欧盟对美国的依赖。乌克兰危机的爆发，为美欧合作提供了新的机遇。危机爆发初期，美国就积极介入抗议运动，而欧盟则持相对谨慎的态度。随着克里米亚公投入俄以及乌克兰东部战事的扩大，欧盟逐渐改变动摇的立场，联合美国对俄罗斯实施制裁。包括对俄罗斯官员实行签证禁令、冻结资产，限制俄罗斯部分金融机构进入欧盟市场，推迟向俄罗斯提供资金及技术援助等。俄罗斯在危机中的做法令欧盟的中东欧成员国的不安全感大大增加，而欧盟无力独自应对欧洲的安全挑战，不得不依赖于美国主导的北约。美国针对局势的发展演变，组建快速反应部队，调整军力部署，与波罗的海国家举行联合军演，承诺履行保障盟国安全的义务。总而言之，乌克兰危机后欧盟进一步加强了对美国的战略依赖。

3. 威胁了欧洲的能源安全现状

俄罗斯地大物博，有着丰富的石油和天然气资源。而欧盟各国国土面积相对较小，资源短缺，长期以来，一直依赖俄罗斯的能源供给。目前，俄罗斯供气量占欧盟需求的 1/3，其中一半通过乌克兰过境。[1] 可以说，乌克兰对于俄欧之间的能源合作起着至关重要的纽带作用。

---

[1] 林雪丹、任彦、黄发红：《俄乌危机解决仍需时日》，《人民日报》2014 年 10 月 19 日，第 3 版。

　　乌克兰危机的爆发导致俄乌关系和俄欧关系严重恶化，彼此之间的能源合作受到波及，欧洲的能源安全面临威胁。为了打压乌克兰新政府，俄罗斯利用其在能源领域的优势地位采取断气手段。2014 年 4 月 3 日，俄罗斯政府宣布取消对乌克兰出口天然气的零关税优惠政策，从而使俄罗斯对乌克兰出口天然气价格从 2013 年底的每千立方米 268.5 美元大幅提高至 485 美元。① 并且，俄罗斯还在 2014 年 6 月 16 日暂时中断了向乌克兰供应天然气，且宣布只有乌克兰付清天然气欠款、缴纳预付款后才考虑继续向其供应天然气。同时，俄罗斯还削减了向波兰、罗马尼亚等国的天然气出口量。2014 年 12 月，俄罗斯宣布放弃南溪天然气管线的建设。俄乌之间的争端致使俄罗斯向欧洲的能源供应也面临中断的危险，欧洲的能源安全再次受到威胁。能源作为欧俄关系中的一种特殊载体，既有可能成为破坏双边战略关系的武器，也有可能成为密切相互关系的黏合剂。② 正是欧盟国家对俄罗斯能源的深度依赖，才导致其对俄实施制裁之时顾虑重重，未来俄欧关系的恢复也要从能源合作方面寻找突破口。

4. 阻滞了欧盟东扩的进程

　　欧盟是目前世界上最大且一体化程度最高的区域性政治经济组织，其前身是欧洲共同体，欧共体创立之初，只有 6 个成员国。1993 年 11 月 1 日，欧盟正式成立。几十年来，欧盟一方面不断深化内部一体化程度，另一方面积极向东部地区扩张，试图争取更多的中东欧国家进入欧盟。截至 2013 年 7 月 1 日，欧盟已扩大至 28 个国家。2016 年 6 月 24 日，英国表示退出欧盟。乌克兰独立后便表示了加入欧盟的意愿，并且积极参照西方模式改革国内政治经济制度。虽然乌克兰的经济相对落后，国内政治局面也不算稳定，但是地理位置优越。毋庸置疑，乌克兰对于俄欧双方都具有举足轻重的作用。对俄罗斯来说，乌克兰是其避免与西方直接对抗的一道屏障；对欧盟来说，争取到乌克兰可以进一步挤压俄罗斯的战略空间，遏制俄罗斯重新崛起。乌克兰地缘政治与地缘经济地位的凸显促使欧盟加快了吸纳乌克兰入盟的进程。虽然融入欧洲是乌克兰的终极目标，但政府迫

---

① 于宏源、曹嘉涵：《乌克兰危机中的能源博弈及对中国的影响》，《国际安全研究》2014 年第 4 期。
② 孙晓青：《当前欧盟对俄关系中的能源因素》，《现代国际关系》2006 年第 2 期。

于压力，决定暂停与欧盟签署正在缔结的联系国协定，导致乌克兰危机爆发。基于与欧洲特殊的历史文化联系，本来俄罗斯对于欧盟东扩的抵制态度不如抵制北约东扩那般明显和强烈。但是，乌克兰危机爆发后，美欧联手打压和制裁俄罗斯，俄罗斯与西方国家的关系顿时一落千丈，俄欧矛盾再一次凸显。亚努科维奇下台后亲西方的波罗申科当选新总统，重新开启入盟谈判，并于2014年3月和9月分别与欧盟签署了之前中断的联系国协定的政治和经济部分。这在某种程度上可以说乌克兰与欧盟的关系得到了进一步深化，乌克兰在加入欧盟的漫漫长路上又前进了一步。但乌克兰危机尚未得到圆满解决，危机对俄、美、欧三方关系的消极影响势必会阻碍乌克兰的入盟计划，乌克兰真正成为欧盟的一员还有很长的路要走。俄罗斯视乌克兰为重获大国地位的关键，因此不会轻易放弃乌克兰。乌克兰危机充斥着复杂的国家利益冲突，同时受候选国国内政治经济发展水平的影响，未来欧盟东扩的步伐将受到阻滞。

三 乌克兰危机后俄欧关系全面恶化

乌克兰危机爆发后，美欧国家为了惩罚俄罗斯，在金融、军事及其他领域对其施行了严厉的制裁。俄罗斯也毫不退让，迅速制定反制裁手段予以回击。俄美关系严重倒退，俄欧之间的经济、政治和文化关系也全面恶化。

1. 冲击了俄罗斯与欧盟的经贸联系

冷战期间，双方分属两大阵营，政治立场上的根本对立直接导致其经贸关系受到影响。苏联解体后，两大阵营对立的局面不复存在，俄罗斯为了走出经济滑坡的困境，积极寻求与欧盟开展经贸合作。尤其是自普京执政以来，基于经济发展和恢复昔日大国地位的需要，把全面发展与欧盟的关系作为外交政策的重点。欧盟也越发意识到维护欧洲地区的安全与稳定离不开俄罗斯的参与，故对改善及发展同俄罗斯的经贸关系给予了高度重视。虽然双方仍然存在着矛盾和分歧，但是由于俄罗斯资源丰富，欧盟资金充足、技术先进，双方经济合作的互补性很强，这极大地促进了俄欧经贸联系的发展。欧盟作为多个发达国家的集合体，具有巨大的发展潜能，是俄罗斯最大的贸易合作伙伴和最重要的投资方，俄罗斯国外直接投资比例的绝大部分来自欧盟成员国。俄罗斯为欧盟的第三大贸易合作伙伴与最重要的能源供应方，欧盟各国生存与发展所需的天然气资源主要依赖俄罗斯。长久以来，俄欧双方的经济往来十分密切。俄欧经贸合作涉及投资、能源以及货币合作等众多领域。双方开展经济合作，不仅有助于优势互补，促进彼此经济的复苏，而且有利于巩固和发展友好合作的伙伴关系。乌克兰危机的爆发使得俄欧的经济关系因制裁大受影响。由于俄罗斯不顾国际舆论的反对强行接收克里米亚，欧盟对俄罗斯实行了经济制裁，向俄罗斯施压，俄罗斯迅即进行了反制裁，制裁战严重损害了俄欧的经贸联系。

2. 破坏了俄罗斯与欧盟的能源合作

随着经济和科技的迅猛发展，全球对能源的需求量日益增加。全球自然资源的分布很不均匀，国土面积广阔的俄罗斯的资源十分丰富，而欧盟的自然资源则比较匮乏，这就给双方的能源合作提供了可能。俄罗斯是世界能源大国，石油和天然气资源非常丰富。欧盟所需的油气资源大多依赖从俄罗斯进口，出口油气资源所获得的资金则是俄罗斯经济增长的重要保证。双方都认识到开展能源合作是互惠互利的务实之举。多年来，俄欧双方建立并致力于不断完善能源对话机制，确立了相对稳定的能源合作关系。其实，俄欧之间的能源合作关系也非亲密无间，双方围绕油气资源的争端时有发生。比如，2006 年和 2009 年俄罗斯与乌克兰之间的天然气争端都对欧洲的天然气市场产生了不利影响。欧盟一直以来都是俄罗斯能源的主要出口市场之一，为了获取更多利益，俄罗斯希望进一步增加对欧盟的能源出口量，增强其对俄罗斯的能源依赖。近年来，随着亚太地区的蓬勃发展，能源需求量大大增加，俄罗斯加大了与亚太国家的能源合作力度。欧盟为了避免能源进口渠道的单一化和确保稳定的能源供应，开始寻求与其他国家开展油气合作，逐渐减轻对俄罗斯能源的高度依赖。乌克兰危机爆发以来，随着美欧对俄罗斯制裁的展开，俄欧能源关系的固有矛盾日益凸显，俄欧能源关系的发展面临体系内外众多因素的挑战。[①] 为了制

---

① 李扬：《乌克兰危机下俄欧能源关系与能源合作：基础、挑战与前景》，《俄罗斯东欧中亚研究》2015 年第 5 期。

裁俄罗斯，欧盟对俄罗斯的能源产业进行限制，中止执行已签署的俄欧能源合作项目。2014 年 5 月 28 日，欧盟公布了《欧洲能源安全战略》，提出提高应对天然气供应中断的能力，进一步开发新能源，确保能源供应渠道多元化。在其指导下，欧盟尝试开拓新的能源进口路径，寻找可替代能源，以减弱对俄罗斯能源的依赖。俄罗斯也开展天然气外交抵御西方压力。2014 年 6 月，俄罗斯暂停向乌克兰供气并提高了天然气价格。12 月，俄罗斯宣布放弃南溪天然气管道的建设项目，提出了建设经土耳其、希腊、马其顿和塞尔维亚，进入匈牙利和奥地利的天然气管线计划，并且加强了与中国的能源合作。可以说，乌克兰危机的爆发进一步破坏了俄欧之间的能源合作。

3. 加剧了俄罗斯与欧盟的政治对峙

俄罗斯独立后，随着国内外形势的变化，不断调整对外战略，从亲西方"一边倒"的外交政策到东西兼顾的"双头鹰"外交政策再到全方位外交政策的确立，从中可以看出西方始终是俄罗斯外交政策的重点。俄罗斯加强与西欧国家的合作，全力参与欧洲大陆的政治经济进程，努力回归欧洲。普京上台后，为了恢复俄罗斯的世界大国地位，增强国际影响力，对俄罗斯的大国外交政策进行了重新确立。俄罗斯注重发展与欧洲国家的关系，希望与欧盟建立长期战略伙伴关系，扩大经济合作，加入欧洲一体化，最终实现融入欧洲的目标。尽管与西方的矛盾与摩擦依然存在，但俄罗斯在普京的领导下加快了融入西方的步伐，俄罗斯与欧盟的关系获得了长足进展。俄罗斯不仅是欧盟第三大贸易合作伙伴，而且还是欧洲能源的主要进口国。因此，欧盟也十分重视与俄罗斯的关系。1994 年就与俄罗斯签署了伙伴与合作协定。2002 年 5 月，在俄罗斯－欧盟峰会上，俄欧签署了俄欧关系、能源对话、政治对话、调解地区冲突和保证欧洲安全的联合声明，欧盟也宣布承认俄罗斯的市场地位。为促进俄欧关系的深入发展，欧盟于 2004 年 5 月签署了支持俄罗斯加入世贸组织的议定书。2005年 5 月，俄罗斯和欧盟签署了建立统一经济空间，统一外部安全空间，统一自由、安全和司法空间以及统一科教文化空间的系列文件。[1] 2008 年欧

---

[1]　郑爱龙、隋俊宇：《新现实主义视角下俄欧关系分析》，《学术论坛》2015 年第 8 期。

盟与俄罗斯就新的欧盟－俄罗斯协定进行谈判，2010 年确立的俄欧现代化伙伴关系包括了现代化的所有方面。虽说俄欧之间的根本性矛盾并没有消除，双方也不时发生外交纠纷，但是，在和平与发展的主题下，俄欧双方都心照不宣地有意搁置分歧，扩大合作。乌克兰危机的发生，再次激化了俄欧之间的矛盾，俄欧关系跌至谷底，而且短期内很难恢复。欧盟认为俄罗斯收回克里米亚以及支持东部叛乱分子是对乌克兰内政的粗暴干涉，为了迫使俄罗斯妥协，欧盟不仅对俄罗斯采取了经济制裁，而且在政治和外交层面也企图孤立俄罗斯。欧盟决定取消欧俄峰会，中止了新的欧俄协定以及签证问题的会谈，暂停了俄罗斯加入经济合作与发展组织以及国际能源署的谈判。同时，还取消了原定于索契举办的八国集团峰会，改成在布鲁塞尔举办七国集团峰会。目前，虽然俄欧之间通过一定的接触后紧张关系有所缓解，但由于在乌克兰问题上存在根本分歧，双方之间的关系在短期内很难修复。

4. 增强了俄罗斯与欧盟的文化对立

俄罗斯人具有浓重的欧洲情结，认为自己属于欧洲文明的一支，融入欧洲社会是世代俄罗斯人的永恒追求。俄罗斯与欧盟国家共同的历史文化根源是双方战略伙伴关系建立与发展的基础。但是，双方在价值观念与意识形态方面还存在某种对立。首先，与俄罗斯迫切希望融入欧洲不同，欧洲人并不认同俄罗斯的传统文化。在意识形态方面，欧盟认为，俄罗斯的文明是欧亚结合的文明，同西方文明有着质的差别。[1] 他们认为欧洲在经济水平、政治制度以及文明程度上都比俄罗斯优越，俄罗斯文明不同于欧洲文明。虽然现阶段俄罗斯实行的是民主政体，但这样的民主政治模式是带有东欧传统权力政治特点的，是不同于西方国家权力制衡下的民主政治模式和政治组织形式的。[2] 其次，俄欧双方在冷战时期激烈对抗，受传统冷战思维的影响，欧洲人担心随着俄罗斯综合国力的日渐恢复，其对外侵略扩张的野心会再度膨胀，以致威胁欧洲的安全与稳定。

---

[1]　孟秀云：《美国与欧洲：谁是俄罗斯外交的优先选择?》，《和平与发展》2004 年第 2 期。
[2]　郑爱龙、隋俊宇：《新现实主义视角下俄欧关系分析》，《学术论坛》2015 年第 8 期。

乌克兰危机中俄罗斯的表现进一步增加了欧盟对俄罗斯的不信任感。他们更加坚信俄罗斯大国主义的行事作风没有改变，这样的俄罗斯是危险的、不值得信赖的。俄欧之间经贸往来中的摩擦、对欧亚大陆主导权的争夺以及战略目标的差异使双方的战略互信并不牢固。乌克兰危机后，俄欧关系中文化层面的矛盾与冲突更加凸显，双方关系变得更为脆弱不堪。

第三节　俄罗斯与欧盟关系发展的制约因素

俄罗斯与欧盟地缘上的接近、经济上的互补、政治上的互需、文化上的同源都是多年来俄欧关系相对平稳发展的基石和保障。但是，双方在国家利益与价值观念等方面存在对立与分歧，这些因素阻碍了俄欧关系的顺利发展。乌克兰事件加剧了俄罗斯与欧洲国家关系的恶化，使其处于一种软对抗博弈状态，俄罗斯与欧洲国家的结构性矛盾日益突出，直接影响着俄罗斯与欧洲国家关系的未来走向。[①]

一　俄罗斯地缘政治日益恶化是直接原因

冷战后，北约继续存在和东扩，欧盟也加速了向东扩展的脚步，使得俄罗斯的回旋空间被严重压缩，赖以生存的地缘政治环境日趋恶化。

1. 俄罗斯的战略空间进一步遭受挤压

冷战结束后，以美苏为首的两大对抗阵营土崩瓦解，原来苏联的加盟共和国纷纷独立，渴望回归欧洲，俄罗斯也开始了全面的政治经济改革，欧洲的地缘政治形势发生了剧烈变化。如何处理与这些国家的关系成了摆在欧盟面前的一个亟待解决的问题，基于地缘经济利益与地缘政治利益两方面的考量，欧盟最终确立了东扩的战略，希望把中东欧国家纳入西方体系，运用一体化的方式确保欧洲地区的安全与稳定。

俄罗斯起初对欧盟的向东扩张并没有那么排斥，甚至在共同利益的驱动下还表示欢迎。但是，随着欧盟东扩进程的不断加快，俄罗斯开始对欧盟东扩提高警惕并试图阻挠。一方面，入盟候选国的范围越来越逼近俄罗

---

① 梁雪秋：《乌克兰事件与俄欧关系》，《西伯利亚研究》2014 年第 6 期。

斯的"家门口"——中东欧地区；另一方面，欧盟的东扩也越来越针对俄罗斯。欧盟东扩的目的主要是趁俄罗斯的国力尚未完全恢复之机，将中东欧地区纳入欧盟的势力范围，对中东欧地区进行全方位的改造，扩展西方的民主观念和价值体系，增强欧盟的国际影响力，防范重新崛起之后的俄罗斯再次掌控中东欧地区。俄罗斯一直把中东欧地区视作自己的天然屏障和战略缓冲地带，欧盟的插手使得俄罗斯开始警惕。

欧盟东扩以来，俄罗斯对中东欧国家的影响力日益减弱，大国地位受到威胁，欧盟国家逐渐占据了地缘空间优势。欧盟东扩对俄罗斯产生极为深刻的影响，其中虽有积极方面，但消极方面尤为突出。中东欧国家的"入盟"，使俄罗斯的战略空间受到挤压，经济贸易受到损失，人员往来受到限制，边界纷争更趋严重，历史问题也引起尖锐矛盾。[1]

欧盟的东扩进程不会停止，此次的乌克兰危机就是俄欧双方争夺势力范围的一个集中体现。欧盟国家推动乌克兰当局做出完全倒向西方的外交决策，最终将欧盟东扩的范围扩展至乌克兰。倘若乌克兰入盟，俄罗斯的战略空间将进一步被挤压，俄罗斯不会坐以待毙，势必会采取措施予以抵制。这就使得俄欧关系的矛盾激化，从而影响未来双方关系的健康发展。

2. 俄罗斯的地缘安全环境再度面临威胁

北约成立于美苏冷战时期，作为军事工具为冷战服务。冷战结束后，与之相对立的华约于 1991 年 7 月 1 日正式解散，北约却没有随之烟消云散。首先，北约成员国之间比华约成员国之间凝聚力更强；其次，军事力量仍然强大并且有着霸权传统的俄罗斯让原华约成员国感到不安，它们纷纷要求加入北约以寻求庇护；再次，北约成员国认为冷战虽然终结，东西方关系也逐渐从对立走向缓和，但是，俄罗斯仍有回归专制政体的可能性，而且东欧的局势十分不稳定，就算华约解散了，北约依然有继续存在下去的必要；最后，美国在西欧不仅有巨大的经济利益，还有很大的政治和军事利益，美国不愿撤离欧洲，希望保留北约以维持在欧洲的合理存在。于是，北约被保存下来，并且在性质和职能方面进行了调整。

---

[1]　徐之明、王正泉：《中东欧国家加入欧盟对俄罗斯的不利影响》，《俄罗斯中亚东欧研究》2006 年第 1 期。

一方面，苏联解体后，新独立的俄罗斯面临着经济滑坡、政局动荡、外交乏力的困境，综合国力日渐衰微，国际地位一落千丈，无力控制东欧国家。东欧地区重要的地理位置以及对遏制俄罗斯所能发挥的关键作用，吸引着北约向东扩大。

另一方面，苏联解体以后，美国成为世界上唯一的超级大国。部分欧洲国家认为，既然冷战结束了，而且华约也已经解散，军事威胁不复存在，那么，北约也就失去了继续存在的理由。也有国家认为，虽然目前俄罗斯处于自顾不暇的内外交困的境地，但是俄罗斯地大物博，军事实力仍然不容小觑，而且历史上也有对外侵略扩张的传统。随着俄罗斯综合国力的恢复，其仍然有发展成为超级大国的巨大潜力，从而重新挑战美国的全球霸权。为了避免欧洲国家摆脱美国寻求独立防务，加强对欧洲的控制和领导，也为了压缩俄罗斯的地缘战略空间，防止俄罗斯帝国野心的膨胀，抑制俄罗斯的重新崛起，美国极力推动北约东扩。欧盟由于在安全防务方面依赖美国，同时出于防范俄罗斯的目的，也积极支持北约东扩。

欧盟国家支持冷战后北约继续存在以及向东扩展严重影响了俄欧关系的顺利发展。如果说北约的成立和存在曾是东西方关系尖锐化，以致冷战局面最终形成的一个决定性因素，那么，冷战后北约通过战略转型，保持并加强了整个西方阵营的凝聚力，继续充当欧盟国家尤其是北约成员国的安全保护伞，同时对俄罗斯施加政治压力，则在很大程度上牵制了俄欧关系的发展。[1]

乌克兰是美国牵制俄罗斯的一大法宝，美国与欧盟都极不希望乌克兰倒向俄罗斯。俄罗斯也有同样的考虑，如果乌克兰倒向西方，俄罗斯就会丧失一个重要的缓冲区与安全屏障，北约的势力就会严重威胁俄罗斯的地缘安全环境。因此，俄罗斯在乌克兰危机中绝对不会轻易妥协与让步。

3. 欧洲大陆地缘政治主导权之争愈演愈烈

中东欧地区因其重要的地缘政治地位，历来是大国必争之地。美国、俄罗斯和欧盟在中东欧地区都有各自的核心利益，为了维护自身的战略利益展开了各种较量。

---

[1] 罗志刚：《北约与俄欧关系》，《现代国际关系》2006 年第 2 期。

苏联解体以后，中东欧国家为了摆脱俄罗斯的控制，纷纷选择投入西方的怀抱。欧盟和北约通过东扩的方式将越来越多的中东欧国家揽入自身的势力范围，企图削弱俄罗斯的影响力，遏制俄罗斯的重新崛起，使得俄罗斯丧失了传统盟友，地缘安全环境遭到严重破坏。

俄罗斯是一个国土横跨欧亚大陆的欧洲国家，政治、经济重心都在欧洲部分，而且融入欧洲也是俄罗斯人长久以来的一个心愿。俄罗斯的欧洲情结一直存在，尤其是普京执政后更是把回归欧洲当作战略目标，确立了融入欧洲的发展道路。但是，欧洲国家对俄罗斯的认可度却没有那么高，它们将俄罗斯视为严重的威胁。

俄罗斯从来没有放弃过恢复大国地位，随着近些年俄罗斯综合国力的逐渐恢复，俄罗斯的大国梦再次被点燃。如今的欧盟也已经是多极化格局中的重要一极，随着一体化程度的不断提高和成员国数量的日益庞大，欧盟也积极谋求更大的国际影响力。各大国围绕中东欧地区展开了新一轮博弈。美国借势重返欧洲，欲将中东欧作为遏制俄罗斯、控制欧盟、牵制欧俄关系发展的地缘政治工具。俄罗斯恩威并施，力图防止形成反俄统一战线，维持中东欧在俄罗斯与西方特别是北约之间的缓冲区地位，同时捍卫传统影响力。欧盟地位弱化，对中东欧控制力减弱，对外力介入特别是俄罗斯渗透的焦虑感增强，竭力抗衡，以确保在中东欧的主导地位。①

俄罗斯西部边境是外敌入侵的主要入口，为了打造一个安全屏障，俄罗斯极力拉拢周边国家，希望建立一个缓冲区，乌克兰即为俄罗斯西部重要的战略缓冲地带。可以说，谁控制了乌克兰，谁就赢得了欧洲大陆地缘政治的主导权。欧盟将触角延伸到了俄罗斯的战略前沿地区，与俄罗斯对欧洲大陆地缘政治主导权的争夺愈演愈烈。

二 双方发展目标的不同是重要因素

冷战的终结使得东西方两大阵营的尖锐对立随之结束，东西方关系趋向缓和。虽然在共同利益的驱动下，双方展开了经济、政治、文化、安全等领域的团结协作，但是，彼此发展目标的不同导致摩擦不断。

---

① 张健：《中东欧地缘政治新态势》，《现代国际关系》2016 年第 6 期。

1. 战略目标存在差异

俄罗斯与欧盟作为多极化格局中有着重要分量的两极，俄欧关系的发展变化不只关系到欧洲局部地区的安全与稳定，更重要的是关系到整个世界的和平发展大局。虽然截至乌克兰危机爆发之前，俄欧关系总体向好，但其实俄欧双方的战略目标并不一致。

俄罗斯幅员辽阔，国土横跨欧洲和亚洲，特殊的地理位置以及传统历史文化的影响，决定了俄罗斯的战略目标之一就是真正融入欧洲。苏联解体后，俄罗斯便参照西方的模式对国内的政治、经济制度进行了全方位改革。抛弃了苏联时期高度集中的计划经济体制和中央高度集权的政治体制，转而实行市场经济体制和总统制。除了在内政方面进行改革，在外交方面也开始奉行亲西方的外交政策。俄罗斯独立初期对外政策的基本出发点，是要最大限度地向西方国家靠近，加入西方发达国家行列，并希望依靠西方发达国家的大量援助摆脱困难。[①] 叶利钦在位期间，不断调整与西方的关系，俄罗斯加强了与西欧国家的合作，努力参与欧洲大陆的政治经济进程，回归欧洲。普京执政后，俄罗斯加快了融入西方的步伐。

俄罗斯的另一个战略目标是恢复大国地位，重返强国行列。对内，俄罗斯积极推动市场经济体制改革，促进经济快速恢复和发展；维护国内政治稳定；研发新式武器，增强军事实力。对外，努力改善与各主权国家和国际组织的关系，为国内建设创造有利的国际环境。俄罗斯尤其重视与欧盟的关系，希望吸纳欧盟的资金，学习欧盟先进的技术和管理经验，以促进本国经济的发展。俄罗斯的意图很明确，就是把欧盟当作实现强国梦的一个平台，增强综合国力，提升国际地位，在国际事务中发挥更大的作用。

欧盟的战略目标是扩大对中东欧地区的影响力，遏制俄罗斯重新崛起，实现欧洲统一，谋求在欧洲大陆的主导权，提升欧盟整体的国际地位。历史上沙俄的对外侵略扩张给欧洲人留下了深深的心理阴影。他们认为，虽然苏联解体后，俄罗斯的政治、经济以及军事实力都受到了严重削弱，但是，俄罗斯有着对外扩张的传统，而且俄罗斯拥有核武器，军事力量仍然不容小觑。

---

① 刘德斌：《国际关系史》，高等教育出版社，2010，第570页。

随着俄罗斯综合国力的逐渐恢复，俄罗斯的帝国野心一旦抬头，势必会威胁欧洲的和平与稳定。所以，欧盟利用俄罗斯实力尚未恢复之机，积极推动欧盟东扩和北约东扩，试图将原来苏联的势力范围收入自己囊中，促进这些国家的完全西化，扩展西方的民主制度以及价值观念，压缩俄罗斯重振大国雄威必须依靠的战略空间，达到削弱俄罗斯的目的。

乌克兰危机的爆发本身就是俄欧战略目标相冲突的结果。俄罗斯在乌克兰的战略目标是防止乌克兰倒向西方，确保西部地区安全，拉拢乌克兰加入俄罗斯倡导建立的关税同盟以及欧亚联盟。而欧盟对于乌克兰的战略意图则是希望乌克兰与俄罗斯保持距离，做出亲西方的外交选择，最终融入欧盟，进一步压缩俄罗斯的传统空间，削弱俄罗斯的整体实力。

简言之，俄罗斯的目标定位是通过与欧盟的对话合作，促进国内经济发展，最终融入欧洲，恢复强国地位。而欧盟的最终目标是实现欧洲的统一，圆大欧洲之梦，并希望通过它来提高欧盟的地位，使欧盟能够独立自主地主导欧洲事务，并成为多极世界中的重要一极，在国际事务中发挥更为重要的作用。[1] 特别是双方在乌克兰问题上战略目标的差异严重影响着未来俄罗斯与欧盟关系的健康发展。

2. 国家利益彼此冲突

什么是国家利益？有中国学者认为，国家利益"是指一国生存和发展的需要，包括国家的安全利益、经济利益、政治利益和国际联盟利益"，[2] "是指一个国家的生存利益和发展利益"。[3] 卡尔在《二十年危机》中首先指出了国家利益对于国际政治的重要作用。摩根索创造性地将国家利益与外交战略的制定结合起来，明确提出一个国家外交战略的制定是由其国家利益决定的，国家利益是度量一国外交政策的最高标准。由此可见，中外学者都有一个基本的共识，即利益关系是国际关系中影响各个国家对外行为的最根本性要素，而国家利益则是在国际政治中发挥作用最持

---

① 李玲芝：《论冷战后俄罗斯与欧盟的伙伴合作关系》，硕士学位论文，山东师范大学，2010。

② 程毅、杨宏禹：《国际关系基础理论》，华中师范大学出版社，1991，第296页。

③ 金应忠、倪世雄：《国际关系理论比较研究》，中国社会科学出版社，1992，第119页。

久、影响力最大的因素，是国家对外行为的最基本动因。① 我们可以简单
地把国家利益理解为一个国家内有利于其绝大多数国民的共同生存与进一
步发展的诸因素的综合。②

我们可以把国家利益拆分成经济利益、政治利益、文化利益和安全利
益，它们是相互联系、相互制约的有机体，共同构成了国家利益的基本内
涵。国家利益指的是特定国家的利益，俄罗斯与欧盟各国都是独立的主权
国家，这就决定了它们的国家利益是不同的，乃至是冲突的。在政治利益
方面，对立主要体现在俄欧双方政治立场与战略目标的定位上，前面已经
做了具体阐述。文化利益层面的冲突主要体现在俄欧双方的传统文化、价
值观念与生活方式等方面，下文会详细地论述。这一部分主要分析俄罗斯
与欧盟在经济利益与安全利益方面的冲突。

俄欧在经济领域既相互合作又彼此竞争。一方面，俄罗斯自然资源丰
富、劳动力相对廉价、市场潜力巨大，欧盟拥有先进的科学技术、成熟的
管理经验和雄厚的资金。俄欧双方在经济方面互补性很强，在地缘上也很
靠近，为双方的经贸合作创造了有利条件。俄欧互为彼此重要的贸易合作
伙伴，经贸合作取得了令人瞩目的成就。另一方面，俄欧经贸合作中也存
在不少问题与摩擦。首先，俄欧之间的贸易结构很不对称，长此以往对俄
罗斯转变经济发展方式、改善出口结构极为不利。俄罗斯主要从欧盟国家
进口工业制成品及技术密集型商品，而欧盟则主要依赖俄罗斯的石油和天
然气资源。短期来看，这是实现优势互补、共同发展的好办法。但从长期
来看，这加剧了俄罗斯对世界能源市场的依赖程度，不利于俄罗斯工业结
构的调整和产业结构的优化升级。其次，欧盟的进口限制措施严重制约俄
罗斯的出口。俄罗斯生产的部分产品达不到欧盟国家的进口标准，欧盟国
家受贸易保护主义影响，时常对俄罗斯出口过来的产品实施反倾销等限制
措施，致使俄罗斯的经济严重受损。再次，随着欧盟的向东推进，俄欧双
方对独联体地区这个新兴市场展开了激烈争夺。乌克兰无论是在自然和社
会资源方面还是在经济发展潜能方面都有着诱人的吸引力，俄欧双方都希

---

① 陈岳：《国际政治学概论》（第三版），中国人民大学出版社，2010，第 121 页。
② 陈岳：《国际政治学概论》（第三版），中国人民大学出版社，2010，第 127 页。

望加强与乌克兰的经贸合作，故而对乌克兰展开了激烈争夺。最后，乌克兰危机爆发后，俄欧制裁大战使得经贸往来受到阻碍，能源合作遭到冲击，为了突破困境，双方各自寻找新的经贸与能源合作伙伴。

俄欧在安全层面既相互倚重又存在冲突。一方面，欧洲安全机制的构建离不开俄罗斯的参与配合。冷战结束初期，欧洲各国对俄罗斯的恐惧和仇视心态使得欧洲在安全防务方面完全依赖美国的庇护。科索沃战争和"9·11事件"的爆发促进了欧盟的觉醒，欧盟逐渐意识到在安全方面完全依靠美国是不智之举，缺少俄罗斯的参与，欧洲大陆是很难实现和平稳定的，减少对美国的依赖，建立独立的欧洲防务体系势在必行。俄罗斯也希望与欧盟加强安全合作，确保周边安全。此外，由于非传统安全问题具有跨国性，这类问题的解决也需要俄欧双方精诚合作。另一方面，俄欧双方对构建欧洲安全体系的设想不同。欧盟主张建立以欧盟和北约为领导、以西欧联盟为中介的欧洲新安全结构。[1] 俄罗斯主张建立以欧洲安全与合作组织（简称"欧安组织"）为中心框架的欧洲新安全结构。[2] 另外，欧盟以及北约东扩使俄罗斯与欧盟陷入了你方安全即为我方不安全的零和博弈困局。乌克兰处在俄罗斯与欧盟东部成员国之间，这种特殊的地理位置大大增加了乌克兰的战略价值。俄罗斯视乌克兰为自身传统的势力范围和确保西部安全的命脉，欧盟则将其看作削弱俄罗斯力量的绝佳选择。欧盟为了自身安全持续推进欧盟与北约的东扩，试图将乌克兰纳入自己的影响范围，却极大地压缩了俄罗斯的生存空间，威胁了其地缘安全环境。

俄罗斯与欧盟国家在国家利益层面本就有所差异，在更大的共同利益面前，尚可以搁置差异，和睦相处。但乌克兰事件触及俄欧双方的核心利益，任何一方都不会轻易妥协与让步，这是危机迟迟得不到解决的根源所在，也是影响俄欧关系发展的根本原因。

3. 价值观念相互矛盾

俄罗斯与欧盟在民主、人权以及生活方式等方面的差异也在某种程度上制约着未来俄欧双方的接近。

---

①　曹阳：《普京时期俄罗斯与欧洲关系研究》，博士学位论文，吉林大学，2007。

②　曹阳：《普京时期俄罗斯与欧洲关系研究》，博士学位论文，吉林大学，2007。

首先，俄欧双方对民主内涵的理解不同。俄罗斯是一个有着漫长专制历史的国家。俄罗斯自 16 世纪中期伊凡四世自称沙皇起，就开始成为中央集权的国家。18 世纪初经过彼得一世的改革，俄罗斯的中央集权得到了进一步加强。这种沙皇专制制度在俄罗斯一直延续 300 多年。① 苏联时期依然实行中央高度集权的政治体制，权力过于集中。西方国家普遍认为，虽然现阶段俄罗斯实行的是民主政体，但这样的民主政治模式是带有东欧传统权力政治特点的，是不同于西方国家权力制衡下的民主政治模式和政治组织形式的。② 它们还认为普京上台后中央集权得到强化，俄罗斯国内的政治与经济体制改革出现了专制化倾向。在经济方面，政府垄断天然气企业，阻碍欧洲实现能源市场的自由化；在政治方面，总统选举不够公开透明；在文化方面，严密控制新闻媒体。欧盟国家自认为西方的民主制度和价值观念与俄罗斯相比更加完善，因此，欧盟千方百计地想同化俄罗斯及其周边地区。欧盟通过东扩的方式不但将西方的经济、政治模式推广至中东欧地区，甚至还把西方的价值观及生活方式渗透到这里。这就使得新加入欧盟的国家完全认可西方的文化，按照西方的行为方式处理问题，加剧了与俄罗斯的对立。

俄罗斯则认为历史状况与具体国情的不同决定了世界上不存在统一的民主模式，坚决反对欧盟对外移植西式民主和价值观。俄罗斯认为，民主模式必须由各国自己决定。各民主国家都有自己的民族特点，这是由它们的历史经验和文化遗产的独特性决定的。在不同的历史文化背景下，对民主的理解和适用应有所不同，民主制度的类型和完善需要符合国情，它是一个内生的过程而不能靠外力输入，一个国家的民主化进程不可能脱离其社会政治经济的实际发展阶段。③ 围绕着民主问题，俄欧双方争议不断。

其次，俄欧双方在人权问题上看法不同。在欧洲人看来，个人权利是天赋的，人人生来平等，整个社会的组织结构和价值观念都是建立在尊重和保障个人权利的基础之上，个人或组织通过法律来建立彼此之间的权利

---

① 白千文：《从"自由民主"到"可控民主"：俄罗斯政治体制改革的经济学解剖与启示》，《俄罗斯研究》2009 年第 4 期。
② 郑爱龙、隋俊宇：《新现实主义视角下俄欧关系分析》，《学术论坛》2015 年第 8 期。
③ 庞大鹏：《俄罗斯的"主权民主"思想》，《欧洲研究》2008 年第 4 期。

责任关系。因此，欧洲社会形成了以权利、民主和自由为基础的社会制度和价值观念。[①] 近年来，欧盟曾屡次指责俄罗斯侵犯人权，并采取多种途径插手俄罗斯内部人权事务。欧盟指控俄罗斯在车臣问题上采取军事行动严重侵犯了其人权，并以经济制裁相威胁。欧盟还同俄罗斯开展人权对话，批评俄罗斯法制不健全、司法不独立。

俄罗斯与欧盟国家在人权问题上的分歧使俄罗斯承受着巨大的舆论压力，也妨碍着俄欧关系向前发展。针对西方的指控，俄罗斯一方面反控欧美在人权问题上奉行双重标准，提出自己的人权观予以回应。与西方国家倡导的"人权高于主权"思想不同，俄罗斯坚持认为"主权高于人权"。另一方面，俄罗斯也在不断完善人权保障机制，加强人权保护，改善自身形象。

俄欧双方对民主与人权的不同认知一直是影响俄欧关系良性发展的重要因素。在西方国家看来，在乌克兰危机中俄罗斯粗暴干涉乌克兰内政，支持叛乱分子，导致乌克兰东部流血牺牲事件时有发生，俄罗斯漠视国际法的权威，不顾国际舆论的反对接收克里米亚，更是对民主和人权的严重践踏。对于西方的指责，俄罗斯另有说辞，称此番举动正是出于对民主和人权的保护。双方各执一词，这种相互矛盾的价值观将持续制约着俄欧关系向前发展。

三　双方战略互信的缺失是关键因素

国家是个人的集合，因此，国家与国家之间的关系跟人与人之间的关系有很大的相似性。彼此充分信任是增进双方关系的黏合剂，如果信任缺失、互相猜忌，必定会产生隔阂，严重的话会直接导致关系破裂。虽然冷战的阴云早已散去，但是俄罗斯侵略扩张的历史至今让欧洲国家心有余悸，它们固守冷战思维，时刻防范着俄罗斯，试图遏制俄罗斯重新跻身于强国之林。欧洲国家的排斥与遏制也让俄罗斯心有不满，双方之间的战略互信异常脆弱，这就导致了彼此对对方的认知偏差，成为阻碍俄欧关系大步向前的因素。

---

① 谢香丽：《近年来俄欧矛盾及其原因探析》，硕士学位论文，新疆大学，2010。

1. 固守冷战思维影响对彼此的认知

冷战时期，俄罗斯是社会主义阵营之首，欧盟则主要从属于以美国为主导的资本主义阵营，在意识形态方面，两大阵营彼此对立、水火不容。冷战终结后，两极对抗格局结束，美国成为全球唯一的超级大国，国际形势总体趋于缓和。但是冷战思维没有随着冷战的终结而烟消云散。当今世界上有的国家仍然习惯用冷战思维来揣度别国的动机，还有的国家直接在冷战思维的主导下，公然推行霸权主义与强权政治，严重破坏了地区与世界的和平与稳定。冷战思维根深蒂固的影响力可见一斑。

顾名思义，所谓冷战思维就是形成于美苏冷战时期的一种思维方式。早在俄国十月革命之前美国就存在强烈的反共意识，这种敌视态度在二战中有所减弱。二战后，共同敌人的消失以及苏联的日渐崛起使得这股思潮重新抬头。美国是资本主义国家之首，苏联是当时最强大的社会主义国家，意识形态和社会制度的不同导致双方都将对方看作异类与对手。在这种观念的左右下，冷战及冷战思维应运而生。时殷弘和陈然然认为，"除了'过分强调国家间意识形态或价值观念的对立'之外，冷战思维说到底是历史悠久的传统国际政治中以权势政治，甚至极端的权势至上眼界和立场来看待和对待国际事务的一种思维方式"。① 冷战结束后，和平与发展成为世界的主流。但是，冷战思维不仅没有终结，反而成为某些国家行为的理论依据。

欧盟国家受冷战思维的影响，对俄罗斯心存防范与遏制心理，通过拉拢乌克兰入盟，进一步挤压俄罗斯的生存空间，竭力推销西方的民主制度与价值观念。俄罗斯为了维护自己的利益与欧盟国家在众多领域展开了激烈博弈，尤其是在乌克兰问题上，俄罗斯毫不退让。如果俄欧双方不能彻底摒弃传统的冷战思维，增强战略互信，那么，这势必会成为影响当下以及未来俄欧关系顺利向前推进的重大障碍，乌克兰危机的彻底落幕也将遥遥无期。

2. 俄罗斯的帝国主义行事作风引发欧洲的恐惧感

长久以来，欧洲国家对俄罗斯始终抱有一种忌惮或者说畏惧心理，这

---

① 时殷弘、陈然然：《论冷战思维》，《世界经济与政治》2001 年第 6 期。

与俄罗斯的民族性格及其对外侵略扩张的历史有关。另外，俄罗斯强大的军事实力进一步加剧了欧洲国家的恐惧感。

受自然条件以及社会环境等众多因素的影响，每个民族在长期的历史发展过程中都会形成独具特色的性格特征。俄罗斯国土的大部分地区处于高纬度地带，天寒地冻，自然环境非常恶劣。艰苦的生活环境造就了俄罗斯民族不畏艰险、坚韧不拔的性格特点。因此，俄罗斯民族素有"战斗的民族"之称。

美欧国家一致认为，俄罗斯的帝国主义行事作风在乌克兰危机中暴露无遗。美欧国家从以下几个方面对俄罗斯的帝国主义作风进行了分析。从目的来看，俄罗斯紧紧咬住乌克兰不肯罢休的根本原因就在于乌克兰关乎俄罗斯的国家安全与前途命运，乌克兰是俄罗斯成为欧亚强国的重要筹码。从手段来看，俄罗斯争取乌克兰的手段并不光明磊落。首先，为了增加与西方抗衡的砝码，也为了获取更大的政治经济利益，俄罗斯努力使乌克兰偏向己方。在俄罗斯的努力下，乌克兰做出远欧亲俄的决定，这触怒了国内部分民众以及美欧国家，危机骤然爆发。其次，危机爆发后，俄罗斯干预乌克兰内政，收回克里米亚，支持叛乱分子，使得危机升级。从目前的发展结果来看，对于美欧国家的制裁孤立，俄罗斯坚持一贯的强硬态度，并且积极开拓外交新领域，《新明斯克协议》无法得到彻底落实，俄罗斯的帝国主义行事风格表现得淋漓尽致。

此外，俄罗斯的重工业基础比较雄厚，又继承了苏联时期的军事设施与装备，而且，俄罗斯还拥有核武器，武装力量的规模极其庞大。俄罗斯好战善战的民族性格、侵略扩张的历史传统、帝国主义做事风格以及强大的军事力量都让欧洲国家不安，这也是横亘在俄欧之间一道难以跨越的沟坎。

3. 传统历史文化差异导致俄欧难以真正相融

从传统历史文化的渊源来看，俄罗斯文明与西欧文明皆源于希腊文明与罗马文明。不可否认，俄欧文化确实具有同根同源的特性。但是，俄罗斯与欧洲各国不同的自然地理环境和历史遭遇又导致俄罗斯文化与欧洲文化具有各自的民族特性。这种文化的差异性相互碰撞，影响着双方对彼此的认知，也成为俄罗斯与欧洲国家产生矛盾的重要根源。

俄罗斯人认为本国文明属于欧洲文明的一部分，但欧洲国家并不认为如此。其实，严格来说，俄罗斯文化既非纯正的西方文化，也非地道的东方文化，而是兼具两种文化特质的中间文化。这一方面是由俄罗斯的地理位置决定的，另一方面也跟俄罗斯的历史经历有关。

首先，俄罗斯幅员辽阔，国土面积横跨欧洲和亚洲，受到欧洲文明和亚洲文明的双重影响，造成了俄罗斯传统历史文化的二元性。其次，俄罗斯文化在漫长的发展过程中既受到东方文化的影响，又出现向西方靠拢的倾向，似乎不断地在东西方文化之间选择与徘徊。历史上，俄罗斯大致经历了基辅罗斯公国、鞑靼人统治下的罗斯、莫斯科公国、沙皇俄国、苏维埃俄国和当代俄罗斯 6 个发展阶段。[①] 基辅罗斯公国与莫斯科公国时期的俄罗斯与西欧国家几乎没什么联系，那时的俄罗斯人是西方眼中的野蛮人，公元 988 年"罗斯受洗"与后来东正教的引入算是间接地受到了西方文化的影响。但是，东正教与西方基督教文化中的天主教有所不同。公元 13 世纪蒙古的入侵及其对俄罗斯长达两个半世纪的统治，却将东方的文化传统整个移植到了俄罗斯，从而不仅打断了俄罗斯文明的自然发展进程，而且给俄罗斯带来了东方专制制度的国家范式，使俄罗斯的国家发展深深地烙上了难以磨灭的东方印记。[②] 莫斯科公国时期，在争取独立和统一过程中俄罗斯的东方特质得到强化，到彼得一世又转向西方。在苏维埃时期，苏联把其影响扩展到东欧斯拉夫地域和东亚，并用柏林墙把自己与西方隔开，而苏联解体后，俄罗斯又出现回归欧洲的呼声。[③]

尽管俄罗斯人坚持认为俄罗斯文明属于欧洲文明的一部分，并做着融入欧洲的努力，但是，欧洲人不认同甚至排斥俄罗斯文化，试图将西方的文化价值观渗透到俄罗斯，引导俄罗斯朝着有利于西方的方向发展。塞缪尔·亨廷顿在对世界文明进行分类时直接将西方文明与东正教文明划归为两种不同的文明形态。传统历史文化的差异本就天然地使得欧洲国家很难

---

① 冯玉军、霜木：《俄罗斯与西方：文明冲突的历史考察》，《现代国际关系》2000 年第 4 期。

② 黄登学：《俄罗斯发展道路：困惑与选择——基于文明视角的分析》，《社会科学》2011 年第 4 期。

③ 雷丽平：《俄罗斯文化的形成、发展及其主要特征》，《西伯利亚研究》2001 年第 2 期。

敞开心扉欢迎俄罗斯真正融入欧洲大家庭，乌克兰危机发生后，俄欧之间的关系大不如前，传统历史文化差异造成的这种排斥作用将更加明显，势必会大大影响俄欧关系的未来发展。

第四节　俄罗斯与欧盟关系的前景

俄罗斯与欧盟国家在现实国家利益、价值观念与传统历史文化等方面的差异一直是制约双方关系向前发展的障碍性因素，这些因素使得俄罗斯与欧盟在对话合作的主流背后纷争不断。随着近年来欧盟的东扩不断挤压俄罗斯的利益区间，俄欧矛盾越发凸显。乌克兰危机即是俄欧双方争夺势力范围的集中体现。乌克兰危机爆发后，俄美交恶，俄欧也由战略伙伴变为竞争对手。时至今日，虽然乌克兰新政府彻底偏向西方，但是，乌克兰事实上已经处于分裂的状态，俄罗斯不会轻易放弃乌克兰，乌克兰最终能否加入欧盟、何时加入都是未知数。可以说，乌克兰危机的后续发展与解决方案直接影响着未来俄罗斯与欧盟关系的定位。

一　俄欧关系不确定性增大

俄罗斯与欧盟之间由于现实利益和价值观念的冲突，战略互信度极低，再加上美国总统更换、欧盟内部成员国在是否持续对俄实施制裁方面存在分歧、俄罗斯的行为难以预测以及俄欧之间需要合作解决的共同问题增多等因素的影响，未来俄罗斯与欧盟关系的不确定性增大。

1. 美国与欧洲国家在对俄态度上产生分化

俄欧关系的发展演变不仅受双方历史、现实因素的制约，而且在一定程度上还受美国这一外部因素的影响。

冷战期间，西欧国家在经济方面指望美国的援助，在安全方面又依赖美国的保护，没有自己的地缘政治利益，其对外政策是唯美国马首是瞻。冷战终结后，欧洲国家开始寻求自己的战略利益，与美国的对俄政策出现偏差，欧盟对俄罗斯的态度表现出明显的两重性。一方面，苏联解体后美欧共同的威胁不复存在，随着欧洲国家经济的恢复与国际竞争的日益激烈，欧共体成员国积极推动欧洲一体化向纵深发展，成立欧盟。欧盟主张世界朝多极化方向发展，希望能够成为独立一极，自主主导欧洲事务，力求改变与美国的从属关系，开始寻求建立一种新型的平等的联盟关系。由于欧盟国家与俄罗斯地理位置接近，欧盟日益意识到俄罗斯对于维持欧洲安全与稳定的重要作用，而且俄欧经贸合作互补性强，所以，欧盟重视与俄罗斯的外交关系，双方签订了伙伴关系与合作协定，在经济、政治、安全等领域展开了广泛的对话与合作。另一方面，欧盟认为俄罗斯国内的政治经济转型存在很大的不确定性，同时对俄罗斯强大的军事力量心怀忌惮，担心俄罗斯再度危及自身安全。所以，欧盟继续与美国合作推动俄罗斯的转型，挤压俄罗斯的战略生存环境。

为了防范俄罗斯东山再起，美国对俄罗斯的一贯政策就是力促俄罗斯转轨，将其纳入西方国家民主自由的发展轨道，抑制俄罗斯实力的恢复与快速发展，最大限度地削弱、遏制俄罗斯。在这一战略目标的指导下，美国联合欧盟通过不断推进北约与欧盟的东扩，压缩俄罗斯的战略空间，企图把俄罗斯变成一个对西方世界没有威胁的虚弱国家。对美国来说，乌克兰危机是分化欧盟、削弱欧盟整体实力、增强欧盟对美国的依赖、挑拨俄欧关系、遏制俄罗斯重新崛起的绝佳契机。由于美俄贸易额相对较小，利害关系不大，所以，乌克兰危机爆发后，美国政府主张联合欧盟对俄罗斯推行严厉的制裁。与美国的坚决态度不同，欧盟与俄罗斯的经贸联系十分紧密，制裁俄罗斯的同时自身也深受其害，故欧盟部分成员国主张有限度地制裁俄罗斯。

综上所述，欧盟与美国在对俄态度上有所分化，各有考量。但是，欧盟发展与俄罗斯的外交关系一定会考虑美国的立场，美国也一定会插手干预俄欧关系的发展，这是毋庸置疑的。尤其是美国的新总统特朗普执政后，会实行怎样的对俄政策，都会影响到俄欧关系的进一步发展变化。

2. 欧盟内部成员在是否对俄持续制裁方面存在分歧

随着乌克兰危机的日渐白热化，美欧与俄罗斯之间的矛盾不断激化。美国和欧盟对俄罗斯实施了多轮严厉的经济制裁，俄罗斯也不甘示弱，迅速采取反制裁措施，经济制裁战这场没有硝烟的战争大大消耗着彼此的力量。然而，欧盟各成员国基于各自不同的利益诉求，在对俄态度上意见并不统一。

除了顾及美国的立场，欧盟各成员国在对待俄罗斯的态度问题上主要考虑两个因素：一方面是考虑与俄罗斯的经济联系是否密切，另一方面是考虑自身对俄罗斯能源依赖程度的高低。

一方面，德国坚持认为克里米亚公投入俄违反国际法，主张维护乌克兰的独立和领土完整。另一方面，在所有欧盟国家中德国与俄罗斯的经贸联系最为密切，对俄制裁使得德国与俄罗斯的经济与能源合作受到牵连，经济遭受惨重损失。同时，德国也意识到与俄罗斯之间的相互制裁不仅会对德国甚至整个欧元区经济的恢复产生不利影响，而且还会威胁欧洲的安全稳定。美国优先考虑通过拉拢乌克兰加入北约，实现其全球战略；德国优先考虑重新拉拢俄罗斯，稳定乌克兰局势，实现欧洲地区的安全目标，这使德国外交左右为难。① 鉴于此，德国认为一味强加制裁不能消解矛盾，军事行动更无助于危机的解决，倾向于适度制裁俄罗斯，寻求政治和外交办法，以和平方式化解危机。法国、意大利、芬兰和匈牙利等国在对俄制裁中也深受其害，为了减轻自身经济损失，也采取与德国类似的做法，主张是否对俄实施持续制裁要视《新明斯克协议》的落实情况而定。

英国与俄罗斯的经贸联系不甚密切，而且对俄罗斯能源的依赖程度也较低，俄罗斯的反制裁对英国的影响不是很大。所以，英国对制裁俄罗斯持积极态度。英国认为俄罗斯在乌克兰危机中的行为是对乌克兰内政的干涉，破坏了乌克兰的主权独立和领土完整，主张欧盟与美国一道对俄罗斯实施严厉的制裁。倘若《新明斯克协议》的条款得不到有效执行，俄罗斯继续支持东部分离分子，欧盟有必要扩大制裁规模，延迟制裁期限。出人意料的是，2016 年 6 月 24 日，英国向世人宣布了英国将会脱离欧盟的公投结果。欧盟核心成员国英国的"离家出走"，显示了欧盟内部错综复杂的矛盾，大大破坏了欧盟内部的团结，也会影响欧盟整体制裁俄罗斯行动的一致性。

波兰和波罗的海国家受历史宿怨的影响，担心俄罗斯威胁自身安全，坚定支持欧盟与美国联手制裁俄罗斯，并积极筹划新的制裁手段。

---

① 戴启秀：《乌克兰危机对德俄关系及全球格局的潜在影响》，《国际观察》2015 年第 2 期。

尽管欧盟最后还是对俄实施了数轮制裁，但是在是否持续对俄实施制裁方面，不同的声音不绝于耳。概括而言，欧盟内部在对俄制裁的态度上大体形成了坚定支持派和动摇派两派。

3. 俄欧之间的共同威胁增多

信息技术以及交通通信技术的迅猛发展，使得全球各国、各地区更为紧密地联系在一起，大大地加速了生产要素在全球范围内的流动，全球化时代悄然到来。全球化是一把双刃剑。一方面，它促进了各国际行为主体之间的互动，为各国创造了更多增长财富的机会；另一方面，随着全球化的深入发展，全球性问题进一步凸显。所谓的全球性问题，就是指由于科学技术的发展、各个国家开放程度的提高以及国际交往的日趋频繁而出现的共同性问题。这些问题关系着全人类的生存与发展，体现着全人类的共同利益，依靠一个或者几个国家解决不了问题，而是需要国际社会的团结合作。全球性问题主要表现为恐怖主义、生态环境、毒品、难民、非法移民、人口、经济安全、跨国犯罪等非传统安全问题。与传统安全威胁相比较，非传统安全问题主要具有以下几点特征。首先是跨国性。非传统安全问题不是单个国家存在的个别现象，而是关乎全人类的共同生存与发展，是很多国家面临的普遍问题，危害也具有极大的外溢性，这类问题的解决不能单靠某个国家的努力，它需要各国通力合作。其次是不确定性。非传统安全威胁不仅是由主权国家造成的，更多的是来自个人、组织或者利益集团等非国家行为主体。最后是交织性。这些问题彼此联系、相互作用，解决难度异常大。基于非传统安全问题的这些特点，俄罗斯与欧盟国家对于解决这些问题的方案可能会存在某种程度的分歧，而这些分歧可能会进一步破坏双方关系。但是，解决这些问题又迫切需要俄欧双方的密切合作，这也为俄欧关系的缓和提供了契机。因此，俄欧之间非传统安全威胁的增多，也在一定程度上增加了俄欧关系的不确定性。

二 俄欧关系改善的动力

综观俄欧关系的发展轨迹，虽然矛盾与冲突接连不断，但是始终没有脱离和平合作的主旋律。这是因为双方在经贸、政治、安全等领域具有广泛的共同利益，同时也离不开传统历史文化这一纽带的连接作用，这些都是未来俄欧关系改善的动力因素。

1. 俄欧双方在经济、政治方面相互依赖

俄罗斯独立后，出于维护各自国家利益的需要，俄欧双方建立了战略伙伴关系，并在经济、政治等领域展开了积极的合作，取得了令人瞩目的成就。

俄欧之间的经贸合作虽然存在贸易结构不对称、投资比例不协调等问题，但从总体上来看，俄欧经济互补性较强、相互依赖程度较高。俄罗斯是世界上国土面积最大的国家，自然资源种类多、储量丰富，不仅能够满足自身发展的需要，而且还可以大量出口。同时，俄罗斯还有着巨大的工业生产潜力以及强大的军事实力。而且，人口素质整体较高，劳动力成本相对低廉，未来经济发展的潜能还是相当大的。但是，俄罗斯面临的问题主要是缺乏资金、核心技术和先进的生产管理经验，这些严重制约着俄罗斯经济的快速发展。而欧盟国家经济发展水平高，资金充足，技术和管理经验先进，正好可以弥补俄罗斯的不足。另外，欧盟国家国土面积都比较小，市场潜力有限，支撑经济发展的自然资源严重匮乏，急需从俄罗斯进口能源资源与原材料。而且，俄罗斯广阔的市场也是欧盟国家产品出口的主要目的地之一。欧盟依赖俄罗斯稳定的能源供给，俄罗斯的发展离不开欧盟的资金、技术支持。欧盟东扩进一步为双方的经济合作创造了更加便利的地缘条件。俄罗斯与欧盟互为对方重要的贸易合作伙伴，经贸往来频繁密切。欧盟与俄罗斯都已经意识到只有彼此合作、优势互补，才能实现共同发展。俄欧之间紧密的经贸联系使得俄欧关系不会无限制恶化下去，双方会主动修复破裂的关系。

冷战结束后，俄欧双方放弃了敌对立场，逐步建立多种对话与协商机制，增强了政治对话与合作。俄欧双方都有制约美国霸权的愿望，需要通过相互倚靠来实现各自的政治目标。冷战结束后，"两极"格局被"一超多强"格局所取代，美国成为全球唯一的超级大国。实力的增长使得美国的野心越发膨胀，其对外政策的霸权主义色彩更加浓厚，建立美国主导的单极世界的图谋昭然若揭。面对国际形势的变化，欧共体成员国开始寻求自强之路，建立欧盟，深化内部合作，力求改变对美国的从属关系，推动世界朝多极化方向发展，希望单独主导欧洲事务以及在国际舞台上发挥

有效作用。俄罗斯也逐渐走上了经济复兴的道路，并为恢复大国地位不懈努力。俄罗斯与欧盟都极力反对美国的霸权主义与单边政治，俄欧关系的发展能够有效制约美国的霸权。

虽然现阶段受乌克兰危机的影响，俄欧关系暂时止步，但是，从现状来看，俄欧双方都有所收敛。相信随着时间的推移，俄欧双方会更加清醒地认识到"合则两利，斗则两伤"的道理，而俄欧在经济以及政治领域的相互依赖正是推动俄欧关系改善的强大动力之一。

2. 俄欧双方在传统历史文化方面联系密切

从传统历史文化渊源角度来看，俄罗斯文明与西欧文明都来源于古希腊和古罗马文明，俄罗斯人向来将自己界定为欧洲文明的重要组成部分。从历史上看，13 世纪蒙古西征之前，古代罗斯国家已经与拜占庭和西北欧诸多国家进行大量的贸易交往；988 年，基辅罗斯皈依东正教；11 世纪，雅罗斯拉夫大公与西欧诸多王朝建立了姻亲关系，表明俄罗斯是欧洲的一部分。①

相对于欧洲来说，俄罗斯政治、经济、科技发展较为落后，俄罗斯人渴望欧洲那种文明、富足的生活，向往欧洲先进的科学技术与政治经济制度。在这种愿望的驱使下，融入欧洲成了世代俄罗斯人的梦想。"基辅洗礼"后，基辅罗斯成为基督教大家庭中的一员；彼得大帝的西化改革使得俄罗斯更加倾向于变成一个欧洲国家；戈尔巴乔夫进一步推动了苏联的西化改革进程；俄罗斯独立之初，奉行亲西方"一边倒"的外交政策，虽然后来确立了东西方兼顾的全方位外交政策，但欧盟依然是俄罗斯外交方向的重点；普京执政后，更加注重发展与欧洲国家的关系，重新确立了融入欧洲的外交战略。

俄欧之间的历史文化纽带以及俄罗斯对欧洲文明及其发展模式的认同都有助于俄欧关系的改善。

3. 俄欧双方在欧洲安全防务方面有广泛的共同利益

冷战结束后，美苏两极对峙格局瓦解，但是北约这一军事同盟组织并没有随之解散，而是进行了调整与大规模的东扩行动。欧洲一体化程度虽

---

① 顾兆然：《试论俄罗斯与欧盟战略伙伴关系：现状、动力及前景》，硕士学位论文，外交学院，2007。

然不断提高，但是欧洲国家在安全防务方面的力量十分弱小，不得不依赖美国主导的北约来确保欧洲地区的安全与稳定。

1999 年科索沃战争的爆发使欧盟国家开始强烈认识到自身军事实力的严重不足以及建立欧洲独立防务体系的必要性和紧迫性。同时，欧盟也发现要想实现欧洲地区真正的和平与稳定，必须加强与俄罗斯的合作，把俄罗斯排除在欧洲安全的框架之外是不明智的。北约东扩逼近俄罗斯的边境，美国还积极推进在东欧地区部署导弹防御系统，严重威胁了俄罗斯的地缘安全环境。俄罗斯希望以欧安组织作为基础构建欧洲安全体系，通过与欧盟在欧洲安全领域的合作提升自身在欧洲安全问题上的主导权，削弱北约的作用。

俄欧双方不仅在传统安全领域展开合作，在非传统安全领域也具有广泛的共同利益。恐怖主义自 20 世纪中期滋生以来，现已成为全人类安全的共同威胁。究其根源，恐怖主义是国际政治经济发展失衡的产物，具有突发性和极端残忍性的特点。美国的霸权主义及强权政治危害了很多国家和地区的和平与安全，一些不满美国霸权行径的极端激进分子由于力量弱小无法与美国正面对抗，便采取恐怖主义手段进行打击报复。之前美国一直是恐怖袭击的主要目标，"9·11 事件"震惊全球。但是，近年来恐怖分子的攻击对象呈不断扩大之势，欧洲国家也未能幸免，防恐与反恐成为世界各国关心的全球问题。俄罗斯军事力量强大，欧盟在打击恐怖主义方面需要借助俄罗斯的帮助。而俄罗斯方面民族主义、人口、生态环境以及毒品走私等问题也很严重，单靠俄罗斯一国的力量不能彻底解决。这些全球性问题如果得不到有效解决，便会迅速向周边地区乃至全世界蔓延，这为俄欧提供了合作的空间。

俄欧在欧洲安全防务方面具有广泛的共同利益，有助于俄欧克服分歧、寻求合作。

三　缓和俄欧关系的建议

乌克兰危机爆发后，俄欧伙伴关系发展停滞。但从近期俄罗斯与欧盟双方的表现来看，对抗僵局出现疲软之态。由于俄欧之间既有传统历史文化的纽带相连，又有现实的共同利益相牵，所以，即使目前关系的发展遭遇考验，也不会彻底断绝往来或者脱离合作的主线。只要双方从大局出发，俄欧关系总体上能够保持相对稳定的发展状态。

1. 既理性看待对方发展又尊重彼此核心利益

回顾俄欧关系的发展历程，之所以矛盾与摩擦不断，在曲折中艰难前行，一个很重要的原因就是俄欧双方都存在非理性的判断，导致战略误判。这对于俄欧关系的健康发展极为不利，只有理性地看待对方的发展，尊重彼此的核心国家利益，才能摆脱历史的桎梏，推动俄欧关系大步向前发展。

欧盟一直以欧洲领导人的身份自居，自然十分排斥俄罗斯回归欧洲后与之分享甚至争夺欧洲大陆的领导权。在欧盟国家的眼中，俄罗斯仍然是一个危险的存在。尽管独立后的俄罗斯摒弃了苏联模式，走上了资本主义国家的发展道路。但是，欧洲人认为渗透到俄罗斯人骨血里的大国沙文主义作风和扩张主义传统并没有根本改变。当今的俄罗斯科技实力雄厚，军事力量十分强大，俄罗斯凭借在能源领域的优势地位以及核技术频频在国际事务中展现出强硬的姿态，这些都让欧盟国家感到忌惮。俄罗斯国内政治经济体制改革的前景难以预知，在民主、人权方面与欧盟的标准相距甚远。欧盟国家担心随着俄罗斯综合国力的恢复，其会再次走上侵略扩张的老路，威胁欧洲地区的和平与安全。长久以来，欧盟国家都戴着有色眼镜来看待俄罗斯，以俄罗斯的历史作风判断其未来行为。只要俄罗斯在某一方面发展了、强大了，就想当然地认为是对自己的威胁，是俄罗斯谋求昔日强国地位的表现。为了防范俄罗斯的重新崛起，挤压俄罗斯的战略回旋空间，与俄罗斯争夺东欧市场，欧盟联合美国不断推进欧盟与北约的双双东扩。恰是这一举动再次激发了俄罗斯的不安全感，俄罗斯采取措施给予反击。俄罗斯的回击更坚定了欧盟所认为的俄罗斯是危险的、不值得信赖的这一信念。如此循环往复，俄欧关系陷入困局。

欲破此困局，需要俄欧双方理性看待对方发展，尊重彼此核心利益。一方面，首先，欧盟国家需要正视俄罗斯正在崛起的客观事实，俄罗斯是一个跨越欧亚大陆的欧洲国家，俄罗斯与欧洲无论是在历史渊源还是在传统文化方面都有着剪不断的关联。俄罗斯有着巨大的发展潜力和辉煌璀璨的历史，随着俄罗斯综合实力的日渐恢复，其势必会谋取相应的国际地位，在欧洲地区与欧盟形成战略竞争态势也就不足为奇了。这是人之常情，也是国之常情，欧盟应该试着理解俄罗斯的心理落差以及雄心抱负。其次，欧盟国家也应该清楚地看到俄罗斯并没有想象中那么强大和可怕，俄罗斯国内还有很多亟待解决的问题存在。比如，俄罗斯的政治经济体制还不是很完善，民族分离主义势力还很活跃，环境问题依然严峻，经济发展动力不足等。这些因素都不同程度地制约着俄罗斯的快速发展，欧盟没有必要夸大俄罗斯的影响力。再次，欧盟国家应该增强自信心。既要相信欧盟国家无论是在硬实力还是软实力方面都有着足够的吸引力，又要充分相信在国际法与国际机制日益完善的今天，在联合国等国际组织和国际法规的协调与规制下，俄罗斯不会为所欲为。最后，欧盟国家要充分认识到乌克兰对于俄罗斯的至关重要性，正是因为它涉及俄罗斯的国家安全这一核心利益，决定了俄罗斯在乌克兰问题上的不可妥协性。因此，欧盟要尽可能地尊重俄罗斯在乌克兰的特殊利益，适当减缓欧盟东扩的脚步，避免触及俄罗斯的核心利益与战略底线。

另一方面，俄罗斯也应该设身处地为欧盟国家着想。欧盟成员国多为领土面积狭小的国家，自身防御能力有限，偏偏毗邻俄罗斯这个"巨人"，尤其是中东欧国家在历史上曾遭受苏联的侵犯，不得不通过"抱团取暖"的方式增强集体防卫力量。近年来俄罗斯实力与日俱增，欧盟成员国的恐俄情绪和不安全感再次上升，无奈之下，只好未雨绸缪，尽可能地防范俄罗斯的崛起。首先，俄罗斯应该意识到能让欧盟感到恐惧，说明自身综合国力增强了，国际地位提高了，这么多年的潜心发展终于初见成果了。这条改革之路是对的，日后要汲取经验，争取获得更大的发展。其次，俄罗斯也应该反省自己的行事作风，恪守国际法规则，摒弃大国沙文主义思想，尊重其他小国的主权独立与领土完整，避免走上争霸的老路。

所以说，无论是俄罗斯还是欧盟，都要客观地、一分为二地看待对方的发展和意图，尊重彼此的核心国家利益，只有这样，俄欧关系才有可能走上良性的发展道路。

2. 加强平等对话协商以增进战略互信

平等是尊重的基础和前提，也是处理国际关系的基本原则之一。欧盟国家对俄罗斯一直以来都存在一种偏见，认为俄罗斯不是一个真正自由民主的国家，俄罗斯的专制主义传统始终存在，在这样的一个国家，人权被侵犯，法制被践踏。只有西方的文明才具有普适性，西方的政治经济体制与发展模式具有无与伦比的优越性。在这样一种认知基础上，欧盟在与俄罗斯的接触交往过程中，难免会对俄罗斯缺乏足够的尊重，这十分不利于双方在平等的基础上展开对话协商与互利合作。今后，欧盟必须摒弃这种偏见，不干涉俄罗斯的内政问题，尊重俄罗斯自己选择的发展道路。

开展对话与交流是增信释疑的有效途径。乌克兰危机爆发后，俄罗斯与欧盟国家的关系急转直下。欧盟配合美国对俄罗斯启动实施了多轮制裁，俄罗斯也不服软，强势收回克里米亚，出台针锋相对的反制裁措施。尽管欧盟国家与俄罗斯也试图协调解决乌克兰危机，达成了停火协议。但是，在对抗的大背景下，俄欧之间的对话与交流明显减少，这更不利于危机的全面解决。一味地指责、制裁与回避都不是化解危机的正确方法，解决问题的有效办法就是扩大政治对话渠道，提升对话协商效果。关闭对话窗口，只会使双方由于不能及时互换信息而胡乱猜测对方的战略意图，不排除有认知偏差的可能性。

俄罗斯与欧盟只有在平等与互相尊重的基础上扩大对话交流，才能加强相互了解，增进相互信任，找到彼此妥协的突破口，化解矛盾，解决危机。

3. 通过排除他方干扰加快跨界合作

冷战结束以来，美国与欧盟之间团结紧密的同盟关系变得不再那么牢不可破。伴随着欧洲一体化程度的提高以及欧盟整体实力的增强，欧盟各国逐渐希望减轻对美国的依赖，成为多极化格局中的独立一极，按照自己的意愿发展对外关系，在国际社会中发出自己的声音。近年来，欧盟国家对很多国际事务的看法和处理方式与美国背道而驰，美欧同盟关系渐渐疏远。实际上，欧盟既希望维持与美国的同盟关系以寻求美国的庇护，又不甘心屈从于美国的掌控，而积极与俄罗斯等国建立外交关系，发展友好合作。这样一来，不但能够平衡对美关系，还能够获得实际利益。对于欧盟的意图美国心知肚明，美国一方面担心欧盟实力越来越强大，另一方面也害怕欧盟与俄罗斯联合排挤美国。所以，美国一再宣扬俄罗斯威胁论调，目的就是加强欧盟的恐俄心态，增强欧盟对美国的依赖，强化美欧同盟关系。同时，美国也想方设法地分化欧盟成员国，离间俄欧关系，削弱欧盟的整体竞争力。

冷战时期，美国与苏联分别作为当时世界上最强大的资本主义国家与社会主义国家，为了在全球推行各自的社会制度与意识形态展开了半个世纪的较量。冷战终结后，俄罗斯经过一段时期的恢复，国力日渐强盛。美国唯恐日益强大的俄罗斯再次威胁其全球霸权，对俄政策一直以防范与遏制为主。推进北约东扩、在欧洲部署导弹等都是遏制俄罗斯重新崛起的具体举措。美国深知乌克兰对于俄罗斯的战略价值和重要意义，所以，抓住乌克兰危机的契机，联合欧盟沉重地打压俄罗斯，丑化俄罗斯的国际形象，重创俄罗斯的经济发展，破坏俄欧战略伙伴关系，以期削弱俄罗斯。

事实证明，在美国的鼓动下，俄罗斯与欧盟之间的裂痕越来越大。但是，欧盟国家清楚地知道，自身与俄罗斯无论是在经贸往来还是能源合作方面都有着千丝万缕的联系，制裁俄罗斯的同时，自身也深受其害。今后，欧盟国家要从自身实际出发，尽力排除他方干扰，尤其是美国因素的干扰，与俄罗斯加强政治对话，找到和平解决乌克兰危机的方法，而不是继续制裁。俄欧之间虽有分歧，但是共同利益更多，俄欧要充分利用这些机会，加快跨界合作，实现互利共赢。

第八章

美欧制裁下俄罗斯的外交战略走向

　　随着乌克兰局势的变化，美欧和俄罗斯之间围绕着乌克兰的大国博弈愈发激烈。2014年7月18日，马航客机MH17坠毁后，美欧对俄罗斯制裁的力度陡然增大，将制裁的方向从个人和组织转变为俄罗斯的能源行业、金融机构、军工企业和国有公司，将矛头直指俄罗斯的经济。面对美欧不断升级的制裁措施，俄罗斯并没有坐以待毙，而是显示出了相当强硬的姿态，并采取了一系列针锋相对的反制裁措施，包括对美欧的部分食品和农林产品的进口实施禁令，禁止乌克兰航空公司的航班经过俄罗斯领空等举措。

　　受到美欧制裁的影响，俄罗斯卢布大幅贬值、外资出逃严重、投资环境不断恶化，俄罗斯在国际市场的融资和支付渠道也受到了极大的限制，这对俄罗斯的金融和宏观经济的发展都带来了极为不利的影响。美欧不仅在经济上对俄罗斯进行制裁，在政治和外交上也不断地对俄罗斯施加压力，对俄罗斯实施孤立政策，导致美俄关系降至冷战以来的最低点。这即使不是一次新冷战，也将使美俄关系的下一次调整遥不可及，两国将在未来保持旷日持久的对抗和疏远。① 俄罗斯与欧盟国家的政治气候也在严重恶化，相互制裁和对抗的举措都隐约有冷战时期的影子。美欧与俄罗斯在乌克兰问题上的立场不同，相互间的制裁不断升级，导致关系不断疏远，俄罗斯面临着一场严峻的内政外交挑战。

---

　　① 马鑫、许钊颖：《美国对俄罗斯的金融制裁》，《美国研究》2015年第5期。

在现实主义外交思想指引下，俄罗斯不得不再次调整其自冷战后就不断调整的外交战略，转而寻求"向东看"，把发展的目光从欧洲地区转移到亚太地区，积极寻求与亚太国家的对话与合作，积极发展与中国、印度、越南等亚太国家的关系，努力拓展在亚太地区的外交发展空间，尤其是努力争取中国的支持，加强与中国在能源、投资、金融等多方面的合作。与此同时，俄罗斯也正在积极谋划推动欧亚联盟的建设，意图以此来摆脱美欧制裁带来的种种经济和外交困境，并且提高俄罗斯在国际政治格局中的地位。

第一节　美欧与俄罗斯的互相制裁

一　美欧制裁俄罗斯的背景

1. 乌克兰危机爆发

2013 年 11 月 21 日，乌克兰时任总统亚努科维奇宣布暂时中止与欧盟签署联系国协定，以及加入全面自贸区的准备工作，同时表示将加强与俄罗斯等其他独联体国家的经贸关系，这一事件成为乌克兰危机爆发的导火索。[①] 这一事件直接引发了乌克兰国内大量渴望早日加入欧盟的亲欧民众的愤怒情绪，他们走上街头，展开了强烈的抗议活动，上万名乌克兰民众在基辅市独立广场等地集会表示抗议，反对政府决定，并且要求总统亚努科维奇下台，乌克兰内务部特种部队 29 日夜间至 30 日凌晨驱散独立广场的集会者，造成数十人受伤。示威活动很快就演变成暴力活动，2014 年 2 月 18 ～ 20 日，数千名示威者在基辅举行示威活动，要求议会恢复 2004 年宪法，随后示威者与维护秩序的警察发生激烈冲突，持续 3 个月之久的抗议示威演变成导致 82 人丧生、810 人受伤的骚乱。[②] 迫于欧美的压力，亚努科维奇进行妥协，于 2 月 21 日和反对派领导人签署了和解协

---

① 周弘、黄平、江时学主编《欧洲发展报告（2014～2015）——乌克兰危机与欧盟：起源、应对与影响》，社会科学文献出版社，2015，第 2 页。

② 戴长征、张中宁：《国内圃域下乌克兰危机的根源及其影响》，《东北亚论坛》2014 年第 5 期。

议，恢复 2004 年宪法并同意提前进行总统大选，然而这并没有使反对派满足。2 月 22 日，乌克兰议会签署命令，解除亚努科维奇的职务，释放前总理季莫申科，提前进行总统大选，并于 23 日宣布委托议长图尔奇诺夫为代总统，并于 5 月 25 日提前举行总统选举。22 日当天，亚努科维奇以自己和亲人的人身安全受到威胁为由离开基辅，并紧急逃往俄罗斯避难。这一仓皇不负责任的举动不仅让他本人大权旁落，也造成了国家事实上的政治真空，打开了内乱的潘多拉魔盒。①

2. 克里米亚入俄

2014 年 2 月 22 日，亚努科维奇被解职，反对派夺取了乌克兰政权并随即宣布将重新走上欧洲一体化道路后，南部克里米亚半岛的亲俄民众进行了大规模的集会抗议，并且积极推动克里米亚脱乌入俄公投。2014 年 3 月 16 日，克里米亚进行全民公投，公投的内容有两个：第一，是否赞成克里米亚在享有俄罗斯联邦主体权利的基础上与俄罗斯重新合并？第二，是否赞成恢复克里米亚共和国 1992 年宪法并赞成克里米亚作为乌克兰的一部分？② 也就是说，就克里米亚是否脱离乌克兰加入俄罗斯进行公投。公投的最终结果是 96.77% 参与投票的选民赞成克里米亚加入俄罗斯联邦，克里米亚自治共和国正式宣布和塞瓦斯托波尔一起脱离乌克兰，成立新的克里米亚共和国，并准备加入俄罗斯联邦。此次公投并没有得到乌克兰当局和国际社会的普遍认可，乌克兰当局以及美欧等西方国家当即宣布此决议没有法律效力，是非法的。

3 月 18 日俄罗斯总统普京与克里米亚、塞瓦斯托波尔市的领导人签署了《关于接受克里米亚共和国加入俄罗斯联邦和建立两个新的联邦主体的条约》，并于 21 日正式设立包含克里米亚共和国与联邦直辖市塞瓦斯托波尔两个联邦主体的克里米亚联邦管区。3 月 21 日俄罗斯总统普京正式签署了经联邦议会批准的克里米亚入俄条约，以及规定其地位及边界等细节的宪法条例，这标志着俄罗斯单方面完成了兼并克里米亚的全部法律程序。

---

① 梁强：《乌克兰危机一年：回顾、反思与展望》，《俄罗斯研究》2015 年第 1 期。
② 柳丰华：《乌克兰危机：内因、大国博弈因素与前景》，《俄罗斯学刊》2014 年第 3 期。

3. 乌克兰危机持续恶化

克里米亚入俄的举动很快带来了一系列连锁反应，尤其是在亲俄民众较多的乌克兰东部和南部各州有较强的示范效应。4月6日，东部的顿涅茨克、哈尔科夫、卢甘斯克等州相继爆发了示威抗议活动。4月7日，亲俄的分离主义者占领了顿涅茨克政府大楼，升起俄罗斯国旗，宣告成立"顿涅茨克人民共和国"，并且要求从俄罗斯引入维和部队并拟于5月11日之前就是否加入俄罗斯联邦进行公投。4月14日，乌克兰过渡政府在试图利用对话的方式与亲俄武装分子达成和解失败的情况下，在顿涅茨克州展开了一系列"反恐行动"。5月2日，乌克兰南部港口重镇敖德萨亲政府民众与亲俄民众发生激烈冲突，纵火烧毁工会大楼，酿成了至少46名亲俄者死亡、200余人受伤的惨案。5月11日，乌克兰东部的顿涅茨克州和卢甘斯克州就是否独立进行公投，5月12日，全民公投结果出炉，两个州独立的选票支持率分别高达89%和96%，随后，顿涅茨克州和卢甘斯克州宣布脱离乌克兰，并成为独立的"主权国家"。

5月25日，乌克兰进行总统选举，这是乌克兰独立23年以来最重要的一届选举。26日，乌克兰选举委员会公布大选结果，波罗申科赢得大选，成为乌克兰新总统。波罗申科表示不会与亲俄武装谈判，并对其继续实施围剿政策，双方战事不断升级，乌克兰东部冲突再度陷入僵持局面。

7月17日，一架马来西亚航空的波音客机MH17航班在乌克兰东部民间武装控制的顿涅茨克地区被导弹击中坠毁，飞机上的298人全部罹难。事件发生后相关各方相互指责对方击落了该飞机，西方媒体一致认为是俄罗斯支持的乌克兰东部的民兵武装组织击落了飞机，这一事件令全世界震惊，使得双方冲突进一步加剧，也使乌克兰的局势更加复杂。

8月28日，乌克兰政府宣称民间武装占领了边境小镇诺沃阿佐夫斯克，并指责俄罗斯直接入侵。北约称进入乌克兰地区的俄军数量超过了1000人，并伴随大量重型武器，俄罗斯当局直接否认。

在法国和德国的协调下，俄罗斯与乌克兰双方都表示同意进行停火谈判。9月5日，乌克兰政府方与乌克兰东部民间武装代表在白俄罗斯首都明斯克签署了停火协议即《明斯克协议》，9月19日签署了《明斯克备忘录》。

2015年1月，乌克兰东部地区冲突再次加剧，东部武装分子发动大规模军事冲突。2月11日，乌克兰、俄国、德国、法国四国首脑就长期解决关于乌克兰危机的综合性措施和东部地区停火问题签署《新明斯克协议》。协议虽已达成，但由于实施机制无力，乌克兰东部地区冲突仍然时有发生，乌克兰政府不能通过武力来统一两州，两州也无法使用武力逼迫基辅政权承认其独立，由此看来，双方的对抗冲突在未来仍将可能持续很长时间，乌克兰危机的前景仍然面临较大的不确定性。

二 美欧制裁俄罗斯的动因

1. 乌克兰地区重大的地缘政治意义

1991年8月24日，乌克兰议会发表独立宣言，宣布从此与俄罗斯长达300多年的合并历史结束，乌克兰正式成为一个独立国家。但是，不得不承认的是，这两个民族在过去的几百年间形成了错综复杂的联系，并没有因为两个民族的独立而中断。乌克兰日渐凸显的重要的地缘战略意义仍然在不断地影响着两个国家的外交战略选择。"一个独立的乌克兰国家的出现不仅迫使所有俄罗斯人重新思考他们自己的政治和民族特性的性质，而且也是俄罗斯在地缘政治上遭受的重大挫折。"① 俄罗斯由此承受了巨大的地缘战略损失，西部的边界线大幅东移，还丧失了一半黑海海岸线以及优良港口。地缘政治重心的不断东移，使得俄罗斯的欧洲特性逐渐淡化，这导致俄罗斯在欧洲的地缘政治地位边缘化的特性日趋明显。

乌克兰的地理位置具有十分特殊的意义。乌克兰位于欧洲东部，东部和东北部接壤俄罗斯，南接黑海，北接白俄罗斯，西与波兰、捷克、斯洛伐克毗邻，西南与匈牙利、罗马尼亚和摩尔多瓦诸国相连。独立后的乌克

---

① 〔美〕兹比格纽·布热津斯基：《大棋局——美国的首要地位及其地缘政策》，中国国际问题研究所译，上海人民出版社，2015，第75页。

兰领土面积（包括克里米亚地区）为 60. 37 万平方千米，人口 4520 多万，是独联体中综合国力仅次于俄罗斯的国家。

从地缘政治的角度看，乌克兰作为一个边缘国家和夹缝国家，是亚欧大陆连接东西的战略地缘枢纽，一直以来都是大国必争之地。在历史上它就数次成为战争的舞台，从 17 世纪到 20 世纪在乌克兰这片领土上上演了无数的战斗。17 世纪以来在这里发生的规模比较大的战争就有：1648 ~ 1667 年波兰、立陶宛大公国和莫斯科公国之间的战争，1700 ~ 1721 年俄瑞北方战争，18 世纪和 19 世纪的俄土战争、克里米亚战争，20 世纪 20 年代苏俄的国内战争以及两次世界大战。在苏联解体、乌克兰独立后，亚欧大陆的地缘格局发生了极大的变化。独立后的乌克兰地处亚欧大陆的地缘政治中心，毗邻 4 个欧盟国家，是欧盟"东部伙伴关系计划"的核心成员。而同时乌克兰也是俄罗斯传统的势力范围，俄罗斯一直致力于构建一个包括独联体国家在内的共同政治和经济空间，而乌克兰是其重要一环。

乌克兰不仅是北约东扩的桥头堡，还是俄罗斯与北约、欧盟之间重要的缓冲地带。所以说，不管是俄罗斯还是西方国家想要扩张其势力范围，都势必要扩大其在乌克兰地区的控制范围。克里米亚半岛位于乌克兰南部地区，南临黑海，东邻亚速海，地理位置十分重要，因此被称为"黑海门户"。可以毫不夸张地说，几乎所有的政治、军事家都秉持这样一个观点，谁得到了克里米亚，谁就得到了黑海的控制权。而黑海作为俄罗斯与中西欧、地中海地区以及更远距离的国家进行贸易的重要通道，对俄罗斯具有十分重要的地缘战略地位。同样，西方国家因为黑海重要的军事和经济战略地位，也在乐此不疲地与俄罗斯争夺黑海的控制权。

实质上，乌克兰危机是 20 世纪 90 年代初苏联解体以来，美俄两国在独联体地区进行地缘争夺的继续，[①] 乌克兰危机实质上就是美国与俄罗斯之间的一场异常激烈的地缘政治利益的博弈。

---

① 徐洪峰、王海燕：《乌克兰危机背景下美欧对俄罗斯的能源制裁》，《美国研究》2015 年第 3 期。

2. 国家利益的博弈

自 2013 年乌克兰危机爆发后，形势愈演愈烈，而这种情况的出现更重要的是由大国之间的政治利益博弈造成的，也就是说，是美欧和俄罗斯的插手使得乌克兰的局势更加错综复杂。

俄罗斯是一个横跨亚欧大陆的国家，这一特殊的地理位置赋予了其独特的地缘影响力，只有东西兼顾才能更好地确保俄罗斯的地缘政治利益。这种地缘环境带来的不安全感，从沙皇时代一直持续到现在。而且被俄罗斯作为领土重心的欧洲部分缺少天然的地理屏障，以至于直接面临欧洲国家的军事威胁。事实也的确如此，历史上，在拿破仑战争和克里米亚战争中，俄罗斯的国土都曾被敌人包围过。自苏联解体后，俄罗斯的国力明显衰退，国际竞争力和影响力下降，俄罗斯一直在寻求重回世界大国之列。乌克兰不仅仅是欧亚棋盘上的一个重要地带，而且乌克兰作为苏联时期的重要加盟国，承担了大量苏联的工业职能，有很多企业甚至部门都是俄罗斯产业链条中的重要一环。控制了乌克兰地区，不仅有助于俄罗斯建立防御地带，还有助于俄罗斯工业以及经济的稳定与发展，促进其世界大国地位的恢复。对于俄罗斯，布热津斯基这样认为，"没有乌克兰，以独联体或以欧亚主义为基础重建帝国都是不可行的，一个没有乌克兰的帝国最终只能是更'亚洲化'的离欧洲更遥远的俄罗斯"。[①] 如果能控制占据重要地理位置并且拥有丰富资源的乌克兰，俄罗斯将理所当然地获得建立一个跨亚欧的强大帝国的雄厚资本。再者，基辅是俄罗斯文明的发祥地，从历史文化的角度来说，俄罗斯对其有深厚的情感，基辅一直被俄罗斯称为"诸城之母"。对于俄罗斯而言，乌克兰对其具有十分特殊的历史文化意义。

冷战后苏联解体，美国成为世界上唯一的超级大国，但美国一直将俄罗斯视为潜在的威胁，始终警惕和防范俄罗斯恢复昔日的实力，防止在欧亚大陆出现对美国的世界领导地位构成威胁的挑战者。[②] 乌克兰正

---

① 〔美〕兹比格纽·布热津斯基：《大棋局——美国的首要地位及其地缘政策》，中国国际问题研究所译，世纪出版集团，2007，第 92 页。

② 齐欣、刘清才：《乌克兰危机：俄罗斯与美欧的地缘政治博弈与战略对策》，《黑龙江社会科学》2015 年第 4 期。

处于以美国为首的西方阵营与俄罗斯的战略竞争的交汇之处，如果乌克兰彻底臣服于美欧国家，加入北约，那么俄罗斯就会失去这一重要的战略缓冲地，进而受到北约军队的直接威胁并且陷入美欧国家的钳形包围之中。乌克兰因此被美国视为重要的地缘战略棋子和遏制俄罗斯重新崛起的地缘战略前沿，所以美国一直通过加强与独立后的乌克兰的经济、政治等各方面的合作，积极拉拢乌克兰加入北约，试图打破俄罗斯的战略布局，分化独联体，防止俄罗斯的崛起，以维持自己唯一超级大国的地位，作为西方阵营的欧盟同样需要乌克兰来完成自己欧洲一体化的进程。

乌克兰在这种情况下加快了亲近西方的步伐，实施"脱亚入欧"，这无疑会给俄罗斯带来极大的不安全感与恐惧感。独联体地区一直都被俄罗斯划入自己的传统势力范围，随着欧盟和北约东扩的脚步不断加快，西方国家已经将很多原来的苏联加盟共和国收入囊中。欧盟东扩，尤其是波罗的海三国的入盟，使俄罗斯在西北失去了一半多的波罗的海海岸线。中东欧、东南欧和波罗的海的 10 个新成员国在 2004 年 5 月 1 日加入欧盟后，庞大的欧盟扩大至俄罗斯的家门口。冷战后，在 1999 年开始的以美国为主导的北约三次东扩中，除乌克兰以外，所有的中东欧国家都加入了北约，这使俄罗斯失去了 1000 公里的战略纵深空间。① 西方一步步自西向东蚕食俄罗斯的传统势力范围，欧盟和北约东扩已深入俄罗斯的欧洲腹地，俄罗斯的战略空间已然被不断压缩，乌克兰地区成为俄罗斯阻隔源于西方的地缘政治压力的最后一道防线，如果此时乌克兰"脱亚入欧"，加入北约，那么带给俄罗斯的将会是致命的打击，俄罗斯唯一的战略喘息空间也将消失殆尽，其将直面北约的威胁。这是俄罗斯绝对不会允许发生的事情。因此俄罗斯极尽所能地阻止乌克兰加入北约，进而促成了克里米亚入俄。对于俄罗斯而言，控制了克里米亚，就意味着控制了黑海出海口，形成了一道相对安全的屏障，也使得俄罗斯获得了更多南下的战略空间，有助于维持其海洋强国地位。

---

① 戴启秀：《乌克兰危机对德俄关系及全球格局的潜在影响》，《国际观察》2015 年第 2期。

正是由于美欧与俄罗斯都对乌克兰地区有不同而坚定的战略利益，因此乌克兰地区的局势变得更加错综复杂。基于国家利益，很显然双方都不愿意让步。

三 美欧对俄罗斯实施的制裁

1. 美欧制裁的开启

2014 年 3 月 17 日，克里米亚公投宣布独立并加入俄罗斯。当天，美国总统奥巴马宣布对俄罗斯政府的 7 名核心官员和 4 名乌克兰官员的制裁措施，包括签证禁令、冻结在美资产等，并宣称他们对乌克兰危机负有主要责任。同日，欧盟宣布立即对威胁乌克兰领土完整的行为采取限制性措施，并锁定对"破坏乌克兰主权"负有责任的 21 名俄罗斯和乌克兰官员，禁止其赴欧旅行并冻结其在欧盟的资产，自此美欧开启了对俄罗斯制裁的序幕。

2. 美欧制裁的举措不断升级

自 2014 年 3 月美欧开启对俄制裁以来，随着克里米亚公投入俄以及乌克兰局势的进一步发展，美国和欧盟不断推进对俄罗斯的制裁升级，出台了数轮一揽子制裁措施。制裁的深度和广度不断拓展，制裁的方向也从个人和组织转变为俄罗斯的能源行业、金融机构、军工企业和国有公司，将矛头直指俄罗斯的经济。除了美欧，日本、挪威、加拿大、澳大利亚等国也对俄罗斯实施了不同程度的制裁。

2014 年 3 月 20 日，美国和欧盟都决定加大对俄罗斯的制裁力度。美国当日宣布扩大对俄罗斯官员的制裁范围，并将某些继续为受制裁人员提供服务的俄罗斯银行列入制裁清单。欧盟也增加了 12 名制裁对象，并且决定将原定于 6 月在俄罗斯索契举行的欧盟－俄罗斯峰会取消，24 日，在布鲁塞尔举行了排除俄罗斯的七国领导人会晤。

2014 年 4 月 6 日，乌克兰东部地区的顿涅茨克、哈尔科夫、卢甘斯克州相继爆发了大规模抗议集会，提出加入俄罗斯等要求。东部局势持续紧张，为惩罚俄罗斯支持乌克兰东部地区的抗议活动，4 月 28 日，美国宣布新一轮针对俄罗斯的制裁措施，对 7 名俄罗斯高官进行资产冻结和签证限制，冻结 17 家俄罗斯公司在美资产，并且对其中 13 家公司实施许可证管制，吊销其销售美国产品的执照。4月29日，欧盟也宣布对15人进行签证限制和冻结资产的制裁，称其对"破坏乌克兰主权"负有责任。

由于乌克兰政府军与东部地区民间武装组织的冲突不断，乌克兰局势更加紧张。7月16日，美国宣布了新一轮经济制裁，本轮制裁大多针对俄罗斯的天然气企业、银行、石油公司等能源、金融、军备国防领域的企业，并且又增加了4名对"破坏乌克兰主权"负有责任的俄罗斯官员。同时，欧盟也加大了制裁俄罗斯的力度，禁止欧洲投资银行与俄罗斯开展新的融资业务，并且中止向正在俄罗斯运营的欧洲复兴开发银行提供融资。

7月17日，一架马来西亚航空的波音客机MH17航班在乌克兰东部民间武装控制的顿涅茨克地区被导弹击中坠毁，民众哗然。美国和欧盟在俄罗斯的金融、能源和国防领域加大了制裁力度，此次制裁是乌克兰危机爆发以来对俄罗斯最严厉的惩罚。7月29日，美国宣布新的制裁措施，并称新的制裁措施将会对俄罗斯已经停滞的经济造成更为严重的打击。宣布制裁三家俄罗斯银行，分别是俄罗斯外贸银行、莫斯科银行、俄罗斯农业银行；宣布制裁与俄罗斯军方合作的造船企业；宣布限制对俄贸易出口。7月31日，欧盟宣布禁止俄罗斯国有金融机构进入欧洲金融市场交易；宣布限制相关产品和技术的对俄出口；暂缓对俄罗斯提供资金支持；禁止欧盟成员国政府或者企业与俄罗斯签订武器贸易合同；宣布将4名对"破坏乌克兰主权"负有责任的人员和4家企业加入了经济制裁清单。此外，日本也于7月28日宣布对俄罗斯的制裁，对与克里米亚入俄以及乌克兰局势动荡的相关个人、实体进行资产冻结，以及限制克里米亚对日本的进口。加拿大总理哈珀也于30日宣布对俄罗斯进行经济制裁措施，主要制裁对象是与俄罗斯政府关系紧密的金融机构和能源企业。

9月5日，乌克兰东部地区政府军与反对派签订了停火协议，随后仍有部分地区出现冲突，双方互相指责对方违反停火协议。为了惩罚俄罗斯破坏乌克兰东部地区的稳定，随后美国宣布扩大对俄罗斯的制裁：禁止美国企业或者个人购买俄罗斯相关石油企业发行的超过规定时限的债券；冻结 5 家俄罗斯国有国防技术企业的在美资产；禁止相关产品、技术、服务的出口。12 日，欧盟也实施了新的制裁措施：禁止部分俄罗斯国有国防企业和能源企业在欧盟增加融资的活动；禁止欧盟成员国向 5 家俄罗斯主要银行提供资金，并不允许交易这 5 家主要银行发行的期限超过 30 天的债券和股权等金融工具；对 24 名人员实施资产冻结及禁止入境的制裁，这使得受制裁人员扩大到了 119 人。

12 月 18 日，美国总统奥巴马签署了制裁俄罗斯的新法案，但无意立即执行。新法案的内容包括：限制向俄罗斯的能源与科技领域提供资金、技术支持；给予乌克兰 3.5 亿美元的武器军备支持并且给予乌克兰、格鲁吉亚、摩尔多瓦以北约之外的盟友地位；制裁俄罗斯的军火出口企业；等等。

2015 年 3 月的欧盟春季峰会上，欧盟成员国做出一致决定，将是否延长对俄罗斯的经济制裁期限与《新明斯克协议》的落实情况相挂钩，如果俄罗斯遵守《新明斯克协议》，欧盟将会解除部分或者全部对俄罗斯的经济制裁。6 月 22 日，欧盟宣布将对俄罗斯实施的经济制裁措施延长半年，至 2016 年 1 月 31 日。

2015 年 12 月 21 日，欧盟发表声明，由于《新明斯克协议》于年底规定期限内得不到全面落实，因此将对俄罗斯的经济制裁延长 6 个月至 2016 年 7 月底，制裁的范围涉及金融、能源、国防等领域。12 月 22 日，美国也宣布加强对俄罗斯的制裁，制裁清单上新增加了 34 个俄罗斯企业及个人。

2016 年 3 月 6 日，美国将对俄罗斯的经济制裁期限延长一年至 2017 年 3 月 6 日。2016 年 7 月 1 日，欧盟宣布将对俄罗斯的部分经济制裁延长半年至 2017 年 1 月 17 日。2016 年 9 月 1 日，美国宣布对俄罗斯实施新一轮经济制裁，制裁名单涉及 17 名人员以及超过 100 家机构，美国希望通过此举再次向俄罗斯施压，迫使俄罗斯全面履行《新明斯克协议》的所有承诺，包括全面停火、撤出所有武器及军队、归还乌克兰的边境控制权等内容。

3. 美欧在制裁上的分歧

美国和欧盟作为亲密的盟友，价值观和意识形态保持高度一致，从乌克兰危机一开始便站在统一战线，在展开对俄罗斯的经济、能源、金融等各方面的制裁这个问题上，美国本身对俄罗斯经济的掣肘有限，必须联合欧盟以弥补对俄制裁的经济短板，欧盟虽然也对俄罗斯进行了数轮制裁，但是欧盟对美国的决策并不是亦步亦趋。总体上，欧盟跟随着美国的制裁步伐，但是又担心美俄爆发更为激烈的冲突从而影响到自己的利益，对于和美国联手制裁俄罗斯，欧盟可谓心态复杂。

与美国有丰富的能源来源不同，能源短缺一直是制约欧洲经济发展的短板，欧盟国家在油气能源进口上严重依赖俄罗斯。俄罗斯出口原油的84%和出口天然气的76%由欧盟购买，大约1/4的欧盟国家完全依赖俄罗斯的天然气和原油供应。① 欧盟与俄罗斯的经济融合度很高，贸易往来频繁，如果对俄采取严厉的制裁措施，俄罗斯的反制裁对美国并不会造成很大的影响，可是对欧盟国家将会造成巨大的损失，俄罗斯和欧盟成为乌克兰危机的"人质"，② 而在欧盟国家内部，出于各自实际利益诉求的不同，也一直存在着不同的声音。

总体来看，欧盟对于近在咫尺的俄罗斯的感受与远在大西洋彼岸的美国的感受是完全不一样的。欧盟作为国际社会中的一个政治经济实体，在对俄罗斯的制裁中扮演的角色还将会越来越多地受到各种因素的综合影响，包括与俄罗斯的能源贸易、经济制裁的外溢作用、俄罗斯的反制裁、未来国际经济局势的演变等，这些都将会使欧盟越来越难推进与美国联合制裁俄罗斯的战略。

四　俄罗斯对美欧制裁的反击

1. 俄罗斯态度强硬

面对美欧不断升级的多轮制裁措施，俄罗斯并没有坐以待毙，而是显示出了相当强硬的姿态，在普京看来，美国和欧盟利用政治手段进行经济施压的方式令人愤怒，是一切法律和原则所不能容忍的，因此，俄罗斯不需要妥协退让，而是要对美欧等西方国家的制裁采取强势的报复性的措施。同时普京强调，这样做要相当谨慎，要确保在保护本国生产者的同时，不

---

① 吴志成：《乌克兰危机对欧洲秩序的影响》，《欧洲研究》2014年第6期。

② 华夏：《欧盟驻俄大使：俄与欧盟成乌克兰危机"人质"》，http://news.xinhuanet.com/world/2014－07/25/c_ 126799222. htm。

会对消费需求造成破坏。①

2. 俄罗斯反制裁的推进

面对西方的制裁，俄罗斯通过心理、经济以及军事的方式，抛出一系列震慑美欧的威胁论调，包括"两周内拿下基辅"、切断对乌克兰和欧盟国家的供气、进行核武器威慑等。2014年8月7日，在遭受几个月来美欧多轮严厉的经济制裁后，俄罗斯首次推出具有实质意义的有针对性的反制裁措施。宣布限制原产于对俄实施制裁国家的个别类别的农业产品、原料和食品进口，制裁范围包括美国、欧盟、加拿大、澳大利亚、挪威，禁止进口产品清单涵盖了食品中的主要种类，如牛肉、猪肉、鱼类、禽类、奶酪、乳制品、水果、蔬菜、坚果等。同时，俄罗斯宣布禁止乌克兰航空公司的部分中转航班飞越俄罗斯领空，并考虑禁止美欧等航班飞越其领空。9月末立法规定，外国资本占俄罗斯媒体的所有权不能超过20%，并考虑对汽车、轮船以及大型客机的进口施加禁令。俄罗斯还将保护主义措施与反制裁措施相结合，包括对政府采购进口产品进行限制。2014年俄罗斯反侦察机关共甄别了230多名外国情报机构员工及间谍。2014年12月1日，安卡拉宣布由于欧盟的反对，放弃南溪天然气管道项目的建设，普京随即宣布将与土耳其联合建立一个南欧天然气枢纽。2015年12月21日，欧盟发表声明决定对俄制裁再延长至2016年7月底，作为回应，俄罗斯宣布将禁止从欧盟成员国进口粮食、食品及其他多种商品，并将禁令延长至2016年8月5日。为回应欧盟将对俄罗斯的部分经济制裁延长至2017年1月17日，俄罗斯总统于2016年6月29日签署指令，宣布将食品禁运令延长至2017年12月31日。

3. 俄罗斯反制裁对美欧经济的影响

欧盟与俄罗斯的经济相互依存度很高，欧盟是俄罗斯最大的贸易伙伴，俄罗斯是欧盟第三大贸易伙伴，考虑到俄罗斯与欧盟的紧密经济联系，制裁无疑是一把双刃剑。

欧盟许多国家的经济部门受到了很大影响，比如法国的造船业、欧盟

---

① 盛海燕：《乌克兰危机下西方与俄罗斯的制裁战及其影响》，《西伯利亚研究》2014年第10期。

国家的农产品等都受到制裁和反制裁的影响。俄罗斯一直是欧盟最大的食品和农产品出口市场，数据显示，欧盟各国每年出口到俄罗斯的食品和农产品总额为 100 亿~120 亿欧元。俄罗斯禁止这些食品和农产品的进口，导致这些国家的产品过剩，失去了俄罗斯这一巨大的市场资源，无疑会对欧盟各国造成巨大损失。意大利、法国、西班牙展开了"油桃大战"，波兰掀起轰轰烈烈的"吃苹果"运动。而数据也明显显示，仅在制裁后的一个月内，欧盟对俄罗斯出口量就下降了 19%，足足损失了 20 亿欧元。而因为制裁与反制裁，欧盟国家丧失了几百万个就业机会，数以千亿的欧元产值化为虚有。欧洲的经济尚未完全走出债务危机，对俄罗斯制裁的外溢作用以及俄罗斯实施的反制裁都给欧盟的经济发展带来巨大损失，使本就脆弱的经济更加不堪重负。而对于大西洋彼岸的美国而言，其似乎在经济上并没有什么损失，美俄贸易不减反增。

第二节　美欧制裁对俄罗斯的影响

一　俄罗斯经济发展受阻

2008 年金融危机后，俄罗斯的经济进入低速增长期，特别是进入 2013 年以来，俄罗斯的经济增长甚至一度停滞。乌克兰危机爆发以来，美欧等西方国家对俄罗斯实施了多轮经济制裁，力度逐渐加大，制裁的目标瞄准了俄罗斯国家经济的核心领域，限制甚至禁止向俄罗斯的银行和重要企业提供贷款和融资，加之原本俄罗斯的经济结构就不甚合理，对能源出口依赖过大，积弊重重，自此之后俄罗斯的经济形势更加低迷，各项经济指标急速下滑。标普、惠誉、穆迪三大西方著名信用评级机构都降低了对俄罗斯的国家信用评级，其一度接近"垃圾国家"。

1. 卢布贬值危机

对于严重依赖石油产业的俄罗斯来说，国际石油价格的急剧下跌，加之美欧对俄罗斯的经济制裁，引发了卢布汇率的剧烈波动，卢布对美元大幅度跳水。2013 年 1 月，1 美元可兑换 30.4 卢布，2014 年 12 月 15~16 连续两日累计跌幅曾高达 25%，刷新近年来卢布单日跌幅纪录。到 2015

年1月，1美元可兑换68.8卢布，2016年初，1美元可兑换73.2卢布。俄罗斯卢布大幅贬值，首创历史新低。自2014年美欧制裁以来，卢布已经贬值过半。可以看到，俄罗斯在汇率政策问题上几乎已经丧失了独立性，这对于俄罗斯经济而言，无疑是雪上加霜。

卢布的贬值极大地影响了国内资本市场的心理预期，许多人都开始减持手中的卢布。卢布贬值还对许多俄罗斯企业造成了致命的打击，背负过多的外币债务，再加上美欧制裁，国际融资和先进设备的进口都受到了极大的限制，陷入困局的某些企业不堪重负，最终走向破产，比如俄罗斯排名第二的航空公司——洲际航空公司。

2. 对外经济环境恶化

对于贸易出口，俄罗斯的能源资源十分丰富，对能源出口依赖性很强，是特殊的单一依赖能源出口的经济结构，欧盟是俄罗斯能源的主要出口国，欧盟对俄罗斯实施禁令，给俄罗斯的出口造成了巨大的损失。对于进口，俄罗斯的轻工业发展滞后，大量的食品和轻工业产品以及先进设备需要从欧洲国家进口，反制裁的实施阻断了这些必需品的进口，直接影响了俄罗斯的经济。

俄罗斯经济增长的另一重要动力还来源于美欧的投资，金融制裁使得俄罗斯丧失了在大部分国际金融市场上的融资能力，甚至于连进行第三方贸易的支付渠道也受到了极大的限制，这严重地冲击了俄罗斯的金融和外汇市场，国内投资大幅萎缩，资本的流动受到了极大的阻碍，银行融资的外部市场基本上被美欧限制，企业融资面临困境，导致俄罗斯的投资环境恶化，对不稳定局势的担忧造成了国内资本的大量外逃，加剧了俄罗斯的财政危机。

3. 居民生活水平下降

卢布贬值、物价上涨、工资下降，使得俄罗斯人民付出了很大的代价，很多人因此失业，贫困人口持续增加。同时，居民的实际收入大幅缩水，居民的购买力普遍下降，加上俄罗斯的消费品对国外进口的依赖程度相当高，其中主要工业消费品和食品都来源于欧洲，俄罗斯禁止这些产品的进口给俄罗斯民众带来了普遍的影响，国内市场出现了供不应求的困境，大大降低了居民的生活水平。

二 俄罗斯与西方国家的关系骤然变冷

1. 俄欧：前途坎坷未知

无论是从地理、经济、政治还是从文化角度看，俄欧自古至今都联系紧密。在地理位置上，俄罗斯虽是一个横跨亚欧大陆的国家，但它的核心部分和大部分人口在欧洲部分；在经济上，欧盟是俄罗斯最大的贸易伙伴，俄罗斯是欧盟第三大贸易伙伴，二者在经济上存在相互依赖；在政治上，俄罗斯一直试图与欧洲国家站在同一个队伍中，俄欧之间关于地缘政治利益的博弈也从未停止；在文化上，俄罗斯一直认为其是西方文明不可分割的一部分，俄欧在文化上是水乳交融。正是由于这种紧密联系，对于俄罗斯来说，欧洲国家关乎其经济发展、政治稳定以及国家安全，与欧洲关系的好坏直接关系到俄罗斯能否以全球性大国的身份重新崛起。[①] 冷战之后，基于双方战略矛盾和现实利益冲突，俄欧关系时好时坏、纷繁复杂，乌克兰危机后美欧联手对俄罗斯实施了严厉的制裁措施，俄欧关系更是直接恶化，陷入了紧张态势，俄欧关系变得更加敏感和脆弱，乌克兰危机使双方的矛盾达到了一个高潮。

首先，俄欧之间的政治安全关系严重倒退。在欧盟国家看来，俄罗斯在乌克兰危机中的强硬做法，尤其是克里米亚入俄事件，加剧了乌克兰地区的紧张与不稳定局面，它们更担心的是俄罗斯吞并克里米亚带来的后续效应以及乌克兰危机逐步演变成国际政治危机，将会给整个欧洲地区的和平与稳定带来极大的威胁，进而对冷战后相对稳定的欧洲安全结构带来极大的不利影响。长期以来，北约和欧盟国家都认为其领土完整和国家安全不会受到任何威胁，乌克兰危机后，欧盟国家开始认真审视并且现实地评估自己的安全威胁。俄欧就乌克兰危机各执一词，欧洲国家将乌克兰危机归咎于俄罗斯，俄罗斯则将矛头指向不合时宜的欧洲安全结构，双方的战略信任荡然无存。[②] 克里米亚"脱欧入俄"后，欧盟和北约多次展开针对俄罗斯的军事演习，俄罗斯也多次进行军事演习回应，2015 年 3 月，

---

① 季志业、冯玉军：《俄罗斯发展前景与中俄关系走向》，时事出版社，2015，第 179 页。
② 周弘、黄平、江时学：《欧洲发展报告（2014～2015）——乌克兰危机与欧盟：起源、应对与影响》，社会科学文献出版社，2015，第 29 页。

俄罗斯甚至宣布彻底退出自 1992 年起生效的《欧洲常规武装力量条约》，这些都反映出俄欧在战略上的不可调和性，这使得俄欧在政治、安全领域的合作将更加困难，在这种紧张局势下，俄罗斯之前提倡建立的统一的欧洲安全体系更是无法实现。

其次，俄欧能源和经贸合作面临挑战。俄罗斯与欧盟具有紧密而长久的能源合作关系，能源合作是经贸关系中的重中之重。俄罗斯是欧盟的"能源库"，欧盟各国所消费碳氢能源的 30% 以上从俄罗斯进口，其中，约 2/3 的进口石油与近半数的进口天然气来自俄罗斯。[①] 长期以来，俄欧之间能源关系明显表现出相互依赖的特性，在欧盟依赖俄罗斯能源的同时，俄罗斯依赖欧盟带给俄罗斯的稳定的能源市场和收入。俄罗斯输往欧洲的天然气 50% 以上需要过境乌克兰，2006 年和 2009 年俄罗斯和乌克兰的天然气争端对欧洲天然气市场产生了影响，乌克兰危机则进一步暴露了俄欧能源关系的脆弱性。乌克兰局势动荡不安，实际上处于战争状态，俄欧关系紧张，天然气供应可能随时中断。[②] 乌克兰危机后，欧盟对俄罗斯的经济制裁扩大到了能源行业领域。2014 年 5 月，欧盟单方面宣布暂停南溪项目天然气管道建设。俄罗斯毫不示弱，2014 年 12 月 1 日，普京宣布放弃南溪天然气管道项目建设，取消参与前期项目的中东欧国家如塞尔维亚、保加利亚和匈牙利，转而与土耳其联合建立一个南欧天然气枢纽，提出了建设经过土耳其、希腊、马其顿和塞尔维亚进入匈牙利和奥地利的天然气管道计划，并于 12 月 29 日宣布买断南溪天然气管道运输公司的全部股份。再者，俄罗斯的"棕色油田"自苏联时期开始开采，产量已然大幅下降，为了维持原油产量，俄罗斯转向远东和北极地区，而在这些地区开采的难度极大，俄罗斯不得不依赖于欧盟的先进技术和雄厚资金，欧盟禁止向俄罗斯提供相关技术并限制其资金，俄欧的能源合作面临前所未有的严峻挑战。乌克兰局势错综复杂，何时"引爆"也是个未知数，这给俄欧能源合作前景蒙上了一层阴影。乌克兰危

---

① Tatiana Romanova, "Russian Energy in the EU Market: Bolstered Institutions and Their Effects", *Energy Policy*, 2014（74）: 44.

② 周弘、黄平、江时学:《欧洲发展报告（2014～2015）——乌克兰危机与欧盟: 起源、应对与影响》，社会科学文献出版社，2015，第 35 页。

机之前，欧盟就寻求与乌克兰等国家建立自贸区。2008 年波兰联合瑞典发起了"东部伙伴计划"，乌克兰、摩尔多瓦、白俄罗斯、亚美尼亚、阿塞拜疆、格鲁吉亚 6 个东部伙伴对欧盟的利益至关重要，但是它们的治理能力非常弱，这就导致了东部地区的经济危机及政治不稳定。因此欧盟努力地将东部伙伴纳入自己的发展轨道，促进东部伙伴与欧盟经济一体化。与此同时，俄罗斯则在不断强化独联体一体化和欧亚联盟建设，二者都想拉拢乌克兰，确保自身利益，随着乌克兰危机的演进以及双方制裁与反制裁的持续，双方都各有损失，俄欧的经贸关系日趋紧张。

最后，俄欧文化上对峙加剧。俄罗斯对融入西方文明一直保持着高度积极性，[①] 建立一个"大欧洲"一直是俄罗斯的追求，但是俄罗斯的欧洲情结更大程度上只是一厢情愿。欧盟大部分国家认为，无论是俄罗斯的价值观念还是国家体制都是与欧洲相冲突的，并且在它们看来，俄罗斯面积和规模都庞大到令欧洲无法接纳，"大欧洲"的构想只会给它们带来更多的恐惧，一旦"大欧洲"建成，俄罗斯就会成为名副其实的领导者，这是欧盟国家和北约完全不能接受的。可以说，俄罗斯对欧洲文化既向往又仇恨，欧盟对俄罗斯文化既排斥也有合作，并且一直试图以欧洲文化彻底同化俄罗斯文化。从俄罗斯的角度来看，独联体战略意味着要建立一个摆脱欧洲文化霸权的独立文化圈，这将使欧洲与俄罗斯之间的文化差异日益明显。

尽管如此，与欧盟国家的关系依然是俄罗斯外交的重要方向之一。与欧盟的关系在俄罗斯外交战略中依旧占据着重要地位，在 2016 年的《俄罗斯联邦对外政策构想》中，俄罗斯政府将欧盟定位为"重要的经贸伙伴"，并表示双方应该进一步加强政治和军事领域的合作，完善合作机制。可以说，未来俄欧关系困难重重，在实现"打造从大西洋到太平洋的共同人文经济空间"战略目标的道路上遍布荆棘。

2. 俄美：爆发新"冷战"的可能性微乎其微

自从苏联解体、冷战结束以来，俄美关系一直是在冷暖交替、跌宕起

---

① 邢广程：《俄罗斯的欧洲情结和西进战略》，《欧洲研究》2011 年第 5 期。

伏中蹒跚前行。① 总体来说，在乌克兰危机发生之前，俄美关系大致经历过三个阶段。第一阶段即 1991 年俄罗斯独立后到 1993 年，是俄美关系亲密无间的"蜜月期"。在这一时期，俄罗斯全面向西方世界靠拢，在经济、政治、外交等领域完全向西方"一边倒"，双方关系迅速升温。第二阶段即 1994～1999 年，俄美关系中的摩擦分歧逐渐占据了优势。美国对俄罗斯不仅没有施以援手，反而不断地对其实施遏制，这导致俄罗斯心灰意冷，放弃了全面倒向西方的外交政策，开始实施独立自主的全方位外交，即"双头鹰"外交。美国则继续打压俄罗斯，推动北约东扩，对俄罗斯进行人道主义干涉，尤其是 1999 年的科索沃战争导致俄美关系陷入紧张态势。第三阶段即 20 世纪以来，俄美关系跌宕起伏，斗而不破。新时期以来，俄美既有"9·11 事件"后在反恐怖主义领域和叙利亚问题上的合作，也有因北约再次东扩、伊拉克战争、反导问题上的针锋相对，尤其是 2008 年 8 月，俄格冲突导致俄美关系严重恶化，俄美双边关系跌至 1991 年以来的低谷。②

　　2013 年乌克兰危机爆发后，美欧对俄罗斯实施了数轮经济制裁，俄美关系由此急剧恶化，迅速跌入低谷，俄美双方都摆出相当强硬的姿态，各不让步，隐约看到了冷战的影子，这即使不是一次新"冷战"，也将使美俄关系的下一次调整遥不可及，两国将在未来保持旷日持久的对抗和疏远。③ 实际上，以乌克兰危机为契机，俄美关系进入了新一轮对抗，并有可能会在未来成为双方关系的主线。俄美在政治、经济、军事等领域都开启了新一轮的对抗与博弈。在政治上，地缘政治利益的争夺，战略互信的丧失，导致俄美双方的对峙加剧；在经济上，俄美原本在经济联系上就不够紧密，制裁与反制裁措施使得双方的经济联系更加松散，经济关系更加恶化；在军事上，双方的军事威慑不断加强。美国推动北约与俄罗斯停止了一切军事合作，对乌克兰进行军事援助，加强了在东欧国家的军事规模，将反导系统部署到了俄罗斯边境，并且进行了多次针对俄罗斯的军事

　　① 黄登学：《新"冷战"：臆想抑或是现实？——乌克兰危机背景下的俄美博弈透视》，《东北亚论坛》2015 年第 3 期。
　　② 徐洪峰：《奥巴马执政以来的美俄关系》，《美国研究》2010 年第 1 期。
　　③ 马鑫、许钊颖：《美国对俄罗斯的金融制裁》，《美国研究》2015 年第 5 期。

演习，军演的地点从波罗的海推进到乌克兰境内，俄罗斯也针锋相对地进行了数次军事演习，双方武装对峙的紧张气氛不断加剧。

虽然俄美关系降到了"冰点"，在政治、经济、军事上的博弈对抗都在加剧，但是基于国际大环境和各自的战略利益考量，俄罗斯与西方爆发一场新"冷战"的可能性微乎其微。俄美关系的发展前景应该呈现的是既有大量矛盾也有部分合作、既有竞争也有妥协的状态。

首先，从国家实力角度来看，苏联解体后，俄罗斯虽然继承了大部分苏联的遗产，但是其国家实力早已不能和苏联同日而语，在政治、经济、外交、军事等各个领域都不可媲美美国。如今的俄美对抗有明显的不对称性，这就使得俄美无法形成两个势均力敌的敌对阵营。

其次，在全球化浪潮中，国际经济和政治体系都开始走向多元化，国际战略格局发生了深刻的变化。经济全球化的发展加深了国际社会中各行为体的联系，谁也不能割断这种相互依赖的紧密联系，否则只会给自己带来巨大损失。在全球议事日程日益复杂的当前，传统的大国关系在国际事务中的影响力明显下降，美欧等西方国家集团虽然仍然对国际事务发挥一定的影响力，但是主导操纵国际事务的能力明显日益下降，尤其是伴随着亚太地区国家特别是中国的日益发展壮大，全球政治经济重心已经明显向亚太地区转移，新兴国家的力量不可忽视，国际社会早已不是单纯的"两极"世界，更缺乏意识形态对抗的基础，因此俄美关系的恶化并不会像美苏冷战时期那样造成全球动荡的局面。

再次，俄美双方在很多问题上存在共同利益。比如说在反恐问题、叙利亚问题、伊朗核问题以及防核扩散、国际裁军等领域，美国迫切需要俄罗斯的支持与配合；中国等新兴国家力量的崛起动摇了美国对世界的领导权，因此美国不会把幅员辽阔、能源资源丰富的俄罗斯逼到自己的对立面，甚至需要与俄罗斯合作，实现其"重返亚太"的战略构想。

最后，俄美双方都没有开启新"冷战"的意图。对俄罗斯而言，自金融危机之后，其经济受到重创，复兴国内经济一直是其首要任务，当下又受到了美欧制裁的打击，经济一再衰退，曾经俄罗斯整整努力了18年才加入美国主导的WTO，俄罗斯断然不会切断与西方的所有经济联系。对美国而言，在多极化趋势下，美国对全球事务的主导能力在不断下降，其对盟友的控制力也在不断下降，并且俄罗斯拥有与美国"确保相互摧毁"的核力量，美国现在的首要任务是确保自己的地位，无心挑战俄罗斯的核心利益，与俄罗斯彻底决裂只会削弱自己的国际影响力。

2017年1月20日，特朗普成为美国新一任总统。随着特朗普上台，美国的外交政策走向可能会做出调整。在外国领导人中，普京是第一个致电表示祝贺的，表达了缓和双方关系的意愿并希望展开建设性的对话。但同时，我们也必须充分意识到，尽管美俄双方关系存在缓和改善的余地，但改善的空间是极其有限的。美俄之间的矛盾是结构性矛盾，"冰冻三尺非一日之寒"，美俄之间的"暖春"绝非一朝一夕间就会悄然来临。在美俄的结构性利益矛盾下，美俄关系的前景只能是在斗争中调和妥协，在对抗中又有缓和，紧张关系全面好转的可能性不大。

3. 俄罗斯试图分化美欧

美欧在乌克兰危机上有共同利益，也有一定分歧，在乌克兰危机爆发初期，美国要求深度介入抗议运动，欧盟则主张持谨慎态度，在制裁俄罗斯上意见也不统一。为了应对美欧的制裁与打击，俄罗斯竭力想要利用美欧之间的分歧来分化美欧，争取缓和与欧盟的关系。

美国的目的是借此大力削弱俄罗斯，使其彻底丧失与之抗衡的实力，而对于欧盟来说，俄罗斯经济持续陷入混乱状态对其是不利的，欧盟国家只想通过制裁来震慑俄罗斯，以试图改变其在乌克兰地区的立场。在美欧和俄罗斯的制裁与反制裁中，美国并没有什么损失，欧盟各个国家损失严重。当然，欧盟内部各个国家的损失程度不尽相同。

正是由于洞察了美欧在制裁上的利益分歧以及欧盟内部国家损失程度的不同，俄罗斯在实施反制裁时，不仅对美欧采取不同力度的制裁措施，并且不断强调欧盟的损失，对于欧盟内部不同国家采取区别对待的方法，试图以此分化美欧。

三　俄罗斯外交陷入困境

1. 国家形象受损

独立后的俄罗斯不断进行外交战略的调整，以提高国际地位，重塑大国形象。独立初期，受"大西洋主义"的影响，其外交政策一度向西方国家"一边倒"，但并没有达到理想效果，反而损害了自身利益。因此，俄罗斯开始加强公共外交政策，与外部世界进行良好互动，以获得外部尤其是西方的资金、技术，尽快融入全球经济一体化进程，恢复强国地位。这为俄罗斯国内改革和经济发展营造了良好的国际环境，也在不断塑造正面的国际形象。

乌克兰危机使俄罗斯树立起来的良好国家形象尽毁，虽然克里米亚入俄后，国内民众对普京的支持率飙升，但是西方国家普遍表现出了对普京团队的不信任，在西方政府和民众看来，俄罗斯侵略性的形象仍将持续存在，与西方价值观的对立也将持久存在，这损坏了俄罗斯之前一直努力创造的良好国家形象，也给俄罗斯的发展带来极大的负面影响。

2. 周边安全环境恶化

美欧制裁使得俄罗斯与西方国家的关系更为紧张，其西部和南部安全环境进一步恶化。就西部安全环境来说，已经加入欧盟的中东欧国家在俄罗斯周边安全战略中占有重要地位，原本自 2004 年以来，中东欧国家的民族激进主义有所抬头，匈牙利等国家的执政甚至与欧盟原则相背离，中东欧国家在欧盟体制中展现出一种不稳定的迹象，但是乌克兰危机使得中东欧国家与欧盟重新团结起来。在历史上不管是俄罗斯帝国时期还是苏联时期，其对中东欧国家的强权统治已经深入人心，给中东欧国家带来了极大的阴影，因此在苏联解体后他们一直走在"去俄化"的道路上并加入欧盟寻求庇护，乌克兰危机让它们重新看到了一个强硬而扩张欲望强烈的俄罗斯，恐惧和敌意使得它们再次紧紧依附欧盟。中东欧国家在欧盟执行能力的加强，以及对俄罗斯的天生敌意将会使俄罗斯西部安全环境更加恶劣。就南部安全环境而言，东南欧一直被俄罗斯看成传统的势力范围，东南欧部署了俄罗斯最大的能源运输和基础设施枢纽，因此对俄罗斯具有重大的战略意义。克里米亚入俄后，东南欧近邻国家同样出现了一种强烈的危机意识，它们纷纷主张脱俄入欧，远离可能对它们加入欧洲大家庭有所阻碍的俄罗斯。

总而言之，俄罗斯对克里米亚入俄及乌克兰危机所采取的强硬措施，使其邻国感受到了强烈的不安和威胁，促使其西部和南部邻国更加靠向欧洲，希望保障自身安全，这无疑给俄罗斯的周边安全环境带来了极大的威胁，不断恶化的周边安全环境带给俄罗斯的消极影响难以估量，并将给其国家战略的实施带来重重障碍。

3. 与北约的军事对抗升级

乌克兰危机爆发后，俄罗斯与北约视对方为强劲对手，双方的军事对抗不断升级。北约推进了在中东欧地区的军事部署，俄罗斯也毫不犹豫地加强了其周边地区的军事部署，双方对峙的严峻局面就此形成。显而易见，这种激烈的对峙局面给俄罗斯的国家安全带来了极大的不稳定性。

2014年4月1日，北约成员国外交部部长在布鲁塞尔举行会议，宣布暂时中断与俄罗斯的正常合作关系，并且决定制定具体方案以打消东欧北约成员国的顾虑。这意味着北约与俄罗斯的和平伙伴关系自俄格冲突后再次跌入低谷。紧接着，北约以保卫其成员国安全不受侵犯为由，加强了在东欧国家的上空巡航，并且在黑海和波罗的海沿岸进行了多次军事演习。北约成员国还将寻求加大军费开支，在安全与国防方面进行更多投资，以全面加强东欧地区的军事部署。随后，北约与俄罗斯先后宣布将对方明确列为头号军事威胁和对手。

进入2015年3月以来，北约和俄罗斯的军演更是频繁撞车。北约舰队于3月4日进入黑海区域，与土耳其海军在黑海的军演中进行了防空、反潜和对陆攻击的训练。紧随其后在5日，俄罗斯南部军区就开始展开大规模军演，总共出动了2000名士兵和500件先进武器。从3月中旬起，一支参加"大西洋决心"行动的美军"斯特赖克"装甲部队以公路机动的方式穿行通过爱沙尼亚、立陶宛、波兰、拉脱维亚、捷克和德国6个欧洲国家，总行程为1770公里。俄罗斯随即做出反应，普京下令对北方舰队、西部军区部队、空降部队进行突击战备检查，命令上述部队进入全面战备状态。俄罗斯军队的战备突击检查在3月16～21日期间举行，俄军动用了北方舰队、西部军区和空降部队力量约8万名士兵、数千部地面作战装备、数十艘水面舰艇、潜艇、飞机和直升机。与此同时，3月9～18日，挪威在北极地区与俄罗斯接壤的芬马克郡地区举行代号为"联合维京"的军事演习，这次演习是50年来挪威在该地区举行的最大规模军事演习。5月25日，北约在北极地区进行"北极挑战演习"，共出动了4000多名士兵、115架战斗机。就在北约军演开始几个小时后，普京立即下令中部军区空军和防空兵进入全面战备状态，出动大约1.2万名士兵、250架飞机以及近700件各种武器和军事技术装备进行军演。6月17日，为期两周的北约军演"波罗的海行动"进入高潮，北约盟军在距离俄罗斯飞地加里宁格勒100余公里处进行大型登陆演习，共有来自17个国家的49艘军舰和5900名士兵参加，这次演习规模之大，令人惊叹。北约和俄罗斯军演的规模越来越大，军事部署也明显加强，双方的对抗日益激烈。

2016年5月27日，美军通过"龙骑之旅"和"军刀出击2016"军事演习在欧盟多国和波罗的海地区频频挑衅。6月3日，来自美、英等18个北约国家及其伙伴国的4500名士兵在波罗的海南部地区举行"BALTOPS‐2016"演习，并邀请传统中立国家瑞典和芬兰参加。除此之外，拉拢黑山加入北约，在波兰和罗马尼亚部署反导系统。在7月的北约峰会和10月的北约防务部长会议上，相继明确提出了于2017年不断加强在东南欧的军事存在和中东欧的军事部署。为了对抗北约在俄罗斯边界不断增强的兵力部署，俄罗斯相应地在波兰与立陶宛交界处的飞地加里宁格勒地区部署了具备核打击能力的"伊斯坎德尔"导弹系统，并计划在2016年底建制3个师，采用最先进的模块化组建方案，为其配备最先进装备，并不断加强其在波罗的海的军事力量。

冷战落幕以来，俄罗斯与北约之间的对抗从未在真正意义上消失，而乌克兰危机作为导火索，又一次使双方之间的对抗升级。双方是否会擦枪走火，直接爆发"热战"？就目前形势观察而言，双方更多的是在"隔空"较劲，不断展示自己的军事力量从而达到威慑和牵制对方的目的，并以此获得在乌克兰问题上以及其他国际问题上的更多筹码。从双方各自实际利益出发，无论是北约国家，还是俄罗斯，军事战略都将受制于国内政治、经济以及国际因素，显然加强合作更符合双方利益以及长期发展，双方都不会选择在和平时代将"冷战"转变为"热战"。但也可以预见，俄罗斯与北约的结构性矛盾难以消除，在未来很长一段时间内双方仍然会是强劲的战略对手，在摩擦中不断角力，军事对峙将成为常态，这也意味着俄罗斯在未来要继续面临一个蓄势待发的对手以及一个极其不稳定的周边环境，这对其国家发展将不可避免地造成很大影响。

第三节　美欧制裁下俄罗斯外交战略新转向

一　俄罗斯国家安全战略的新调整

俄罗斯国家安全战略作为其制定内政外交决策的纲领性文件，一直高居俄罗斯整体国家战略的首要地位，被称为国家"综合性基础文件"。[①]在乌克兰危机不断演进的背景下，俄罗斯总统普京于 2015 年 12 月 31 日签署批准并高调颁布了新版的《俄罗斯联邦国家安全战略》，以取代 2009 年由时任总统梅德韦杰夫签署的《2020 年前俄罗斯联邦国家安全战略》，凸显了俄罗斯应对内外困境的信心以及消除各种威胁的决心。

1. 新版国家安全战略的内容调整

新版安全战略明确了俄罗斯的国家利益、内政外交政策的优先方向以及经济能源安全和军事力量发展的任务及目标，与旧版本相比较，新版国家安全战略主要做了以下内容调整。

第一，对世界安全形势以及国际环境的判断有所不同。新版国家安全战略认为未来国际矛盾将不断加剧，俄罗斯所处的国际环境将会更加复杂，世界安全形势更加严峻，因此对国际环境的现状及其发展趋势的判断更加趋向悲观。

第二，对俄罗斯国家安全威胁的认知有所调整。新版国家安全战略中，指出了多种国家安全的威胁因素。首先，明确强调了美国以及北约是俄罗斯国家安全的首要威胁，指出北约的进一步东扩，以及赋予其执行违反国际法准则的全球性职能，并在俄罗斯边界建立军事设施，这些行为对俄罗斯国家安全已经构成威胁；美国在欧洲、亚太地区、中东地区部署反导系统、全球快速打击系统、非核战略性高精准系统以及太空武器系统加剧了国际形势的不稳定性。其次，指出以美国为首的西方国家煽动"颜色革命"，给俄罗斯带来安全威胁。最后，总结分析了多种会对国家安全

[①] 马建光、孙迁杰：《俄罗斯国家安全战略的变化及影响——基于新旧两版〈俄罗斯国家安全战略〉的对比》，《现代国际关系》2016 年第 3 期。

产生威胁的传统安全和非传统安全的因素，新增加了网络恐怖主义、境外和国际非政府组织、经济实体以及可能影响俄罗斯团结稳定的敌对个人。

第三，对国家利益的解读和战略优先方向有所调整。对国家利益的解读是新版国家安全战略的一个最重要的概念。"巩固国防"被列为首要国家利益，这意味着俄罗斯在今后将会更加注重国防建设，不仅要为国家经济社会的和平快速发展创造条件，而且也向国际社会传递出俄罗斯的强硬姿态，它将会更多地运用军事力量甚至考虑使用核武器来捍卫其国家利益。同时指出，要将不断巩固加强俄罗斯的强国地位、提升俄罗斯在国际事务中的影响力和作用作为其战略优先方向。

第四，着重强调了未来经济、能源安全的问题，突出了经济问题的重要性。新版国家安全战略明确指出，俄罗斯经济发展受到竞争力低、能源依赖严重、对外依赖严重、技术落后以及目前受美欧制裁的各种因素的影响，为此提出了加强国家经济调控能力、对实体经济提供支持、实现可持续增长、反贪污等一系列措施来促进其经济恢复与发展，并且通过提高技术水平等措施来确保能源安全。

2. 俄罗斯未来国家安全政策走向

第一，俄罗斯与美国和欧盟愿意在平等和共同利益的基础之上增进互利合作，建立伙伴关系。在乌克兰局势仍然胶着、美欧与俄罗斯仍在制裁与反制裁的背景下，俄罗斯此举无疑表达了"破冰"的姿态。同样，对于北约，俄罗斯也表示愿意在平等基础上发展彼此关系，以求共同巩固欧洲和大西洋地区的整体安全。

第二，强调全面发展多边安全合作，重视与多边组织的合作。俄罗斯的传统外交重点是独联体、集安组织、欧亚经济联盟国家，现在逐步重视联合国及安理会在解决国际事务中的作用，寻求拓展与金砖国家组织、上海合作组织、亚太经合组织、二十国集团等框架内的合作空间。而且更加倚重中国，强调俄罗斯将发展与中国的全面战略协作伙伴关系，并将其视为保护全球与地区稳定的关键因素。俄罗斯还很注重与印度的战略合作，大力发展与印度的特惠战略协作伙伴关系，在亚太地区谋求建立可靠的地区稳定机制。

第三，推行"综合安全观"，更加注重将军事手段与非军事手段相结合，综合运用多种手段保障国家安全。"颜色革命"带给俄罗斯巨大的恐惧感，单纯使用武力手段毫无意义，必须综合使用军事、政治、外交、法律等各种手段来确保国家安全。

第四，加强俄罗斯传统价值观的宣传。西方文化的强力传播和思想渗透，使俄罗斯认识到了传统文化及价值观的丧失是对国家安全的巨大威胁，因此要全力加强对国民尤其是青少年的爱国主义教育，保存和发扬俄罗斯的文化传统，使俄罗斯精神深入人心，以促进社会团结，更好地保障国家安全。

3. 俄罗斯国家安全战略调整的影响

俄罗斯国家安全战略是国家"综合型基础文件"，此次重大调整意味着未来俄罗斯的内政、外交工作将以此为基础展开，各种战略决策也都会做出相应调整。在经济方面，俄罗斯将会更加重视经济的作用，如何走出经济困境将成为重中之重；在政治外交方面，俄罗斯将努力提升自己在解决世界事务中的影响力和作用，恢复强国之位；在军事方面，加快军事建设，提高军事力量。这些调整对于俄罗斯的国家前途十分重要，俄罗斯是否能迅速走出内政、外交双困境还是个未知数。在当前全球化浪潮的大背景下，乌克兰危机尚在持续，俄罗斯的一举一动都刺激着各国的神经，新版安全战略将会给亚欧地缘政治格局带来哪些影响，是否有利于地区稳定，又会存在哪些变数，还有待观察。

二 加快推进欧亚联盟建设

苏联解体20多年来，从把独联体地区视为"包袱"到将其作为外交战略的优先方向，俄罗斯对独联体地区国家的战略政策经历了多次调整，欧亚联盟战略的提出是对独联体地区发展的最新构想。在美欧联合制裁俄罗斯的背景下，俄罗斯与西方国家的关系急速恶化，独联体地区的重要性更加凸显，因此俄罗斯加快了欧亚一体化的步伐，将重新整合独联体地区、强化在该地区的主导权作为与美欧抗衡、恢复其大国地位的必要条件。

1. 欧亚联盟的基本目标

2011年10月3日，时任俄罗斯总理和总统候选人普京在《消息报》

上发表了《欧亚新的一体化计划：未来诞生于今天》，标志着欧亚联盟战略的正式提出，随即获得了白俄罗斯和哈萨克斯坦的支持。欧亚联盟是全球化时代背景下，普京为俄罗斯在后苏联空间的发展前景所勾勒的蓝图，普京提出的欧亚联盟战略构想总体来有以下4个基本目标。

第一，欧亚联盟的性质被定义为一个"超国家联合体"。目前的欧亚经济联盟的合作基本是在经济领域，但是随着经济一体化的成熟发展，它将不限于经济联盟，经济一体化只是一个阶段性的目标和基础性的工程，从长远发展来看，最终要实现的是政治战略和军事安全战略的联盟。它将是一个建立在新的价值观、军事、政治和经济基础之上的强大的"超国家联合体"。

第二，让欧亚联盟成为世界"一极"。依靠成员国的内部资源和经济整合提高竞争力和影响力，这种力量的联合可以使成员国融入全球经济和贸易体系，进而现实地参与决策进程以及游戏规则和未来架构的设计。①

第三，成为欧洲和亚太地区的纽带和桥梁。欧亚联盟将充分遵循民主和自由的市场规则，加强与欧盟的合作，促进与欧盟的经济一体化，在亚太地区，加强与亚洲伙伴以及亚太经合组织的联系与合作，最终成为连接欧洲和亚太地区的坚实环节，在从大西洋到太平洋的整个欧亚大陆地区实现自由贸易和市场开放。②

第四，欧亚联盟是一个开放性组织。独联体地区国家基于平等、主权、自愿的原则选择是否加入，甚至其他地区的国家也可以加入。并且欧亚联盟与欧盟之间也不是尖锐对立的关系，不存在二者选其一的难题，欧亚联盟将会在普遍共识的基础上保护每个成员国的利益。

2. 欧亚联盟建设的发展

俄罗斯提出的欧亚联盟战略构想是属于大欧洲范围的，总共可分为四个阶段：首先，通过促成欧亚经济共同体的成立，建立关税同盟，促进统一大市场的形成；其次，在统一大市场的发展下，将关税同盟逐步上升为

---

① 李新：《普京欧亚联盟设想：背景、目标及其可能性》，《现代国际关系》2011年第11期。

② 李新：《普京欧亚联盟设想：背景、目标及其可能性》，《现代国际关系》2011年第11期。

统一经济空间；再次，将统一经济空间升级为欧亚经济联盟；最后，在实现经济一体化的前提下，进一步在政治领域和军事领域重新整合后苏联空间，实现欧亚联盟的战略构想。

1994 年 3 月 29 日，哈萨克斯坦总统纳扎尔巴耶夫在对俄首次正式访问时，提出了欧亚国家联盟的设想，并于 6 月正式提交了一份详细的计划书，使得"欧亚联盟"第一次出现在官方文件中。1996 年 3 月，俄罗斯、白俄罗斯、哈萨克斯坦、吉尔吉斯斯坦四个国家建立了关税同盟，以加快四国一体化进程，1999 年，塔吉克斯坦加入。2001 年 5 月 31 日，由俄罗斯、白俄罗斯、哈萨克斯坦、吉尔吉斯斯坦、塔吉克斯坦五个国家组成的欧亚经济共同体宣布正式成立，这为后苏联的空间区域经济一体化开启了先河，乌兹别克斯坦于 2006 年正式加入其中（2008 年 10 月 20 日乌兹别克斯坦决定退出）。2007 年 10 月，俄罗斯、白俄罗斯、塔吉克斯坦三个国家新的关税同盟投入运行，并于同年 7 月三国实现对外关税的统一。在俄罗斯的推动下，欧亚经济一体化进程不断加快。

2011 年 10 月 3 日，普京发表了题为《欧亚新的一体化计划：未来诞生于今天》的文章，[1] 再一次详细地提出在独联体地区建立欧亚联盟的战略构想，标志着欧亚联盟战略的正式提出。2012 年 1 月 1 日，俄罗斯、白俄罗斯、哈萨克斯坦三国启动了"统一经济空间"，意味着三国经济一体化从关税同盟过渡到了更高阶段。2014 年 5 月，俄罗斯、白俄罗斯、哈萨克斯坦三国总统在哈首都阿斯塔纳签署了《欧亚经济联盟条约》，并于 2015 年 1 月 1 日正式启动。根据《欧亚经济联盟条约》，俄罗斯、白俄罗斯、哈萨克斯坦三国将在 2025 年前实现商品、服务、资本和劳动力的自由流动，终极目标是建立类似于欧盟的经济联盟，形成一个拥有 1.7 亿人口的统一市场，并且规定，欧亚经济联盟是一个国际性组织，俄罗斯、白俄罗斯、哈萨克斯坦三国在联盟内部拥有平等的表决权，拥有完全平等的权利。1 月 2 日，亚美尼亚正式加入欧亚经济联盟，8 月 12 日，吉尔吉斯斯坦正式加入成为成员国。

---

① 高琪：《俄罗斯区域战略的历史脉络与前景》，《欧亚经济》2016 年第 3 期。

3. 欧亚联盟的发展前景

当今国际社会，在全球化和区域化两大趋势下，普京提出作为独联体一体化最高形式的欧亚联盟战略构想，是俄罗斯恢复世界大国地位和影响力的关键一步。尤其是乌克兰危机以来国际局势发生了巨大变动，欧亚联盟设想既有机遇，也有挑战。

俄罗斯建设欧亚联盟的推动因素不少。首先，俄罗斯仍牢牢掌控着对独联体地区经济的主导权。俄罗斯占独联体地区总 GDP 的 70% 以上，其经济总量甚至达到了欧亚经济共同体和关税同盟成员国总和的 90%。2008 年金融危机之后，国际市场上的能源和半成品价格迅速下滑，独联体地区的经济面临着巨大的风险，在这种情况下，独联体地区国家意识到本地区经济能否均衡长远的发展，俄罗斯市场在其中发挥着至关重要的作用。在新形势下，俄罗斯也调整了在推动欧亚经济一体化过程中的行为策略，将更多的权力下放到企业，改善国家形象，促进企业层面的一体化，与此同时，还提高了与独联体地区国家的经济合作的层次与水平，并通过加强文化和价值观的影响力来将独联体地区与俄罗斯牢牢捆绑在一起，以降低独联体地区国家脱离俄罗斯的风险。其次，俄罗斯并不是孤军奋战，而是得到了白俄罗斯和哈萨克斯坦的鼎力支持。2011 年在普京提出欧亚联盟战略之后，白俄罗斯和哈萨克斯坦随后立即表明支持的立场，并分别发表了《关于我们的一体化命运》和《欧亚联盟：从构想到未来》两篇文章，表达了建设欧亚联盟的必要性以及对其前景充满信心。最后，独联体地区国家有实现一体化的客观条件和需求。独联体地区面积广阔且自然资源十分丰富，为区域一体化的实现提供了资源基础，并且它们有着共同的过去，不管是在政治、经济还是文化方面都有着深厚的共同基础。独联体地区国家在苏联时期曾保持着高度的相互依赖，苏联的解体使得这些联系中断，很多国家的经济一蹶不振，它们也迫切希望区域一体化恢复已然中断的经济联系，并且凭借俄罗斯的经济实力、资金和技术优势以及广阔的市场，在俄罗斯的带动下，促进经济发展，尽快与世界经济接轨，而且，它们也需要一个能够抵御经济风险的强大的一体化组织来保证它们的经济安全。

欧亚联盟的发展也面临着诸多因素的挑战。首先，俄罗斯自身实力下降，经济主导力有限。近年来，俄罗斯的 GDP 增速持续走低，乌克兰危机爆发后，受到美欧制裁和油价下跌的影响，GDP 增速更是连连暴跌，俄罗斯的经济形势明显在不断恶化，经济衰退已成事实，俄罗斯短期内难以拿出足够的财力来支撑独联体地区国家的一体化机制运转。其次，区域内各国家实力发展不均衡。独联体地区各个国家之间的发展差异太大，俄罗斯强大的实力以及地域优势反而给小国造成了巨大的压力。再次，独联体地区的内部形势不容乐观。独联体地区国家都在担忧一个问题，那就是加入区域一体化是否会损害来之不易的国家主权，尤其是俄罗斯在克里米亚问题上的表现更是增添了它们对俄罗斯的警惕之心，独联体地区国家对俄罗斯的离心倾向可能会进一步强化。乌克兰对于俄罗斯建立欧亚联盟具有极其特殊的意义，没有乌克兰的欧亚联盟充其量算是一个"亚洲联盟"，而就目前的形式看，俄乌关系相当紧张，亲欧派的波罗申科上台，乌克兰拒绝再担任独联体的轮值主席，并在考虑退出独联体，种种迹象表明，未来乌克兰加入欧盟的可能性增大，这使普京的欧亚联盟陷入了一个困局。最后，还有来自美欧等西方国家的阻碍。普京的欧亚联盟战略在西方国家掀起了轩然大波，它们认为俄罗斯是在复辟苏联，向西方挑战，因此美欧通过北约进一步东扩、"颜色革命"、"东部伙伴关系计划"等多种形式向独联体地区进行势力渗透，不断加强对独联体地区的影响力和控制力。乌克兰危机使得俄罗斯与西方国家交恶，美欧势必加快拉拢独联体地区国家的步伐，以遏制俄罗斯欧亚联盟的建设。

总体来看，自乌克兰危机以来，欧亚联盟面临的挑战要大于其机遇，发展前景不容乐观。即便是已经启动的欧亚经济联盟计划，也面临着俄罗斯自身实力下降以及内部经贸冲突等问题，能不能从经济一体化顺利升级为政治、军事一体化还有很漫长的艰辛之路要走。

三　中俄战略协作伙伴关系全面升温

冷战结束以来，由于种种原因，中俄关系并没有得到长足发展，经济合作更是发展滞缓。在美欧联合制裁俄罗斯的背景下，中俄在能源、军工、金融、投资、农业、地区等领域合作的重要性日益凸显。[①] 2014 年 5

---

① 王宪举：《乌克兰危机对俄罗斯内外政策的影响》，《俄罗斯学刊》2014 年第 5 期。

月 20 日，普京访华期间与习近平在上海进行会晤，并发表联合声明，声明中提出了中俄进入了全面战略协作伙伴的新阶段，双方将进一步扩大经济领域的务实合作尤其是能源合作，加强基础设施建设，加快高科技领域的合作，推进地方工作并加强两国之间的人文交流，并在维护国际安全领域加强合作。在 2016 年的国情咨文中，普京更是直接表示，中俄关系是世界秩序关系的典范。同时在 2016 年的《俄罗斯联邦对外政策构想》中也明确表示，中俄对于国际重要问题的立场一致是地球和全球稳定的基本要素，俄罗斯将继续致力于发展与中国的各领域合作，共同应对全新威胁与挑战。

我们可以看到，基于俄罗斯"向东看"的外交战略新转向，中俄之间的合作不断走向全面化，不仅建立起了全面战略协作伙伴关系，而且良好的政治氛围也转化为各种务实的经贸合作，并且合作领域和范围正在不断扩大，在俄罗斯与西方紧张对抗关系的参照下，中俄关系正处于历史上最好的发展阶段。①

1. 能源合作迈上新台阶

作为世界上第一能源出口大国，俄罗斯的油气资源十分丰富，而中国是世界上第二大石油进口国，对石油的需求量十分巨大，仅次于美国。美欧对俄罗斯实施能源制裁，给能源出口单一的俄罗斯带来了沉重的打击。中国作为俄罗斯的邻国，又拥有巨大的能源市场潜力，既能缓解俄罗斯的燃眉之急，又能促使俄罗斯能源出口的多元化，因此加大与中国的能源合作是俄罗斯的最佳选择。

2014 年 5 月 21 日，中俄签署了《中俄东线管道天然气合作项目备忘录》和《中俄东线管道供气购销合同》。根据合同内容，从 2018 年起，俄罗斯将开始通过中俄天然气管道的东线向中国供气，输气量逐年增长，最终达到每年 380 亿立方米，累计合同期为 30 年。2014 年 11 月 9 日，中俄签署了《关于通过中俄西线管道自俄罗斯联邦向中华人民共和国供应天然气领域合作的备忘录》和《中国石油天然气集团公司与俄罗斯天然气工业公司关于经中俄西线自俄罗斯向中国供应天然气的框架协议》，即

---

① 刘莹：《俄罗斯外交转型及其对中俄关系的影响》，《太平洋学报》2015 年第 9 期。

300亿立方米的西线天然气供应协议，如此一来，中国将会超过德国成为俄罗斯最大的天然气客户。

2015年12月17日，中俄签署了《中俄东线天然气管道项目跨境段设计和建设协议》和《中国石油和俄气石油合作谅解备忘录》，预计东线管道将于2018年底建成通气。

2016年6月25日，中俄签署了《在中华人民共和国境内开展地下储气库、天然气发电项目合作谅解备忘录》。双方将进一步深化合作，拓宽合作领域。

中俄的石油和天然气管道建设是中俄能源合作继续发展的稳固基础，也为中俄区域合作创造了条件。除了石油和天然气之外，中俄也在煤炭、电力和核能等能源领域加大了合作力度。这些能源合作的实施，将进一步推动中俄能源合作项目建设的步伐，深化并拓展双方的合作领域，中俄能源合作展现出了规模不断扩大，模式不断更新，向着全方位、多领域发展的良好势头，这也为中俄两国发展良好的经贸关系起到了领头羊的作用。

2. 积极推进中俄毗邻地区的合作

俄罗斯远东地区是俄罗斯面积最大的经济区，占俄罗斯总面积的36.4%，但是人口极少，这里有相当丰富的矿物资源、森林资源、海洋资源等自然资源，总的来说，俄罗斯远东地区是一个还未得到充分开发的地广人稀的落后地区，具有相当大的开发潜力。并且，远东地区与中国的东北地区接壤，俄罗斯正在积极推动远东地区的开发建设，中国也正在推行振兴东北"老工业基地"战略，这为中俄两国展开积极的互动合作提供了新的机遇。

美欧制裁导致俄罗斯西南部的形势急剧恶化，为了促进经济的恢复与发展，俄罗斯决定大力开发远东地区并且还要实现东部地区的跨越式发展。2014年4月15日，俄罗斯提出将在符拉迪沃斯托克设立一个工业生产型经济特区，并确保其生产基础设施建设活动的经费支持，俄罗斯还提出了吸引外资的政策。俄罗斯这种既开发又开放远东地区的发展模式，给中国东北地区提供了一个参与远东地区合作的良机。

中俄双方都很珍惜这一毗邻地区的合作机会，共同建立并且不断完善这两个地区的合作机制。2015年5月，习近平和普京共同商定成立一个中国东北地区和俄罗斯远东地区地方合作理事会，并于9月5日召开了第一次理事会主席会议，就投资合作、农业合作、旅游合作、基础设施建设合作等问题进行探讨。2015年9月3日，中俄签订了《关于加强中俄地区与边境合作的谅解备忘录》，建立了关于地区合作的工作机制，将扩大中俄地区合作领域与范围，提升合作层次与水平，定期举行工作磋商。协商建立地区合作重大项目遴选、评估、实施工作组，尽快筹备中俄地区合作发展（投资）基金，务实推动一批合作项目。① 2015年12月27日，中俄签署了《关于加强中俄远东区域、产业及投资合作的谅解备忘录》，作为中俄在远东地区合作的专项文件，几乎涵盖了各个领域的合作。

目前，中俄边境合作正在如火如荼地进行着，二者经济的互补性极大地推进了合作的步伐，双方在基础设施的建设、农业合作、产能合作等领域都取得了一定的成果。中俄毗邻地区的这种良好的合作模式无疑为增加两国政治经济互信、进一步深化全面战略协作伙伴关系提供了巨大的推动力，有助于中俄将良好的政治互信转化为务实合作。

3. 人民币和卢布的货币合作加快

俄罗斯是第一个在中国境外进行人民币直接挂牌交易的国家，2002年8月22日，中俄在上海签订了《中国人民银行与俄罗斯联邦中央银行关于边境地区贸易的银行结算协定》，双方商定，作为试点，从2003年第一季度起，在中国黑河市的中国的银行，与在俄罗斯布拉格维申斯克市注册的俄罗斯的银行，以及各分行之间的边境贸易结算和支付，除使用自由兑换货币之外，也可使用人民币和卢布，由此在制度层面启动了中俄边境贸易的本币结算工作。② 2011年6月23日，中俄在俄罗斯签订了新的双边本币结算协定，规定两国经济活动主体可自行决定用自由兑换货币、人民币和卢布进行商品和服务的结算与支付。协定签订后，中俄本币结算从边境贸易扩大到了一般贸易，并且扩大了地域范围。③

① 雷丽娜：《发展改革委与俄罗斯联邦经济发展部签署中俄地区与边境合作谅解备忘录》，http://www.gov.cn/xinwen/2015-09/06/content_2925688.htm。
② 孙少岩、石洪双：《中俄跨境人民币结算研究——基于人民币国际化和美欧制裁俄罗斯的双重背景分析》，《东北亚论坛》2015年第1期。
③ 江波：《中国央行与俄罗斯央行签订新双边本币结算协定》，http://www.caijing.com.cn/2011-06-23/110754838.html。

人民币和卢布之间推行本币结算到目前为止经历了十几年时间，跨境人民币结算的规模也随着中俄之间经济往来的扩大而不断扩大。在美欧实施的金融制裁下，俄罗斯的金融市场遭遇了沉重打击，在这样的严峻形势下，2014 年 10 月 13 日，中俄签署了规模为 1500 亿元人民币的双边本币互换协议，旨在便利双边贸易及直接投资，促进两国经济发展。互换协议有效期三年，经双方同意可以展期。①

就目前形势而言，由于美欧制裁，俄罗斯金融市场对人民币的需求不断增加，因此加快了与人民币的货币合作，以此来解决受到制裁影响的国际支付问题。同时，许多俄罗斯企业对港币的需求也在增加，它们通过中国香港国际金融中心的服务和融资渠道来保障资本的流动。我们可以看到，俄罗斯正走在加速去美元化的道路上，这不仅为促进中俄经贸往来提供了巨大的便利，也将推动人民币国际化的进程。

4. 中俄关系发展前景

在新的国际形势下，中俄关系的发展迎来了新机遇，也迎来了新风险。在经济层面，在美欧联合的多轮制裁下，俄罗斯经济出现了危机，在短时间难以摆脱经济停滞和衰退的困境，也正是美欧的制裁使得俄罗斯将目光对准了中国，从而极大地促进了中俄经贸合作，俄罗斯经济转向无疑为深化中俄经济合作带来了发展机遇。② 而且中俄两国同样面临国内改革和发展的需求，在进一步打开国际市场的过程中，双方也都受到了一定的限制，这时双方在经济上的互补性优势逐渐凸显。俄罗斯能源资源丰富、劳动力资源短缺以及轻工业落后是经济发展的短板，而中国拥有丰富的劳动力资源和价格低廉的轻工业产品。中国正在转变经济发展方式，突出研发和创新的重要性和急迫性，而俄罗斯的科学技术水平比较高，人力资源素质也很高。这种经济上极强的互补性，给中俄在多领域展开经济合作提供了机会。在政治安全层面，乌克兰危机后，俄罗斯陷入了西方制造的地缘安全和外交新困境，而中国多年来也在不断地遭到美国在战略上的挤

---

① 李海霞：《中俄央行签署 1500 亿元人民币/8150 亿卢布本币互换协议》，http://finance. people. com. cn/money/n/2014/1014/c218900 - 25828488. html。

② 刘清才、刘涛：《西方制裁背景下俄罗斯远东地区发展战略与中俄区域合作》，《东北亚论坛》2015 年第 3 期。

压，双方在国际社会中面临着相似的战略处境，出于共同的战略需求，中俄全面加强战略协作伙伴关系是必然之势。

从长远来看，中俄两国经贸合作的不断增加意味着未来双方的贸易摩擦和分歧也会不断增多。与此同时，随着俄罗斯对西方农产品实施反制裁，俄罗斯转而进口中国的产品，中俄的双边贸易额会大量增加，但俄罗斯对中国的依赖也会加强，[①] 俄罗斯不少人士也在反对在经济上对中国过度依赖。而且中国的经济发展迅猛，俄罗斯的经济实力却不断下降，这种落差极容易引发民族对立情绪，进而演变成对中国的厌恶与不满，在俄罗斯，"中国威胁论"本来就拥有一定的市场，目前，俄美关系恶化，但不排除未来两国关系恢复并联手在亚太地区遏制中国的可能性。由此看来，双方在亚太地区相互竞争的局面不可避免，能否达到一个互利共赢的局面还很难说。所有的这些都极有可能给中俄两国关系的健康发展带来风险。

总体来说，中俄关系的前景是十分广阔的。中国十分需要一个保持活力的俄罗斯，而俄罗斯同样需要中国的支持，双方都想通过深化彼此政治、经济等领域的合作，创造国际政治经济新秩序，从而在国际社会上处于有利地位。因此中俄在未来应该继续切实深化各个领域的经贸合作，增强政治和军事互信，并且要加强双方民间交往和文化交流，为中俄战略协作伙伴关系的全面发展创造一个良好的经济、政治和人文基础，以携手共同推动亚太地区的和平稳定与发展繁荣。

四　积极开展亚太地区外交

乌克兰危机以来，美欧和俄罗斯之间开始了你来我往的制裁与反制裁，俄罗斯与美欧的关系急剧退化，达到了冷战之后最差的敌对状态。为了摆脱制裁下的经济困境，避免在国际上被孤立，俄罗斯不得不调整其外交策略，将发展的目光转向东方——亚太地区，积极谋求与中国、印度、越南等亚太地区国家在政治、经济、安全等多个领域的对话与合作，以努力拓展在亚太地区的外交发展空间。俄罗斯积极参与亚太经合组织、金砖

---

① Alexander Lukin, "Russia and China after the Ukrainian Crisis: The Future of the Relationship", *Center in Global Interests*, 2015（10）.

国家会议、上海合作组织、东盟安全论坛、朝核六方会谈、东亚峰会等大部分亚太地区的合作机制，明确提出要建立一个牢靠的非结盟的亚太安全保障体系。

1. 加强与其他亚太国家的合作

俄罗斯除了进一步发展与中国的关系，还与日本、韩国、朝鲜、越南、蒙古、印度等东北亚、东南亚、南亚等亚太地区国家开展了友好往来。

俄罗斯与日本、韩国、朝鲜都是近邻国家，这三个东北亚国家对能源进口的需求都比较大，而作为一个邻近的能源大国，俄罗斯积极推动加快与这三国的能源合作，并且将其作为其亚太能源战略的一个重要目标，与此同时，与印度以及东南亚国家也展开了积极的能源合作，以吸引各国在俄罗斯能源领域的投资并且加大能源输出。

俄罗斯与越南的经济联系更加密切，2015 年 5 月 29 日，欧亚经济联盟政府间理事会第二次会议在哈萨克斯坦举行，会议期间欧亚经济联盟与越南政府正式签署了自贸区协议，并且提出将促进两国双边贸易总额于 2020 年达到 100 亿美元。2016 年 5 月 1 日该协议正式生效，越南成为第一个与俄罗斯、白俄罗斯、哈萨克斯坦签订自贸区协议的国家。这一协议将会推进俄越两国以下贸易发展，加强参与国之间的经贸联系，对于俄罗斯主导的欧亚经济联盟与亚太地区经济一体化的连接起到了积极的促进作用。2016 年 5 月 17 日，俄罗斯直接投资基金与越南国家投资基金公司签署了一份俄越投资平台备忘录，规模为 5 亿美元。除此之外，俄越两国也在军事防务合作上取得了新进展，关于越南订购俄罗斯的核潜艇、东盟向俄罗斯购买现代型武器等都有新的突破，双方还拟定在越南建立"格洛纳斯"导弹系统地面站。

2014 年 9 月，普京在访问蒙古期间，共签署了 15 份协议，内容丰富，双方共同解决了基础设施、过境运输、公民互免签证等重大问题，还决定力争消除双方贸易不平衡现象，争取 2020 年两国贸易总额达到 100 亿美元，并且决定扩大蒙俄政府间军事援助。2016 年 4 月 14 日，俄罗斯外长访蒙，双方签署了全新的蒙古国、俄罗斯联邦之间的战略合作发展的中期方案，进一步深化了合作关系。

2014 年 12 月 11 日，普京访问印度期间，双方共签署了 16 项协定，涉及石油开采、核能、基础设施、军事训练等多个领域，并且明确指出加强在经贸领域的合作，力争 2025 年将双边贸易额提升至 300 亿美元，投资额各提高至 150 亿美元。扩大对印度的军售计划，决定向印度提供第三批三艘"塔尔瓦尔"级护卫舰，双方还特别强调，未来将会在防务系统领域的联合设计和开发上加强合作。

在普京的推动下，2014 年 4 月 18 日，俄朝两国制定了详细的经济合作方案，俄罗斯向朝鲜提供粮食援助，并且免除了朝鲜欠俄罗斯 90% 总计高达 100 亿美元的债务，其余 10% 的债务就作为俄罗斯对朝鲜能源、卫生、教育等项目的投资，以债务换发展，朝鲜还拟定租赁俄罗斯远东地区 1.5 亿万公顷的农用土地。双方也达成了诸多协议，对促进双方经贸合作以及解决朝鲜半岛局势问题有重大意义。

我们可以看到，其实俄罗斯加强与亚太地区的合作是基于长期稳定与持续发展的利益需求，与亚太地区国家加强合作，在经济发展上统一步调，搭载"亚太经济发展快车"，是俄罗斯转型的重中之重。俄罗斯在东西兼顾的同时，更加注重东方，通过加强与亚太地区国家的友好交流与合作，俄罗斯与亚太地区的合作踏上了新台阶，也为自己在亚太地区谋求发展打开了一个新局面。

2. 俄罗斯"向东看"战略的阻碍因素

尽管俄罗斯的"向东看"战略正在如火如荼地展开，俄罗斯也在各个领域展示出了积极态度，但是阻碍因素也是现实存在的。

首先，思想上的不认同。"欧洲观念"在俄罗斯民众心中根深蒂固。俄罗斯对自己的定位一直都是欧洲国家，无论是官方还是大众对欧洲文明都有着强烈的认同感，在他们看来，欧洲代表着先进的西方，而亚洲则意味着落后的东方，这也决定了俄罗斯外交的优先方向一直是欧洲。尽管美欧制裁导致俄罗斯与西方的关系全面恶化，但是也没能磨灭俄罗斯民族深入骨髓的"欧洲观念"。同样，亚太地区国家对于作为欧洲国家的俄罗斯也没有什么强烈的认同感，双方在思想上不太认同，缺乏合作的基本认识，这将会给俄罗斯推进与亚太地区国家的合作以及尽快将自己融入亚太地区带来巨大的无形障碍。

其次，薄弱的经济基础难以支撑庞大的战略。在美欧制裁和油价不断下跌的背景下，俄罗斯的经济严重衰退，融资手段也受到了很大的限制。俄罗斯试图通过促进远东地区的发展来加强与亚太地区联系的计划需要庞大的资金支持，振兴远东地区的宏图大志如若缺乏资金很可能会无果而终。然而就当前俄罗斯的经济形势来看，俄罗斯难以为其远东地区计划及亚太战略提供足够的物质基础。

再次，美国因素的影响。为了遏制中国的迅猛发展，美国积极推进其"亚太再平衡"战略，通过军事联盟等不断加强与日本和韩国的盟友关系，亚太地区的局势并不是很平静。另外，作为美国亚太地区的盟友，日本和韩国不会对俄罗斯的亚太战略无动于衷，尤其是日本，也曾跟随美国对俄罗斯进行了经济制裁。所以说，俄罗斯在亚太地区的战略实施也会受到美国的牵制，美国不希望看到中俄联手主导亚太事务的局面。

最后，乌克兰危机的烈度和持久性。乌克兰危机导致俄罗斯面临巨大挑战，从目前来看，乌克兰危机给俄罗斯"向东看"战略提供了契机，但如果乌克兰局势进一步恶化，俄罗斯将难以分出足够的精力来加强与亚太地区各个国家的友好关系。

3. 俄罗斯"向东看"战略的发展前景

目前对于俄罗斯来说，从经济、政治、军事以及国家安全的各个角度出发，发展与亚太地区的密切友好关系都是迫切而必要的。首先，从地缘角度来看，俄罗斯虽然一直强调自己是欧洲国家，但是实际上俄罗斯在亚洲地区的面积占到了其国土面积的3/4并且自然资源十分丰富，这种天然的地理联系是无法割断的，俄罗斯想要重塑大国形象，必须重视其与亚洲的这种天然联系。其次，亚太地区的重要性日益凸显，世界政治、经济的重心正在不断地向亚太地区转移，21世纪是亚太世纪，亚太地区正在迅速成为大国力量相互交织和角逐的中心舞台，这一点已经成为国际共识。俄罗斯需要通过深入亚太事务合作，提高自己在亚太的话语权，也为欧亚联盟战略构想的实现寻找战略依托，借机恢复其世界大国地位和影响力。再次，搭乘亚太经济快车，推动本国经济发展。亚太地区拥有巨大的经济活力和发展潜力，美国、中国和日本三大世界经济体聚集于此，亚太地区的GDP总额占世界总额的60%，投资额占世界总投资额的40%，在如此强劲的发展势头下，加强与亚太地区的经济合作是俄罗斯实现远东地区发展的经济计划、恢复国家经济活力的必由之路。最后，出于国家安全的考虑。亚太地区的安全形势不容乐观，朝鲜半岛局势依然严峻，中美在亚太地区的战略竞争日益激烈，南海问题仍未解决，非传统安全威胁也在不断上升，并且该地区目前也并没有一个大国之间相互协调的安全机制，如果亚太地区局势的不稳定性扩大，对于俄罗斯而言也是一个巨大的安全威胁，会对俄罗斯的国家安全和稳定造成极为不利的影响。

对于亚太地区来说，俄罗斯"向东看"的亚太战略有其重要性。俄罗斯丰富的自然资源、广袤的土地与亚太地区丰富的劳动力、技术、资金等相互补充，无疑给亚太地区的经济发展注入了新的活力，这对于亚洲经济一体化进程有着积极的推动作用。俄罗斯一直积极参与朝鲜半岛问题等亚太地区热点事务的政治解决，并且积极推动亚太地区多边安全机制的建立，俄罗斯势力的介入，也使得在亚太地区又多了一股强有力的制约美国的力量，这对于维护该地区的和平稳定发展发挥了重要的作用。

综上所述，我们可以看到俄罗斯正在积极参与和融入亚太地区，搭载亚太地区快速发展的"顺风车"也将给俄罗斯带来极大的助力。在当前多极化和全球化的国际环境中，俄罗斯想要在亚太地区占得一席之地，并将其影响力扩大到太平洋沿岸，乘着亚太发展的"快车"迅速摆脱美欧制裁带来的内政外交双困境，这就需要俄罗斯领导人拥有足够的智慧与敏锐的发展眼光。

参考文献

[1] 张睿壮：《保守主义及其在美国的演变》，《现代国家关系》2002 年第 11 期。

[2] 〔俄〕弗·多博林科夫：《全球化形势下的俄罗斯意识形态》，徐海燕译，《国外理论动态》2007 年第 2 期。

[3] 张树华、刘显忠：《当代俄罗斯政治思潮》，新华出版社，2003。

[4] 杨成：《"普京主义"的社会基础与 2012 年总统选举之后的俄罗斯政治生态发展趋势》，《俄罗斯研究》2012 年第 2 期。

[5] 〔美〕胡安·丁·林茨：《权威主义政权》，载 E. 阿拉德、Y. 利托南主编《裂变、意识形态和政治制度》，纽约自由出版社，1964。

[6] 胡涤非：《民族主义的概念及起源》，《山西师范大学学报》（社会科学版）2005 年第 1 期。

[7] 陈黎阳：《苏联解体后的俄罗斯民族主义》，重庆出版社，2006 年。

[8] 刘淑春：《俄罗斯社会主义流派评析》，《今日东欧中亚》2000 年第 4 期。

[9] 王正泉：《俄罗斯多党政治发展的三个阶段》，《俄罗斯中亚东欧研究》2003 年第 1 期。

[10] 汪宁、韦进深：《普京的俄罗斯政党制度发展设想与实践》，《国际关系研究》2013 年第 1 期。

[11] 范建中：《俄罗斯政党政治的现状和走势》，《当代世界与社会主义》2002 年第 6 期。

[12] 罗星：《政党制度中的俄罗斯特色：基于俄罗斯政党制度变迁的分

析》，《上海市社会主义学院学报》2015 年第 3 期。

[13] 宋晓钗：《新世纪以来俄罗斯政党政治的发展历程及其对俄罗斯政局的影响研究》，《辽宁行政学院学报》2013 年第 8 期。

[14] 刘俊燕、孙晓华：《梅德韦杰夫执政以来俄罗斯政党政治的新变化》，《当代世界》2009 年第 6 期。

[15] 李亚洲：《俄罗斯政党政治的新变化与发展动向》，《当代世界社会主义问题》2013 年第 2 期。

[16] 谢晓光：《俄罗斯政党体制与政治体制关系对俄罗斯民主进程的影响》，《当代世界社会主义》2013 年第 4 期。

[17] 谢晓光：《俄罗斯政党体制演进评析》，《世界政党格局变迁与中国政党制度发展——中国统一战线理论研究会政党理论北京研究基地论文集》（第六辑），中国友谊出版公司，2012。

[18] 江秋丽：《俄罗斯政党体制的发展及其趋势》，《西伯利亚研究》2013 年第 10 期。

[19] 林怀艺：《苏联解体后俄罗斯政党政治的发展探析》，《南华大学学报》2009 年第 4 期。

[20] 许晨：《俄罗斯政党制度简析》，《长春教育学院学报》2015 年第 3 期。

[21] 彭宗超：《试论直接选举的理念意义与作用规律》，《清华大学学报》2000 年第 4 期。

[22] 陈新明：《转型时期的俄罗斯政党发展》，《中国社会科学院研究生院学报》2004 年第 6 期。

[23] 中国社会科学院俄罗斯东欧中亚研究所编译《普京文集》，中国社会科学出版社，2002。

[24] 高晓惠：《俄罗斯政党发展的新变化》，《国外理论动态》2010 年第 8 期。

[25] 庞大鹏：《俄罗斯的政治生态——对全俄人民阵线的评析》，《当代世界》2011 年第 4 期。

[26] 昆波拉提、徐海燕：《金融危机背景下的俄罗斯政党动向》，《俄罗斯中亚东欧研究》2012 年第 5 期。

［27］〔俄〕普京：《变革中的世界与俄罗斯：挑战与选择（下）》，彭晓宇、韩云凤译，《当代世界与社会主义》2012 年第 3 期。

［28］孔小慧：《地缘政治的含义、主要理论及其影响国家安全政策的途径分析》，《世界地理研究》2010 年第 2 期。

［29］〔美〕索尔·科恩：《地缘政治学——国际关系的地理学》（第 2 版），严春松译，上海社会科学院出版社，2011。

［30］陆俊元：《地缘政治的本质与规律》，时事出版社，2005。

［31］刘雪莲：《地缘政治学》，吉林大学出版社，2002。

［32］〔美〕汉斯·摩根索：《国家间政治——权力斗争与和平》（第 7 版），徐昕、郝望、李保平译，北京大学出版社，2014。

［33］〔英〕哈·麦金德：《历史的地理枢纽》，林尔蔚、陈江译，商务印书馆，2013。

［34］徐博：《冷战后俄罗斯亚太地缘战略》，社会科学文献出版社，2014。

［35］张艳杰、李翠竹：《践行新欧亚主义思想：俄罗斯外交新走向》，《学术交流》2013 年第 1 期。

［36］〔美〕约瑟夫·奈：《美国定能领导世界吗》，何小东、盖玉云等译，军事译文出版社，1992。

［37］〔美〕约瑟夫·奈、王缉思：《中国软实力的兴起及其对美国的影响》，《世界经济与政治》2009 年第 6 期。

［38］郑永年、张弛：《国际政治中的软力量以及对中国软力量的观察》，《世界经济与政治》2007 年第 7 期。

［39］〔美〕汉斯·摩根索：《国家间的政治——为权力与和平而斗争》，杨岐鸣等译，商务印书馆，1993。

［40］〔美〕约瑟夫·奈主编《全球化世界的治理》，王勇等译，世界知识出版社，2003。

［41］仪名海、郝江东：《战略·策略·技巧：多种外交形态透视》，清华大学出版社，2012。

［42］刘莹、关海庭：《新时期俄罗斯外交转型中的软实力政策调整》，《东北亚论坛》2015 年第 1 期。

［43］赵可金：《公共外交的理论与实践》，上海辞书出版社，2007。

［44］倪世雄：《当代西方国际关系理论》，复旦大学出版社，2011。

［45］陈岳：《国际政治学概论》，中国人民大学出版社，2007。

［46］金应忠、倪世雄：《国际关系理论比较研究》，中国社会科学出版社，2003。

［47］戴桂菊：《俄罗斯东正教会的外交职能》，《世界宗教文化》2014年第2期。

［48］张雅平：《东正教与俄罗斯社会》，社会科学文献出版社，2013。

［49］黄登学：《普京新任期俄罗斯外交战略析论》，《俄罗斯东欧中亚研究》2014年第2期。

［50］门小军：《俄罗斯的现代化：没有目的地的转轨》，《中国科学报》2010年4月22日。

［51］许华：《俄罗斯借助俄语在后苏联空间增强软实力》，《俄罗斯学刊》2012年第10期。

［52］赵淑芬：《俄罗斯外交文化的特点及影响》，《东北亚论坛》2004年第4期。

［53］林精华：《无处不在的身影——东正教介入俄罗斯社会政治生活试析》，《俄罗斯研究》2010年第5期。

［54］陈岳：《国际政治学概论》，中国人民大学出版社，2010。

［55］王英良：《普京新政与俄罗斯东正教会公共外交》，《西伯利亚研究》2014年第5期。

［56］陈树林：《东正教信仰与俄罗斯命运》，《世界哲学》2007年第4期。

［57］赵炜：《俄罗斯的边缘化身份及其对外交的影响》，《当代亚太》2015年第2期。

［58］华东师范大学俄罗斯研究中心和俄罗斯国防与外交政策委员会：《经由和谐发展走向地区稳定：新世界格局中的俄罗斯与中国》，《俄罗斯研究》2011年第4期。

［59］秦亚青：《行动的逻辑：西方国际关系理论"知识转向"的意义》，《中国社会科学》2013年第12期。

［60］张昊琦：《当代俄罗斯民族主义》，《俄罗斯中亚东欧研究》2008 年第 3 期。

［61］李兴：《论国家民族主义概念》，《北京大学学报》（哲学社会科学版）1995 年第 4 期。

［62］汪宁：《普京的俄罗斯新思想》，上海外语教育出版社，2005。

［63］王伟：《梅德韦杰夫的外交选择》，《当代世界》2008 年第 6 期。

［64］庞大鹏：《普京新时期的俄罗斯（2011～2015）》，社会科学文献出版社，2017。

［65］张振、陈香兰：《论国家民族主义对普京执政以来俄罗斯外交政策的影响》，《俄罗斯中亚东欧研究》2008 年第 4 期。

［66］徐大同：《当代西方政治思潮：20 世纪 70 年代以来》，天津人民出版社，2001。

［67］邢广成、张建国主编《梅德韦杰夫和普京：最高权力的组合》，长春出版社，2008。

［68］高晓惠：《梅德韦杰夫总统执政之路》，载徐向梅编《俄罗斯问题研究（2010）》，中央编译出版社，2014。

［69］〔俄〕亚·别鲁扎：《梅德韦杰夫两年扭转"俄罗斯形象"》，贝文力编译，《社会科学报》2010 年 6 月 17 日，第 7 版。

［70］赵龙庚：《俄罗斯极端民族主义思潮与"光头党"现象》，《世界民族》2008 年第 6 期。

［71］庞大鹏：《"普京计划"的延续——2008 年梅德韦杰夫总统国情咨文政治内容评析》，《当代世界》2008 年第 12 期。

［72］李中海：《梅德韦杰夫经济现代化方案评析》，《俄罗斯中亚东欧研究》2011 年第 2 期。

［73］田春生：《"新普京时代"俄罗斯经济：现状、挑战与趋势》，《俄罗斯学刊》2012 年第 3 期。

［74］徐向梅编《俄罗斯问题研究（2012）》，中央编译出版社，2013。

［75］《俄罗斯极端民族主义势力的新动向——访中央编译局李兴耕研究员》，《国外理论动态》2002 年第 8 期。

［76］学刚、姜毅：《叶利钦时代的俄罗斯·外交卷》，人民出版社，

2001。

［77］ 胡键：《软实力：解读苏联解体的新视角》，《探索与争鸣》2011 年第 3 期。

［78］ 肖欢：《国家软实力研究：理论、历史与实践》，军事谊文出版社，2010。

［79］〔俄〕普京：《普京文集（2012～2014）》，《普京文集（2012～2014）》编委会译，世界知识出版社、华东师范大学出版社，2014。

［80］ 万青松、王树春：《俄罗斯软实力外交评析》，《国际展望》2013 年第 3 期。

［81］ 唐彦林：《奥巴马政府"巧实力"外交政策评析》，《当代亚太》2010 年第 1 期。

［82］ 韩勃、江庆勇：《软实力：中国视角》，人民出版社，2009。

［83］ 上海社会科学院俄罗斯研究中心、俄罗斯莫斯科国际关系学院编《当代国际关系体系转型：中国和俄罗斯的应对与抉择》，上海人民出版社，2010。

［84］〔俄〕娜塔里亚·格罗克扬等：《第一人：普京自述》，史国强译，辽宁人民出版社，2002。

［85］ 许华：《俄罗斯的软实力外交与国际形象》，《国外社会科学》2009 年第 5 期。

［86］ 王磊：《"今日俄罗斯"运营成功经验及其借鉴意义》，《今传媒》2014 年第 12 期。

［87］ 冯绍雷：《瓦尔代会议与俄罗斯的形象》，《俄罗斯研究》2006 年第 3 期。

［88］ 刘晓音：《俄罗斯软实力发展和国家形象的提升》，《社会科学》2015 年第 2 期。

［89］ 宋志芹：《俄罗斯软实力外交：认知、优先方向、评价》，《西伯利亚研究》2015 年第 3 期。

［90］ 马鑫、许钊颖：《美国对俄罗斯的金融制裁》，《美国研究》2015 年第 5 期。

［91］ 许华：《俄罗斯国家形象与软实力》，《俄罗斯东欧中亚研究》2013

年第 3 期。

［92］赵鸿燕、刘超：《俄罗斯公共外交的传播瓶颈与未来发展路径》，《国际问题研究》2013 年第 4 期。

［93］〔俄〕斯韦特兰娜·克里沃希日、陈维：《公共外交的东方路径？——中俄公共外交发展比较》，《公共外交季刊》2015 年第 3 期。

［94］宋志芹：《普京建立欧亚联盟计划的动因和变数分析》，《西伯利亚研究》2013 年第 2 期。

［95］李新：《普京欧亚联盟设想：背景、目标及其可能性》，《现代国际关系》2011 年第 11 期。

［96］王树春、万青松：《试论欧亚联盟的未来前景》，《俄罗斯研究》2012 年第 2 期。

［97］李兴：《俄罗斯梅普组合的"东倾西向"外交》，《新视野》2011 年第 3 期。

［98］胡鞍钢、杨国良、鄢一龙：《打造开放升级版，创造开放新红利》，《国情报告》2013 年第 25 期。

［99］习近平：《弘扬人民友谊共创美好未来》，《人民日报》2013 年 9 月 8 日，第 3 版。

［100］王海运编《丝绸之路经济带构想的背景、潜在挑战和未来走势》，聂书岭译，《欧亚经济》2014 年第 4 期。

［101］〔美〕梅尔·格托夫：《人类关注的全球政治》，新华出版社，2000。

［102］李渤：《俄罗斯政治与外交》，时事出版社，2008。

［103］林军：《俄罗斯外交史稿》，世界知识出版社，2002。

［104］丁建伟：《浅析叶利钦时代俄罗斯外交战略的调整》，《社科纵横》2000 年第 2 期。

［105］〔瑞典〕S. 赫德兰：《在乌克兰问题上制裁俄罗斯有无意义及效用？》，丁端、刘娅楠译，《俄罗斯研究》2015 年第 1 期。

［106］李永全：《俄罗斯发展报告（2015）》，社会科学文献出版社，2016。

［107］孙昌洪：《俄罗斯即将迎来经济增长》，《文汇报》2016 年 4 月 16 日，第 5 版。

［108］高珮莙：《俄罗斯：高调反制裁伤了谁》，《青年参考》2014 年 8 月 13 日，第 7 版。

［109］〔美〕兹比格纽·布热津斯基：《大棋局——美国的首要地位及其地缘战略》，中国国际问题研究所译，上海世纪出版社，2007。

［110］吴恩远：《俄罗斯东欧中亚国家发展报告（2010）》，社会科学文献出版社，2010。

［111］顾志红：《略论俄美在乌克兰的竞争态势》，《俄罗斯中亚东欧研究》2005 年第 1 期。

［112］编写组：《乌克兰变局真相》，新华出版社，2014。

［113］杨舒：《欧亚经济联盟：现实并不美好》，《国际商报》2016 年 3 月 2 日，第 A4 版。

［114］李兴：《欧亚联盟：普京对外新战略》，《新视野》2013 年第 5 期。

［115］李占奎：《俄乌克里米亚争夺及其原因浅析》，《西伯利亚研究》2006 年第 4 期。

［116］张文茹：《克里米亚回归：俄罗斯的政策选择》，《和平与发展》2014 年第 2 期。

［117］闫志敏：《乌克兰危机背后的大国博弈及其影响》，硕士学位论文，燕山大学，2015。

［118］杨学峰：《俄乌危机对俄罗斯经济的影响》，《对外经贸》2014 年第 12 期。

［119］吕明慧：《苏联解体后俄乌政治关系研究》，硕士学位论文，黑龙江大学，2015。

［120］周明：《乌克兰－欧盟联系国协定与乌克兰危机》，《欧洲研究》2014 年第 6 期。

［121］李燕、何宛昱：《俄乌关系演变对欧亚联盟的影响》，《国际关系研究》2015 年第 4 期。

［122］林雪丹、任彦、黄发红：《俄乌危机解决仍需时日》，《人民日报》2014 年 10 月 19 日，第 3 版。

［123］于宏源、曹嘉涵：《乌克兰危机中的能源博弈及对中国的影响》，《国际安全研究》2014 年第 4 期。

［124］孙晓青：《当前欧盟对俄关系中的能源因素》，《现代国际关系》2006 年第 2 期。

［125］李扬：《乌克兰危机下俄欧能源关系与能源合作：基础、挑战与前景》，《俄罗斯东欧中亚研究》2015 年第 5 期。

［126］郑爱龙、隋俊宇：《新现实主义视角下俄欧关系分析》，《学术论坛》2015 年第 8 期。

［127］孟秀云：《美国与欧洲：谁是俄罗斯外交的优先选择?》，《和平与发展》2004 年第 2 期。

［128］梁雪秋：《乌克兰事件与俄欧关系》，《西伯利亚研究》2014 年第 6 期。

［129］徐之明、王正泉：《中东欧国家加入欧盟对俄罗斯的不利影响》，《俄罗斯中亚东欧研究》2006 年第 1 期。

［130］罗志刚：《北约与俄欧关系》，《现代国际关系》2006 年第 2 期。

［131］张健：《中东欧地缘政治新态势》，《现代国际关系》2016 年第 6 期。

［132］刘德斌：《国际关系史》，高等教育出版社，2010。

［133］李玲芝：《论冷战后俄罗斯与欧盟的伙伴合作关系》，硕士学位论文，山东师范大学，2010。

［134］程毅、杨宏禹：《国际关系基础理论》，华中师范大学出版社，1991。

［135］金应忠、倪世雄：《国际关系理论比较研究》，中国社会科学出版社，1992。

［136］曹阳：《普京时期俄罗斯与欧洲关系研究》，博士学位论文，吉林大学，2007。

［137］白千文：《从"自由民主"到"可控民主"：俄罗斯政治体制改革的经济学解剖与启示》，《俄罗斯研究》2009 年第 4 期。

［138］庞大鹏：《俄罗斯的"主权民主"思想》，《欧洲研究》2008 年第 4 期。

［139］谢香丽：《近年来俄欧矛盾及其原因探析》，硕士学位论文，新疆大学，2010。

［140］时殷弘、陈然然：《论冷战思维》，《世界经济与政治》2001年第6期。

［141］冯玉军、霜木：《俄罗斯与西方：文明冲突的历史考察》，《现代国际关系》2000年第4期。

［142］黄登学：《俄罗斯发展道路：困惑与选择——基于文明视角的分析》，《社会科学》2011年第4期。

［143］雷丽平：《俄罗斯文化的形成、发展及其主要特征》，《西伯利亚研究》2001年第2期。

［144］戴启秀：《乌克兰危机对德俄关系及全球格局的潜在影响》，《国际观察》2015年第2期。

［145］顾兆然：《试论俄罗斯与欧盟战略伙伴关系：现状、动力及前景》，硕士学位论文，外交学院，2007。

［146］马鑫、许钊颖：《美国对俄罗斯的金融制裁》，《美国研究》2015年第5期。

［147］周弘、黄平、江时学：《欧洲发展报告（2014～2015）——乌克兰危机与欧盟：起源、应对与影响》，社会科学文献出版社，2015。

［148］戴长征、张中宁：《国内围域下乌克兰危机的根源及其影响》，《东北亚论坛》2014年第5期。

［149］梁强：《乌克兰危机一年：回顾、反思与展望》，《俄罗斯研究》2015年第1期。

［150］柳丰华：《乌克兰危机：内因、大国博弈因素与前景》，《俄罗斯学刊》2014年第3期。

［151］徐洪峰、王海燕：《乌克兰危机背景下美欧对俄罗斯的能源制裁》，《美国研究》2015年第3期。

［152］齐欣、刘清才：《乌克兰危机：俄罗斯与美欧的地缘政治博弈与战略对策》，《黑龙江社会科学》2015年第4期。

［153］吴志成：《乌克兰危机对欧洲秩序的影响》，《欧洲研究》2014年第6期。

［154］ 鞠维伟：《制裁俄罗斯：欧盟内部求同存异》，《世界知识》2014年第20期。

［155］ 盛海燕：《乌克兰危机下西方与俄罗斯的制裁战及其影响》，《西伯利亚研究》2014年第10期。

［156］ 季志业、冯玉军：《俄罗斯发展前景与中俄关系走向》，时事出版社，2015。

［157］ 邢广程：《俄罗斯的欧洲情结和西进战略》，《欧洲研究》2011年第5期。

［158］ 黄登学：《新"冷战"：臆想抑或是现实？——乌克兰危机背景下的俄美博弈透视》，《东北亚论坛》2015年第3期。

［159］ 徐洪峰：《奥巴马执政以来的美俄关系》，《美国研究》2010年第1期。

［160］ 马鑫、许钊颖：《美国对俄罗斯的金融制裁》，《美国研究》2015年第5期。

［161］ 马建光、孙迁杰：《俄罗斯国家安全战略的变化及影响——基于新旧两版〈俄罗斯国家安全战略〉的对比》，《现代国际关系》2016年第3期。

［162］ 高琪：《俄罗斯区域战略的历史脉络与前景》，《欧亚经济》2016年第3期。

［163］ 王宪举：《乌克兰危机对俄罗斯内外政策的影响》，《俄罗斯学刊》2014年第5期。

［164］ 刘莹：《俄罗斯外交转型及其对中俄关系的影响》，《太平洋学报》2015年第9期。

［165］ 孙少岩、石洪双：《中俄跨境人民币结算研究——基于人民币国际化和美欧制裁俄罗斯的双重背景分析》，《东北亚论坛》2015年第1期。

［166］ 刘清才、刘涛：《西方制裁背景下俄罗斯远东地区发展战略与中俄区域合作》，《东北亚论坛》2015年第3期。

［167］ 《大选前探访莫斯科的"沉默选民"》，中国新闻网，http：//www.chinanews.com/gj/2012/03－04/3716147.shtml。

［168］王宪举：《西方越反对，普京支持率越高》，新华网，http：//news. xinhuanet. com/world/2012 – 02/23/c_ 122744907. htm。

［169］《俄罗斯反对派领导人承认在总统大选期间故意制造混乱》，中国新闻网，http：//www. chinanews. com/gj/2013/04 – 07/4706836. shtml。

［170］《俄杜马驱逐反对党议员》，人民网，http：//world. people. com. cn/n/2012/0916/c157278 – 19019774. html。

［171］《俄罗斯反腐：风暴后仍是一声长叹》，中国新闻周刊网，http：//insight. inewsweek. cn/topic_ detail –679. html。

［172］《俄颁布新〈政党法〉：象征性的政治改革？》，http：//rusnews. cn/xinwentoushi/20120405/43397167. html。

［173］《俄罗斯举行地方议会和行政机构领导人选举》，http：//www. chinanews. com/gj/2012/10 – 14/4246144. shtml。

［174］《两个俄罗斯和两份社会契约》，http：//epaper. dfdaily. com/dfzb/html/2012 – 10/18/content_ 687845. html。

［175］ 《软实力与外交之间存在什么样的关系？》，人民网，http：//theory. people. com. cn/GB/166866/166886/10222634. html，2009 – 10 – 12。

［176］柳玉鹏、白云怡：《中俄合作挑战西方话语权？专家：美国肯定不开心》，环球网，http：//mil. huanqiu. com/observation/2015 – 12/8102137. html，2016 年 1 月 4 日。

［177］《普京缘何倡议组建"欧亚联盟"？》，http：//news. xinhuanet. com/world/2011 – 10/07/c_ 122123216. htm。

［178］关税同盟官方网站公布的统计资料，参见 http：//www. tsouz. ru/db/stat/Pages/default. aspx。

［179］联合国开发计划署署长海伦·克拉克在第三届中国—亚欧博览会上的致辞，http：//new. xinhuanet. com/world，2015 – 1 – 26。

［180］《中俄丝绸之路经济带欧亚经济联盟建设对接合作声明》，新华网，http：//news. china. com/domesticgd/10000159/20150509/19658745. html。

［181］ 华夏：《欧盟驻俄大使：俄与欧盟成乌克兰危机"人质"》，http：//news. xinhuanet. com/world/2014 － 07/25/c ＿ 126799222. htm。

［182］ 雷丽娜：《发展改革委与俄罗斯联邦经济发展部签署中俄地区与边境合作谅解备忘录》，http：//www. gov. cn/xinwen/2015 － 09/06/content＿ 2925688. htm。

［183］ 江波： 《中国央行与俄罗斯央行签订新双边本币结算协定》，http：//www. caijing. com. cn/2011 － 06 － 23/110754838. html。

［184］ 李海霞：《中俄央行签署 1500 亿元人民币/8150 亿卢布本币互换协议 》， http：//finance. people. com. cn/money/n/2014/1014/c218900 － 25828488. html。

［185］ 陆南泉： 《俄罗斯经济二十五年》， 《东方早报》，http：//www. dfdaily. com/html/8762/2016/2/23/1335099. shtml。

［186］《习近平晤统俄党代表团：坚持对俄友好方针不会变》，中国新闻网， http：//www. chinanews. com/gn/2012/12 － 19/4422406. shtml。

［187］ Eberhard Schneider, "Split in the Russian Political Tandem Putin-Medvedev", *Caucasian Review of International Affairs*, 2009, Vol. 3 (2), pp. 219 － 226.

［188］ Stephen Blank, "Presidential Succession: The Achilles Heel of Russian Politics", *Perspective*, 2010, Vol. 20, No. 3, p. 8.

［189］ Tanya Bagashka, "Presidentialism and the Development of Party Systems in Hybrid Regimes: Russia 2000 － 2003", *Europe-Asia Studies*, Vol. 64, No. 1, January 2012, p. 94.

［190］ Yang Cheng, "The Power of Diplomatic Traditions: Understanding the Logic of Russia's Foreign Policy in the Post-Soviet Era", *Eurasian Review*, 2011, Vol. 4, p. 34.

［191］ President of Russia, "The Foreign Policy Concept of the Russian Federation", January 12, 2008, http：//eng. news. kremlin. ru/ref-notes/460.

［192］ Путин В. В. Россия на рубеже тысячелетий// Независимая газета,

30 декабря 1999 г.

［193］ Программа Владимира Пут ина 2012 – 2018. Проект . 12 января 2012. http：//er. ru/news/71489/.

［194］ Тат ьяна Ст ановая. Внешнеполит ический вираж. 24март а2014. http：//politcom. ru/17366. html.

［195］ "Финансирование《России Сегодня》и RT увеличит сяна 23 миллиарда рублей", 15 января 2015, http：//www. therunet. com /news /3966 – finansirovanie-rossii-segodnya-i-rt-uvelichi-tsya-na – 23 – milliarda-rubley.

［196］ " Операт ивный монит оринг экономической сит уации в России ", т енденции и вызовы социально-экономического развит ия. № 17 (Декабрь) 2015г, http：//www. vedi. ru/macro_ r/IEP_ Moni-tor_ 2015 – 17 – december. pdf.

［197］ Взгляд Косачева на "мягкую силу" России. 4 ноября2012года, http：// russkg. ru/index. php? option = com _ content&view = article&id = 3217：——q-q – &catid = 66：2012 – 01 – 16 – 18 – 21 – 45&Itemid = 1.

［198］ Joseph S. Nye, Jr. , "What China and Russia Don't Get About Soft Power", April 29, 2013. http：//www. foreignpolicy. com/articles/ 2013/04/29/what_ china_ and_ russia_ don_ t_ get_ about_ soft_ power.

［199］ I. Sh. Shamugiya, "Russia's Public Diplomacy：Origin and Development", see from http：//www. scienceforum. ru/2016/pdf/26228. pdf.

［200］ Sinikukka Saari, "Russia's Post-Orange Revolution Strategies to Increase its Influence in Former Soviet Republics：Public Diplomacy *po russkii*", in *Europe-Aisa Study*, Vol. 66, No. 1, January 2014, pp. 50 – 66.

［201］ "Interview with Anatoly Kucherena", in *Russia Today*, January 17 2008, see from http：//rt. com /politics/interview-with-anatoly-kucherena – 2008 – 01 – 17/.

［202］ M. Kolerov, "What We Know About Post-Soviet States", *Russia in Global Affairs*, 2006, Vol. 10 – 12, No. 4, pp. 98 – 104.

［203］ T. Malmiof, "The Russian Population in Latvia-Puppets of Moscow?",

FOI Report, No. 5, 2006, p. 70, http：//www2. foi. se/rapp/foir1975. pdf.

[204] A. Wilson, "Eastern Europe's Balancing Act", *Current History*, Vol. 109, No. 729, 2010, p. 296.

[205] Kester kenn Klomegah, "Promoting Russia's Culture in Africa", August 9, 2012, http：//rbth. com/articles/2012/08/09/promoting_ russias_ culture_ in_ africa_ 17207. html.

[206] Stephen M. Walt, "No Contest：Obama Gambled that U. S. Power Would Trump Russia's Interests in Ukraine. He was Wrong", *Foreign Policy*, March 3, 2014.

[207] M. O'Sullivan, "The Entanglement of Energy, Grand Strategy, and International security", In：Goldthau ed. *Wiley Handbook of Global Energy Policy.* London：Wiley Blackwell, 2013.

[208] Tatiana Romanova, "Russian Energy in the EU Market：Bolstered Institutions and their Effects", *Energy Policy*, 2014 （74）：44.

[209] Alexander Lukin, "Russia and China after the Ukrainian Crisis：The Future of the Relationship", *Center in Global Interests*, 2015 （10）.

[210] Stephen Blank, "Beneath the Surface of the Sino-Russian Partnership", *Center in Global Interests*, 2015 （10）.

后　记

　　本书由教育部人文社会科学重点研究基地辽宁大学转型国家经济政治研究中心专著计划资助出版。本书的总体框架由谢晓光提出和修正，全书统筹由谢晓光负责。各章的写作分工如下：第一章（谢晓光、岳鹏、王琪）；第二章（谢晓光、程永炜）；第三章（谢晓光、武素瑞）；第四章（谢晓光）；第五章（谢晓光、刘钊）；第六章（谢晓光、单文）；第七章（谢晓光、王双双）；第八章（谢晓光、王莉）。最后由谢晓光进行通篇审读和定稿。在撰写本书的过程中，参考了大量文献资料，在此对所有参考文献的作者表示感谢。

谢晓光

2017 年 12 月 4 日

图书在版编目（CIP）数据

俄罗斯对外战略研究：2000~2016 / 谢晓光著. --
北京：社会科学文献出版社，2018.3
（转型国家经济政治丛书）
ISBN 978 - 7 - 5201 - 2310 - 5

Ⅰ.①俄…　Ⅱ.①谢…　Ⅲ.①对外政策 - 研究 - 俄罗
斯 - 2000 - 2016　Ⅳ.①D851.20

中国版本图书馆 CIP 数据核字（2018）第 037924 号

转型国家经济政治丛书
俄罗斯对外战略研究（2000~2016）

著　　者／谢晓光

出 版 人／谢寿光
项目统筹／周　丽　高　雁
责任编辑／颜林柯

出　　版／社会科学文献出版社·经济与管理分社（010）59367226
　　　　　地址：北京市北三环中路甲29号院华龙大厦　邮编：100029
　　　　　网址：www.ssap.com.cn
发　　行／市场营销中心（010）59367081　59367018
印　　装／北京季蜂印刷有限公司

规　　格／开本：787mm×1092mm　1/16
　　　　　印张：18.5　字数：292千字
版　　次／2018年3月第1版　2018年3月第1次印刷
书　　号／ISBN 978 - 7 - 5201 - 2310 - 5
定　　价／89.00元

本书如有印装质量问题，请与读者服务中心（010 - 59367028）联系